链商与直播

主　编　段宏涛

副主编　康　凯　刘玉奇　王建敏

知识产权出版社
全国百佳图书出版单位
—北京—

图书在版编目（CIP）数据

链商与直播/段宏涛主编. —北京：知识产权出版社，2020.9
ISBN 978－7－5130－7188－8

Ⅰ.①链… Ⅱ.①段… Ⅲ.①供应链管理 ②网络营销 Ⅳ.①F252.1 ②F713.365.2

中国版本图书馆 CIP 数据核字（2020）第 179446 号

责任编辑：荆成恭　　责任校对：潘凤越
封面设计：刘　伟　　责任印制：孙婷婷

链商与直播

主　编　段宏涛
副主编　康　凯　刘玉奇　王建敏

出版发行：知识产权出版社有限责任公司　　网　址：http://www.ipph.cn
社　址：北京市海淀区气象路 50 号院　　邮　编：100081
责编电话：010－82000860 转 8341　　责编邮箱：jcggxj219@163.com
发行电话：010－82000860 转 8101/8102　　发行传真：010－82000893/82005070/82000270
印　刷：北京虎彩文化传播有限公司　　经　销：各大网上书店、新华书店及相关专业书店
开　本：720mm×1000mm　1/16　　印　张：16.75
版　次：2020 年 9 月第 1 版　　印　次：2020 年 9 月第 1 次印刷
字　数：257 千字　　定　价：79.00 元
ISBN 978－7－5130－7188－8

顾　问

李贻良　张玉海　郝　雪　邹　牧　陈锡蓉

主　编

段宏涛

副主编

康　凯　刘玉奇　王建敏

编　委

高雄勇　刘　超　于　飞　柯　维

李九宽　熊　炜　郭怀君　杨宏超

统　筹

江　静

序

商业网点建设开发中心是个老的事业单位，近年来一直在追求转变职能、服务前移，当然也包括对商贸流通一些理论和实践的研讨，关于《链商与直播》这本书，该书主编宏涛和我打过招呼，那是上半年的事，我表示赞成。他们动作很快，已经要付梓出版了，可喜可贺。

新经济、新零售，有一个魂在里边，就是数字经济，从我们商网中心的工作职能角度上看，需要我们对数字商业进行理论研究、实践引导。

2018 年 4 月，国务院发展研究中心在中国科技会堂主办了“数字中国”发布会，我在会上做了一个简短的发言，提出了一个“数字商业”的概念。

对于数字商业，我们的理解是：“数字商业是习近平总书记积极倡导的‘数字中国’最活跃的部分之一（背景）；是集成大数据、互联网、数字化、物联网、人工智能在商业领域的基础呈现（本质）；是新动能赋予商业领域的新发展机遇（意义）；是数字化商品、数字化流通、数字化交易、数字化金融、数字化消费的融会贯通（内容）；是满足人民群众对美好生活向往，取得获得感、幸福感的体现形式（目标）”。

随着“数字中国”的深入发展，必将引起商业秩序的重构。

1. 价值重构

过去的商贸流通是点式结构，生产、贸易、物流、金融是点式分布，连通起来要靠搭桥，过哪座桥都会收过桥费，中间消耗大，成本下不来，诚信没保障；线上线下“割江”而治，优势不能互融，从这一点上说，业内已达成充分的共识。

2. 秩序重构

用数字化实现商贸新零售的可视化，用可视化推动商贸新零售的标准化，用标准化形成商贸新零售的规模化，用规模化打造商贸新零售的品牌化，用品牌化做强商贸新零售的产业化，用产业化提升商贸新零售的资本化。

3. **关系重构**

数字技术是构成商业基础设施的底层设计，过去服务企业是围绕生产企业提供有价值的服务，即便如此，商业服务企业还是参与了生产企业的价值分配，是“分羹”模式，而以数字化为特征的商业基础设施，是黏合流通、贸易、市场、物流、金融为生产企业提供一揽子解决方案，是“赋能”模式。

4. **场景重构**

与供销社、百货商场、商业街、商超、商业综合体“五代”消费场景相比，数字商业呈现出更多的商业场景，微商、小程序、智能家居、数字化娱乐传播，多种数字化技术吸附的消费已成流行趋势，引导人们时尚消费的新潮流。

5. **生态重构**

数字商业的另一种价值特征包括智慧商业系统、商业运营和精准营销，助力实体商业引流并提升经营效率，线上线下全渠道触达、精准投放，提升商家销售额，帮助实体商业构建营销生态闭环，数字化开始从营销端走向经营端和管理端，将创造出更高的效率和更大的价值。

6. **体验重构**

数字商业的思维方法是站在消费者的角度，对消费者心理、行为模式进行数据分析，和传统商业相比，生产设计从“我生产什么，消费者就使用什么”到“消费者需要什么，我们就生产什么”，使商品服务有了温度，数字商业为增加消费者的体验感提供了多维度、更有说服力的数字根据。

数字商业一定带来商贸流通的彻底变革，也会表现出价值预期。

1. **数字商业将产生一批巨型平台企业**

产品和服务的吸附来源于关注，关注来自接受和喜欢，也叫“共识”，在过去，共识传递非常缓慢，数字化改变传播方式，共识的产生达到前所未有的高度，过去一个“独角兽”企业发生和发展需要多年的生成，现在不是，具有共识价值的企业或商业模式会很快得到市场的响应，类似阿里、京东、小米、腾讯这些企业都形成了突出的共识机制，这些巨型平台企业既是中国的，也是世界的，数字商业对提升中国服务型平台企业在全球经济发展中的形象和地位将起到积极作用。

2. 数字商业将催生一个提质增效的规模市场

中国市场历来是一个规模市场，过去正是因为规模市场红利，让我们忽略了品质升级，所以中国现在提出供给侧改革，党的十九大提出发挥全要素生产力的要求，要有质量的规模化就需要有精准的数字化支撑，越是规模和体量超大的市场，越需要数字技术的介入。过去，有人说，在美国发生的事情，早晚会在全世界发生；现在看，只有在中国发生的事情，才真的叫发生，这和中国巨大的具有优质和规模体量的市场是紧密相关的。

3. 数字商业为共享经济创造发展空间

数字产业的成熟与发展成就了共享经济的发展，共享经济有赖于数字化基础设施的投入和建立，数字化前提下的标准化才能使规模化变成可视化，进而实现边界效应，尽管共享经济还在研讨和建立中，但共享经济的发展趋势已不可逆转。

4. 数字商业会推动诚信体系建设

保障国家食品安全，商业诚信体系建设需要三个诚信，一是文化诚信，二是制度诚信，三是技术诚信。数字化使技术诚信得以实现，区块链技术、二维码技术、大数据分析等数字技术，使商品的溯本追源得到强力支撑，不是揭露假，而是证明真，某种意义上说比单纯打假更有力度；同时在数字产业发展的背景下，为绿色食品和安全食品链的打造提供前提和条件。

5. 数字商业会归集高净值消费群体

数字化消费群体有以下特征和属性，一是文化属性，高学历居多；二是年龄属性，年轻人居多；三是区域属性，城市人口居多。这就决定了数字商业消费群体的活跃性和互动性，并有爆发趋势。

6. 数字商业会实现服务优化

数字化决定了商业要素的积聚，有效地解决了生产、流通、贸易一体化的问题。在流通环节实践中，云仓、云单、云配就大大地释放出优化效率，同时数字化还能缩短从生产到消费市场的需求匹配度，降低各种成本浪费和去中间化，最大限度地为生产企业创造利益空间，为消费者提供高性价比的服务。

这个发言，在会上引起了专家和行业的共鸣。近日，宏涛向我介绍了《链商与直播》出书的情况，也希望我为这本书写个序，我也很高兴接受这个邀请，旧话重提，也算参与了一次讨论，写到这里，是为序。

商业网点建设开发中心主任

汤印萍

2020 年 8 月 25 日

CONTENTS

目 录

第一章　新经济趋势与创新

在全球化高度发展的今天，经济是第一反应链条，也体现共同趋势，不管来自哪些因素的影响，或面对诸多挑战下出现的创新，都会反映新经济的特征。

第一节　新经济的特点与属性

一、人货场的场景创新

人货场，人变成核心，货变成配置，场变成体验。

①人变成核心。过去产品是市场行为的发起者，先是产品设计，然后组织生产，市场投放，运营促销，场所堆投。而新经济的市场发动者是特定的消费对象，通常是设计平台掌握了消费者需求的大数据，按消费者需求设计产品内容，然后代工生产后，再精准投放到特定的消费人群中。

②货变成配置。如果说商品体现的是一种刚需，有功能属性，在新经济环境下，满足刚需的产品、渠道、方式都会十分丰富，以致产生选择困难综合征，所以新经济形势下满足的不是供给，而是配置，也就是近些年大家讲的供给侧。配置的核心要素是给产品找到身份。

③场变成体验。不论是电商还是卖场，不论走主题消费还是文化餐厅，具有共性的特征都是由消费者选择消费决定的，因此产品提供和提供服务变成了趋势，单一售卖的产品，最终都可能沦落成“孤品”。

人货场逻辑的重构都来自对消费者价值的共识。

二、生产制造与服务定制

消费者的需求个性须具有一定的规律性。从消费者需求的角度上来组织生产就是定制化生产，从消费者体验感受上来设计营销方案就是定制化服务。服务定制化完全可以做到针对消费者的具体需求进行生产和服务设计，突破成本和技术手段因素限制，充分代表消费者某种程度的个性需求，可以把它们划分为一些类别。这样，才可能对这些类别的个性需求进行服务定制。

实施服务定制化，需要满足以下两个方面的条件。

①必须要有合适的技术手段作为技术支持。服务定制化需要借助一定的技术手段来实现，其中最重要的是计算机技术。只有这些技术手段在现实中得到广泛运用，服务定制化才能够顺利地进行。

②服务定制化的成本不能太高，否则服务营销商将很难承受；服务营销商采用该营销方式后必须能够产生收益，而且该收益要能够弥补其成本支出。只有这样，服务定制化在经济上才是可行的。

三、科技赋能

科技赋能需要从以下四个方面着手。

①5G 网络等信息基础设施建设和商用。5G 技术对有线电视网络进行改造升级，将实现居民家庭有线无线交互，大屏小屏互动。全面推进信息入户，依托“互联网＋”推动公共服务全域化。提升宽带用户接入速率和普及水平，降低信息网络使用成本。

②完善“互联网＋”消费生态体系。建设“智慧商店”“智慧街区”“智慧商圈”，促进线上线下互动、商旅文体协同。将有更多的城市和企业建设线上线下融合的新消费体验馆，促进消费新业态、新模式、新场景的普及应用。

③服务标准体系和绿色标识认证体系。推进绿色消费，创建绿色商场。加快发展超高清视频、虚拟现实、可穿戴设备等新型信息产品。鼓励企业利用物联网、大数据、云计算、人工智能等技术推动各类电子产品智能化升级。

④消费线上线下融合发展，拓展服务内容，扩大服务覆盖面。探索建立在线教育课程认证、家庭医生电子化签约等制度，发展社区居家“虚拟养老院”。以高水平社会服务机构为核心，建立面向基层地区、欠发达地

区、边远地区的远程在线服务体系。

四、线上线下的融合

电商革命经历了线上下线，实际上更高一个层次的要求是线下上线，即在全流通领域的新模式创新，这种创新既不是简单的行业创新，也不是单纯的产业创新，而是全面的社会创新行为，其具有以下四个方面的属性。

①生态性。推动企业线上服务、线下体验、金融支持、物流支撑四大能力的全面提升，使消费者对购物过程便利性与舒适性的要求能够得到更好的满足，并由此增加用户黏性。

②无界化。企业通过线上与线下平台，使消费者的购物入口将变得非常分散、灵活、可变与多元，人们可以在任意的时间、地点，以任意的可能方式，随心尽兴地通过诸如实体店铺、网上商城、电视营销中心、自媒体平台，甚至智能家居等一系列丰富多样的渠道，与企业或者其他消费者进行全方位地咨询互动、交流讨论、产品体验、情境模拟，以及购买商品和服务。

③智慧型。新经济下的商业模式得以存在和发展的重要基础，正是源于人们对购物过程中个性化、即时化、便利化、互动化、精准化要求的逐渐提高，而满足上述需求则在一定程度上需要“智慧型”的购物方式。智能试装、隔空感应、拍照搜索、语音购物、VR 逛店、无人物流、自助结算、虚拟助理等图景都将真实地出现在消费者眼前，甚至获得大范围的应用与普及。

④体验式。对品牌的认知和理解往往会更多地来源于线下的实地体验或感受，而“体验式”的经营方式就是通过利用线下实体店面，将产品嵌入所创设的各种真实生活场景之中，赋予消费者全面深入了解商品和服务的直接机会，从而触发消费者视觉、听觉、味觉等方面的综合反馈，在增进人们参与感和获得感的同时，线上的传播与分享体验变得十分重要。

五、从价格到品质

价格是商品直通车，品质是商品的灵魂，在新经济条件下要有以下三种意识：一是要尊重价格规律，二是提高品质意识，三是实现最佳路径。

①尊重价格规律。企业完全可以生产出低于市场价格的产品，薄利多销，这也是个赚钱的好办法。然而实际上，没有质量的产品即使白送，客户都不一定要，所以质量是生存的第一原则。现在很多客户往往忽略这一点，先入为主，要求厂家以低于市场价的价格卖出，却不知这本身就是不符合市场规律的，没有人愿意做亏本生意。

②提高品质意识。随着我国城镇居民人均可支配收入的不断增长和物质产品的极大丰富，消费者主权得以充分彰显，人们的消费观念将逐渐从价格消费向价值消费过渡和转变，购物体验的好坏将越发成为决定消费者是否埋单的关键性因素。

③实现最佳路径。对产品本身而言，成本是不能削减的，只有通过多渠道降低价格，才能进一步节约成本，同时也能更清楚地了解产品质量。如今网络营销已成趋势和主流，致力于网络营销的转型，初步实现线上线下相结合模式，实现全网厂家直销，为客户提供高性价比的产品。

第二节　经济内循环的必然性

2020 年 5 月 23 日，习近平总书记看望了参加全国政协十三届三次会议的经济界委员，并参加联组会，听取意见和建议。习近平指出，我国经济正处在转变发展方式、优化经济结构、转换增长动力的攻关期，经济发展前景向好，但也面临着结构性、体制性、周期性问题相互交织所带来的困难和挑战，加上新冠肺炎疫情冲击，目前我国经济运行面临较大压力。我们还要面对世界经济深度衰退、国际贸易和投资大幅萎缩、国际金融市场动荡、国际交往受限、经济全球化遭遇逆流、一些国家保护主义和单边主义盛行、地缘政治风险上升等不利局面，必须在一个更加不稳定不确定的世界中谋求我国发展。要看到，我国经济潜力足、韧性强、回旋空间大、政策工具多的基本特点没有变。我国具有全球最完整、规模最大的工业体系、强大的生产能力、完善的配套能力，拥有 1 亿多市场主体和 1.7 亿多受过高等教育或拥有各类专业技能的人才，还有包括 4 亿多中等收入群体在内的 14 亿人口所形成的超大规模内需市场，正处于新型工业化、信息化、城镇化、农业现代化快速发展阶段，投资需求潜力巨大。公有制为主体、多种所有制经济共同发展，按劳分配为主体、多种分配方式并存，社会主义市场经济体制等社会主义基本经济制度，既有利于激发各类市场主体活力、解放和发展社会生产力，又有利于促进效率和公平有机统一、不断实现共同富裕。面向未来，我们要把满足国内需求作为发展的出发点和落脚点，加快构建完整的内需体系，大力推进科技创新及其他各方面创新，加快推进数字经济、智能制造、生命健康、新材料等战略性新兴产业，形成更多新的增长点、增长极，着力打通生产、分配、流通、消费各个环节，逐步形成以国内大循环为主体、国内国际双循环相互促进的新发展格局，培育新形势下我国参与国际合作和竞争新优势。

一、外贸形势不容乐观

①全球新冠肺炎疫情影响。近一段时期，国内的失业率难言乐观，民众收入也明显收缩。在这种情况下，又要减少出口，对经济的整体态势来说是雪上加霜。中国经济之所以无法再依靠外贸，全球新冠肺炎疫情严重是一个原因，更重要的原因是，中美出现摩擦，中国在未来可能无法再继续依靠庞大的出口顺差和外汇收入。

②外贸对经济的影响大。中国经济的三成依靠外贸。中国的外贸企业涉及 2 亿人的就业。这 2 亿人大约相当于国内劳动力总数的 1/3。如果从现在开始，中国局部地脱离经济全球化，中国的部分外贸就会萎缩，这对经济的冲击有多大，是难以想象的。

③相关进口减少。外贸不振，外汇来源可能进一步减少，则可能影响到大豆进口数量。例如，如果大豆进口数量减少，中国耕地面积有限，要保口粮，就没法大规模种植大豆，因为大豆产量很低。有人做过计算，如果要靠国内大豆种植来保饲料粮，需要占用近一半或更多的耕地，那样的话口粮会不足。

二、逆全球化主义的滋生

①新冠肺炎疫情仍没见底，需要各国齐心协力。但事实上，全球合作努力正在遭受打击，新一轮反全球化的声音日渐高涨。而我们更需警惕的

是，在这一轮反全球化声势中潜藏的“去中国化”动向。如果“去中国化”真的继续下去，外企从中国撤资、撤厂，中国也会采取相应惩罚措施。

②全球经济朝着“反全球化”、朝着保护主义的方向发展。世界性经济体各自为政，互相设立高额关税，拒绝商品人员流通……大国关系僵化，纷纷去第三世界国家寻找新的市场，形成一种新的竞争关系。

③综上，我国内部市场的产业体系需要更加完善，只有产业体系更完善，才能生产各种产品，社会生活受到的影响才会更小；谁的内需消费潜力更大，经济增长的动力才更加坚挺，受国际环境的影响会更少。中国这些年进行供给侧改革，刺激内需，拉动内循环经济，是有长远考量的。中国经济总量如今在全球排名第二，得益于国家统筹的能力，以及当了这么多年的“世界工厂”后建立起来的相对完善的产业体系和基于人口的大消费市场。

三、财富转移说

①世界性财富转移和经济发展阶段有一定的关联。例如，20 世纪 60 年代，日本产品给人的印象是价格便宜，质量不行，后来日本通过积累技术，提高产品品质，就把这些低水平的产品放到亚洲其他国家去生产。类似的情况也发生在中国，预计中国今后可能涌现很多的世界名牌，而不再是简单的生产制造。

②“二战”前，世界上著名的经济学家不是英国人，就是在英国工作的外国人；“二战”后到现在，世界的著名经济学家不是美国人，就是在美国工作的外国人。能解释这些问题的理论即财富转移论。第二次世界大战以后世界的经济中心转移到美国，解释美国经济现象的理论就被认为是最重要的理论。

③如果我国经济可以维持现在以 6% 左右的稳定新常态增长，我国将会变成全世界最大的经济体。世界经济的主要中心将会转移到中国，这是不可避免的。

四、文化经济的分化

文化经济是以东西方文化为视角探讨世界经济的现实与未来，以儒家经济圈为现象的研究，也为中国发展内循环经济圈提供了重要依据。

①儒家经济圈对世界经济增长的贡献率超过 30%，是世界经济发展的一支主导力量。中国是儒家思想的发源地，中国大陆 GDP 约占儒家圈经济总量的 60% 以上，是拉动世界经济增长的第一主力。回顾历史，儒家经济圈的发展与曾经的辉煌也主要是依靠中国的经济实力而实现的。

②儒家经济圈内部的经贸与投资关系拥有很高的契合性，经济发展的相互依存度比较高。近年来，中国主导的“一带一路”倡议和亚投行等金融投资体系的建立，将会对世界投资贸易体系格局产生深刻影响。儒家经济圈内各经济体的经济发展阶段、贸易互补性、战略资源禀赋差异性及区位优势，都使该地区成为“一带一路”建设优先发展的经济区域。

③儒家经济圈拥有显著的人口红利优势，其人口总数已达 16. 81 亿人，约是欧盟的 3. 75 倍、美国的 5. 4 倍、印度的 1. 4 倍。相近的社会文化背景和相对根源性的文化认同，加之近邻关系和便捷的交通，这些要素叠加人口优势，已经在旅游服务市场产生了市场红利。

④儒家经济圈的文化同根性，是儒家经济圈文化交往与经济合作的重要纽带。尽管儒家圈内各经济体在政治体制、社会文化、发展模式等多方面有很大差异，但在文化根源和现实的经济利益等方面，交融互利、相生相伴。儒家经济圈内显著的同和关系决定了经济体量拥有较强的结构性张力，持续增长能力很强劲。

五、经济内循环的举措

①打造“内循环经济”体系。重点支持品牌建设，以行业领军企业示范为引领，以制度和技术创新为动力，实现研发、设计、生产、商业化等全流程一体化，推动生产、分配、交换、消费等全过程畅通。

②释放国内消费潜力。对标国际先进质量标准，从供给角度进一步提升产品和服务质量，提供更多更优质高性价比产品，将消费留在国内。加大就业技能培训，增强劳动力市场灵活性，保持就业市场稳定，提高居民实际可支配收入。

③积极稳妥发展消费金融。在风险可控、商业可持续、保持居民债务

合理杠杆水平前提下，加快发展消费金融。制定完善的金融市场监管制度，规范借贷双方的权利义务，促进消费金融市场有序发展。推动金融服务主体之间的合作共赢，重点是互联网电商平台等非持牌机构与商业银行等持牌机构的跨界合作。

第三节　新经济与商业基础设施建设

一、产业结构调整

进入新时代，推动高质量发展是当前和今后一个时期确定发展思路、制定经济政策、实施宏观调控的根本要求。从满足人民日益增长的美好生活需要出发优化产业结构，是实现高质量发展的重要内容。

①推动传统产业优化升级。传统产业不一定是落后产业，但要进行改造升级，从整体经济发展和满足人民对美好生活的需要出发，使传统产业释放新的活力，推动经济新旧动能转换，促进经济持续健康发展。

②加快淘汰落后产能。只有加快淘汰落后产能，才能降低发展成本，提高发展质量和效益。推动企业兼并重组、转型升级，为增强创新力和竞争力奠定坚实基础。

③加快培育、发展战略性新兴产业。只有加快培育、发展战略性新兴产业，才能在竞争中把握主动权。我国处于经济结构深度调整期，依托互联网技术、信息技术等发展起来的一系列新兴产业，对我国的产业升级和经济发展具有重要引领作用。进一步推动互联网、大数据、人工智能同实体经济高度融合，加速向数字化、网络化、智能化发展。

④加快发展现代服务业。服务业在经济发展中，被称为“稳定器”和“助推器”，要加快服务业创新发展和新动能培育。生产性服务业具有专业性强、创新活跃、产业融合度高和带动作用显著的特点，放宽服务业准入限制，扩大服务业对外开放，在促进国内服务业供给结构改善的同时，推动服务业“走出去”，在更广阔的空间实现更大的发展。

二、债权转股权的资本路线

①把不良资产盘活。把银行不良资产分离出去，转为企业的股权，这

样，就可大力提高银行的信用地位，从而搞活银行的资金。通过银行推动企业重组，改变单一的国有资本，增加国有资本的活性。

②强化对企业的经营监督。国有企业资金依赖银行贷款，但银行的债权人地位使银行无法约束企业的行为。银行的债权纠纷在法院很难取得胜诉，即使取得胜诉，也无法执行实施。实行债权转股权后，银行取得对企业的监管权，就能增加对债务企业的约束力度，防止企业经营行为短期化，保障银行权益。

③减轻国有企业负担，有利于实现国有企业脱困目标。集中解决在经济发展中起举足轻重作用的大型、特大型国家重点企业；支持为近十余年来承担国家重点项目的企业减轻债务包袱，促使其尽早达产达效，产业升级；促使亏损企业中符合条件的企业扭亏和转制。债转股后，企业不用还本付息，负担随之减轻；同时资产负债表也趋于健康，便于企业获得新的融资。而且，债转股触及企业的产权制度，还能推动企业尽早建立新的经营机制。

④易得到各方支持。债转股兼顾了财政、银行、企业三方面的利益。国家银行债权变股权，没有简单勾销债务，而是改变偿债方式，从借贷关系改变成不需还本的投资合作，既没有增加财政支出，又减轻企业还债负担，银行也获得管理权。

三、新科技支撑

新经济是建立在信息技术革命和制度创新基础上的经济持续增长。以互联网、知识经济、高新技术为代表，以满足消费者的需求为核心的新经济迅速发展。

①新经济之所以“新”，源于推动其产生与发展的原动力——信息、技术革命所具有的全新的革命意义，它是通过改变人类信息的传输、储存方式来实现的。

②长期以来，信息的不充分对人类经济活动的制约作用被忽略了，自工业革命以来的数次技术革命，大大提高了人类的生产力，信息瓶颈也逐渐拓展扩宽。

③新经济的实质，就是信息化，新经济的核心是高科技创新及由此带

动的一系列其他领域的创新。促成新经济出现的现实环境是经济一体化、生态化。信息技术革命的推进，新经济的发展，必然导致一体化、生态化，也是发展内循环经济的核心动力。

四、人力资源市场

人力资源管理以人为中心，把人看作企业的首要资产，尊重人格，充分发挥个人的潜能和创造性，注重满足个人的自我实现需求，这是企业核心价值观的高度体现，也有利于保证企业竞争优势。

①人力资源管理是企业经营战略的重要组成部分。人作为新知识、新技术、新思维、新理念的主体，是企业的特殊资本。因此，人力资源管理成为企业最重要的经营战略核心。人力资源不仅是自然性资源，而且是一种资本性资源。与物质资本的边际收益递减规律相反，人力资本体现的则是边际收益递增规律，即随着人力资本积累的增加，人力资本的收益率将会提高，而不是下降。

②人力资源管理从系统论的思想出发，强调对人进行内在的、整体的和动态的管理，高度重视对人的管理的相关性、目的性和开发性，把录用、培训、使用、调动、升降、退休有机联系起来，克服部门分割的局限，将全部人员作为一个整体进行统一的全过程管理。人力资源管理的思维不能仅仅局限于人力资源这个专业，而应该站在全局的角度去审视其的工作。

③人力资源管理谋求企业的长远发展。基于人性的管理，是用技术和资金等管理手段无法达到的另一层次的管理，通过对人性需求的合理满足的体现，得到被管理者的认可。企业更加注重对员工的投资而不是利用，积极开展员工培训，实施导师计划，对员工授权而不再强调控制，注重企业文化的建设，创新合伙制人力资源管理制度。

五、商业环境改善

营造良好的商业环境包括高效透明的政务环境、公平正义的法治环境、诚信守约的人文环境和绿水青山的生态环境。

①营商环境好不好，首先看的就是政务环境是否高效透明。有的地方

领导干部独断专行，凡事少数人说了算；不是“简政放权”，而是“设卡添堵”。不透明的政务环境会滋生权力寻租空间，投资者遇事就要打点、办事就要找人。要大力推进“放管服”改革，建立权力清单和负面清单，持续简政放权，打造高效透明的政务环境。

②公平正义的法治环境是良好营商环境的一个重要维度。法治化环境最能聚人聚财，最有利于发展。要让投资者看到稳定的预期，让他们放心地投资兴业。政府部门要带头守法，要严防部门利益扩大化、执法工作随意化的倾向。

③良好营商环境要诚信守约。政府要讲诚信、守约定。招商谈好的条件就要遵守，而不是随意改变，新官要依法理旧账。领导干部在招商引资过程中要与投资者构建新型政商关系。政府职能部门要根据市场情况，充分体现市场配置资源的决定性作用。

④打造绿水青山的生态环境。这里既包括风清气正的政治生态，也包括良好的自然生态。外来投资者在考察时不仅看一个地方是否宜业，还要注重是否宜居。

第四节　消费升级与增维

新冠肺炎疫情对中国和全球经济的重创基本可以确认。全球经济版图可能会出现最糟糕的结果：全球化产业链崩溃，西方经济危机导致西方消费市场萎缩甚至消失。各国重新回到自生国内市场或者区域市场。对中国来说，还存在面临全球主要消费市场被关闭的可能性，因为意识形态和对中国经济增长的恐惧，以美国为首的西方社会一定会采取在经济上封闭对华市场的举措。提振经济的三驾马车之一对外出口已结论性地萎缩，由于固定投资拉动经济的边际效用越来越差，因此取而代之的是提振内需消费升级，落在执行层面就是产业升级。

一、消费生产力

消费对经济增长的拉动力，体现在消费创造出新的生产需要，为生产提供动力和目的。人们在消费产品的过程中，产生对与此关联的产品的新的需要，给生产提供了新的要求，没有消费需要就没有生产，而要进行生产，就必须根据社会消费需要来进行，在市场经济条件下尤其如此。以消费力来拉动增长，就包含了创造消费和创造消费者。[1]

①全面提高城乡居民收入，全面拉动消费需求。收入水平与购买力直接相关。就目前来看，许多商品供过于求，不是生产太多，而是购买力不足。因此增加收入就是增加购买力，也就是提高消费力。提高消费力要特别注意消费弹性最大的那些群体。所以提高低收入者收入的意义不仅仅是在扶贫，更重要的是在增加经济增长的动力。

②扩大中等收入者比重，拉动先进产品消费需求。消费需求拉动经济增长要合理优化消费结构，以及消费结构对产业结构的拉动力。比如 IT 产业、电子信息产业、生命科学产业、汽车产业等，它们的发展动力也在于市场需求。中等收入者对这些产业的产品有更大的需求，要推动产业升级，就应当解决中等收入者比重扩大问题。

③开拓消费渠道可以创造新的供给。开拓消费渠道无论对生产还是消费都需要升级。与此相应的市场营销就不能仅仅是适应市场，适应人民群众当前的消费需求，而是要创造消费者，创造市场需求，从而创造供给。消费渠道特别要重视消费对经济增长的拉动作用。这是在国人温饱问题解决以后必然形成的需求。

④消费环境的完善和建设。调整消费政策，过去在短缺经济条件下限制消费的政策应该取消，代之以鼓励消费的政策。建设和完善各类消费市场及优化相应的消费方式和机制等。

二、积极推进质量提升行动，引导企业加强全面质量管理

①深入开展国家质量基础设施协同服务及应用，推进“一站式”服务试点。尽快完善服务业标准体系，推动养老、家政、托育、文化和旅游、体育、健康等领域服务标准的制定、修订与试点、示范。

②消费品领域积极推行高端品质认证，全面实施内外销产品“同线同标同质”工程。开展质量分级试点，倡导优质优价，促进品牌消费、品质消费。

---

[1] 国家发展改革委、国家税务总局等 23 个部门联合印发《关于促进消费扩容提质加快形成强大国内市场的实施意见》（发改就业〔2020〕293 号）。

③推进文化创意和设计服务与制造业融合发展。支持企业建立工业设计中心、创意设计园等平台，培养引进创意设计人才，提高产品文化内涵。

④鼓励外贸加工制造企业充分利用自身产能，创新商业模式，通过自营、合作等方式增加面向国内市场的优质商品供给。

⑤规范检验检测行业资质许可，提升消费品领域的认证认可检验检测技术服务能力，为企业树立质量提升的示范标杆。

三、改善入境购物环境

①整合旅游产品信息，畅通消费投诉渠道，改善旅游和购物体验。提升“智慧景区”服务水平，利用互联网、大数据、云计算、人工智能等新技术做好客流疏导和景区服务。

②加大入境游专业人才培养力度。提升景区景点、餐饮住宿、购物娱乐、机场车站等场所多语种服务水平。鼓励境内支付服务机构在依法合规前提下与境外发卡机构合作，为境外游客提供移动支付业务。

③培育建设一批基础条件好、消费潜力大、国际化水平高的国际消费中心城市，以及国家文化和旅游消费示范城市，形成一批吸引境外游客的旅游消费目的地。

四、积极推进消费领域信用体系建设

①完善个人信息保护制度和消费后评价制度，大力优化线上消费环境，加大力度打击网络刷单炒信等黑色产业链。

②充分运用全国信用信息共享平台、金融信用信息基础数据库等，建立健全企业和相关人员信用记录。强化国家企业信用信息公示系统的公开功能，逐步实现行政许可、行政处罚、产品抽检结果、缺陷产品召回等线上办理。

③不涉及国家秘密、商业秘密或者个人隐私的信息依法向全社会公开，为公众提供信用信息一站式查询和消费预警提示服务。

五、稳定和增加居民财产性收入

①丰富和规范居民投资理财产品，适度扩大国债、地方政府债券面向

个人投资者的发行额度。

②稳定资本市场财产性收入预期，完善分红激励制度，坚决查处严重损害中小投资者分红派息权益的行为。

③深化农村土地和集体产权制度改革，稳步推进农村集体经营性建设用地入市，探索赋予农民对集体资产股份的占有、收益、有偿退出及抵押、担保、继承权。

第五节　公共品牌与平台建设

新经济形势下，出现了一些独角兽平台企业，这些企业本身就是品牌企业，同时又具有平台属性，通常这种企业是“公共品牌 + 平台服务”，具备超级供应链、超级资本链、超级传播链、超级渠道链，形成供应链生态化体系，具备新经济特征，可以为新经济发展助力。

一、公共品牌

公共品牌不再是单一产品的专属，公共品牌具有行业影响力、科技支撑力、区域表现力、时标界定力。

①地域性品牌包括地理标志产品、地方名优特产品、传统工艺和非遗产品。

②产业品牌是指科技创新支撑下的新经济业态，包括新型电商、物联网、大数据、云算法、区块链等新技术应用。

③时标品牌是指不同的时间节点产生的消费行为，比如春节是全球地表最强 IP，2020 年的“5・12 护士节”就是在全球抗疫的高光背景下度过。类似购物节一样，“好品中国”也应该有一个属于自己的节日。

④民族品牌是指各民族特色产品，越是民族的，越是世界的。民族产品的独特性传播依靠优秀的民族代言人，从而将“映象”文化进行到底。

⑤平台品牌指的是资源整合性平台，类似“好品中国”无假货的主张，做到了就体现平台品牌优势。

二、平台企业

①平台性企业利用统一的供应链管理信息平台，使用户和供应商有效

地追踪管理需求、材料供应、计划、生产、配送活动数据，并能控制采购供应过程。供应链管理信息平台的核心活动是管理多用户、多供应商订单履行程序，包括用户数据、需求计划、供应商材料准备、产能分配、仓储运输……实现用户与供应商的无缝联接。

②平台性企业对于用户来说，是一个可靠的低成本供应源，对于生产商来说，是一个通往市场的渠道，从而为所有参与企业带来丰厚的利益。数据库是提供供应链管理支持的核心资产，通过对用户目标市场、用户价值实现过程数据、供应商数据的分析，能够为用户提供战略供应评估、为用户筛选最好的产品和服务提供商，然后与这些供应商进行专业化的合同谈判。用户采购外包给这个平台之后，能够从更大的规模经济中获益。

③平台性企业一般配置“五端”，研发端——科研机构及创新研发型生产企业及创新技术与模式研发企业，信息化开发及应用平台型企业；生产端——各类消费类商品生产企业及品牌商；物流端——仓储，配送，物流设施开发与建设企业；流通端——各类零售渠道与“终端 + 电商平台 + 各级各类商贸企业及跨境贸易企业和电商”；消费端——会员组织（社区、社群、社交、直销、微商等），大客户和社团组织。

④平台性企业一般有三大辅助端：金融——银行，信托，基金，消费金融，供应链金融；服务机构——商协会、联盟等行业组织，法务和会计事务所，资本化服务机构，评估机构，知识产权代理公司；人才机构——各培训机构，专业院校，人社部技能培训，“企业家商学院 + 私董会”。

三、平台企业的发展路径

平台企业具有价值赋能的属性，包括服务赋能、品牌赋能、运营赋能、产品赋能、系统赋能、线上赋能。通过产品商品化、商品品牌化、品牌信息化、信息产业化、产业资本化路径实现。

①启动阶段。品牌势能整合与升级；未来商业模式的设计与样板打造；战略模式规划；线上线下分配机制设计；顶层设计整合渠道资源；品牌经营；合伙人团队建设。

②扩展阶段。标准化系统打造；线上线下一体化重构；线上线下数字化构建；数字化建设；数据挖掘。

③变革阶段。无界连锁战略变革；组织优化，平台进化，品牌经营；模式平台化，数字化，生态化。

④加盟联营。平台与投资者共同投资联合开店，品牌方一般是以品牌和商品铺货等资源投资形式，投资者以建店所需资金投资形式；投资者按照平台要求自己经营管理门店；门店所有权为联营商所有。

⑤特许纯加盟。平台将品牌授权给投资者使用；投资者根据平台要求投资建店及门店经营管理；门店所有权为加盟商所有。

四、平台企业的社会责任

社会责任是指人类对社会良善、自然环境、社会进步的自然责任。社会责任的最低标准，是每个人、单位、地区均应当承担的社会责任内容。社会责任倡导内容，它可以包括为推动社会进步、推行普适价值的所有行动及要求。它由人们根据自身实际自愿承担。在平台公司的社会责任倡导内容上，按权力越大责任越大，能力越大责任越大的原则，有所区别。国内的平台企业多有国家倡导的内容在其中。例如，产业扶贫、溯源防伪、地理标志、非物质文化遗产等。具体而言，平台公司与普通企业的社会责任区别在于：

①责任范围不一样。普通企业介绍买卖双方认识，收取佣金，不负其他的责任。而平台公司对产品的成本、质量、售后服务等负有全责。

②责任底线不一样。社会责任的最低标准，是每个人、单位、地区均应当承担的社会责任内容。对拒不承担社会责任底线的平台企业，或者说违反社会责任底线的平台企业，应当予以惩戒。

③责任内容不一样。它可以包括人们对推动社会进步、自愿承担社会责任倡导内容的组织给予的奖励。国内的一些平台企业已发展成为巨头，而平台上的商家是不同的，两者博弈过程中地位差别明显。迫切需要通过立法进行制度设计，特别是要进一步明确平台的责任和义务，提高平台规则的透明度。

第二章　公共品牌构成要素及作用

有一种没有产品的品牌，既发生在新经济的现实里，也代表未来经济发展的新趋势，这就是品牌服务，我们更愿意把这种品牌服务的平台叫公共品牌。EPASP 是 Enterprises Brand Public Application Service Platform 的英文缩写，即企业品牌公共应用服务平台。

E——既有电子商务（E - business），又有企业品牌（Enterprises Brand）之意。这时的公共价值就是助推企业实现商务便利化和快速提升中小企业品牌成长。

P——就是公共（Public），即公共化和大众化。这时的公共价值，既要代表品牌企业，又要针对不同的细分群体，采用不同的服务方针，吸引社区、社群、社会的关注和参与。

A——就是应用（Application），目的是立足于务实和应用，将网络和品牌等专业性的服务转化为企业实实在在的价值。

S——就是服务（Service），品牌企业对消费者提供一流的服务、一流的质量，造就一流的品牌。

P——就是平台（Platform），网络系统是一种传播媒体，也是一个信息和资源的展示平台。

第一节　公共品牌体现消费进化的因果

一、消费进化以商业进化为标志

公共品牌是消费升级的体现，到新零售的今天，消费者既是用户又是客户，用户是对产品的使用，而客户是对产品的维护，生产商关心用户价值，而客户才更体现品牌价值。你说自己好是推销，他人说你好是营销，都说你好的是品牌。说自己好的是厂家，他人说你好的是客户，客户多了品牌也就大起来了。所以，消费的进化才是公共品牌诞生的原动力（动力源）。

消费的进化以商业进化为标志，用商业形态来概括，大致有五种，一是实体店，也就是小卖店，小卖店是商业的初级形态，有强大的生命力，但随着消费升级，小卖店已变成另外的样子，社区越来越社群化，所以有人说媒体门店化；二是连锁经营店，统一采购除了扩大采购规模，同时还产生了采购标准，这时消费已开始影响生产；三是超市，超市的诞生给品牌集聚搭建了舞台，它让生产品牌与消费品位走到一起；四是电商的崛起，让天下没有难做的生意，选择成了一种清新体验，消费者掌握决定权，手指经济是电商的标配；五是新零售社交消费成了重要脚本，直播经济走上消费舞台，消费者不仅有决策权，还具备话语权，不仅有话语权，还具备收益权，消费产生了多重价值，这契合了马斯洛的五种需求。

二、消费进化与马斯洛需求理论

马斯洛需求的五个层次从低到高分别是：生理的需要、安全的需要、情感和归属的需要、尊重的需要和自我实现的需要。马斯洛需求的五个层次是美国心理学家亚伯拉罕·马斯洛在《人类激励理论》中提出的，是人本主义科学的理论之一。

马斯洛需求的五个层次有以下内容：生理的需要包括呼吸、水、食物、睡眠、生理平衡、分泌和性；安全的需要包括人身安全、健康保障、资源所有性、财产所有性、道德保障、工作职位保障、家庭安全；情感和归属的需要包括友情、爱情、性亲密；尊重的需要包括自我尊重、信心、成就、尊重他人、被他人尊重；自我实现的需要包括道德、创造力、自觉性、问题解决能力、公正度、接受现实能力。

接受这五种需求的存在，就有可能接受消费进化论对公共品牌产生的影响，马斯洛五种需求分别标志生理的、物理的、地理的、心理的、达理的。生理性的消费需求是处于温饱需求水平，这时候对消费的需求是“有很重要”，所以实体店就能满足单一需求；物理性消费的水平处于安全需求水平，这时候对消费的需求是“好很重要”，所以连锁店的产生就满足了这时的需求；地理性消费的水平处于社交需求水平，这时候对消费的需求是“牛很重要”，消费者对消费场景有了要求，所以超市的发生就满足了这时的需求；心理性消费的水平处于体验需求水平，这时候对消费的需求是“我很重要”，消费的驱动已从生产商向消费决策转化，所以电商的产生就满足了这种需求；达理性消费的水平处于价值需求水平，这时候对消费的需求是“都很重要”，内容和知识消费让价值具有多重性，消费变成了专业和职业，所以直播变成大众的创业模式，新零售的产生就满足了这种需求。

三、消费进化的五个特征

各种消费需求之间不是相互排斥，而是相互支撑的，但它们又互相补充，也就是产品到商品再到品牌再到公共品牌一般需要具备五个特征：购买理由，场景需求，情感共鸣，自我表征，精神使命。

一是购买理由，也就是问题的解决方案，有时深刻的需求，确实体现在最表层，生产者不一定是消费者，但要有消费者思维，真正解决的是痛点不是痒点。二是场景需求有五个要素：①方便——方便不是绝对的，但触达必须要体现方便；②匹配——消费场景与消费者身份相适应；③文化——产品有故事并可能发生故事；④不仅产品有记忆性，而消费也有记忆性；⑤产生相信，相信才会喜欢。三是情感共鸣，消费即产生阶层，也会产生社交，产品的社交属性不仅是对产品品质的认同，也是引起消费态度的一致性。四是自我表征，自我表征是消费行为产生了归属感，不仅投入金钱消费，而且还有价值投入，比如从消费产品到收购这个产品的股票，或发生合作。五是精神使命，精神使命是将自己的成长寄于品牌的传播、维护、服务，是为品牌赋能，参与产品商业化、商业信息化、信息品牌化、品牌产业化、产业资本化的全过程。

第二节 公共品牌体现要素市场的成果

2020 年 4 月 9 日，中共中央、国务院印发《关于构建更加完善的要素市场化配置体制机制的意见》[1]（以下简称《意见》），《意见》寓意深远、

[1] 中共中央、国务院发布《关于构建更加完善的要素市场化配置体制机制的意见》（中发〔2020〕9 号）。

关系重大，为公共品牌建设提供了重要支撑。

过去讲的生产要素，也可以说是产业要素，重心围绕生产制造涉及的生产资料及生产关系，当然就是生产要素。如果品牌成为市场要素，必将引起公共品牌的壮大与崛起，将会形成要素产业。

《意见》亮点频现，需要理性对应与思考。

一、要素经济的概念

过去生产资料以劳动者、生产资料、劳动对象为核心，在全要素的概念中丰富了资本、数据、管理，当然也会包括创意。过去品牌中的要素过于单一，因此品牌溢价能力普遍较弱，全要素提法必然发生要素产业的快速增长。

二、要素经济的作用

《意见》作为中央关于要素市场化配置的第一份文件，对于形成生产要素从低质低效领域向优质高效领域流动的机制，提高要素质量和配置效率，引导各类要素协同向先进生产力集聚，推动经济发展、质量变革、效率变革、动力变革，加快完善社会主义市场经济体制具有重大意义。要素价值提升，意味着品牌价值提升，这种提升不仅意味着认识和认知上的改变，而且是内容和内涵上的深入。

三、要素经济的核心

《意见》把要素经济定义为现代生产力，提出新型要素的概念。数据作为一种新型生产要素写入《意见》，此举旨在通过加快数据要素市场培育，充分发挥数据要素对其他要素效率的倍增作用，使大数据成为推动经济高质量发展的新动能。《意见》提出要健全生产要素由市场评价贡献、按贡献决定报酬的机制，承认物质利益原则和合理的收入分配差距，强化以增加知识价值为导向的收入分配政策。这些举措充分尊重了科研、技术、管理人才，充分体现了技术、知识、管理、数据等要素价值，必将极大调动各方的积极性。这意味着在今后的品牌建设开发中要引入大量的现代科技、创新模式。

四、要素的市场化

要素市场化，也将引起品牌市场化。说起商品市场化，应该好理解，过去生产要素是以商品形式体现的，生产要素一般不会独立产生价值。但要素市场化则标志着生产要素从制造产品中逐渐独立出来，价值也会通过市场赋能，所以《意见》的出台会为要素市场化、产业化、标准化、信息化、体系化、资本化铺平道路。“生产要素与要素市场化的属性不同，比如劳动力要素附着在劳动者个体身上，土地要素天然带有一定公共性，因此要素市场建设不能完全等同于商品市场建设”。在此专家提出了卓有见地的看法。

五、制度性保障与产权确认

《意见》提出要素是由市场确认价格，资本化与要素经济融合发展，积极探索通过天使投资、创业投资、知识产权证券化、科技保险等方式推动科技成果资本化。鼓励商业银行采用知识产权质押、预期收益质押等融资方式，为促进技术转移转化提供更多金融产品服务。想象有一天，品牌价值能够具有融资抵押功能，将是要素产业更直观的进步。

六、要素配置

要素配置是要素产业发展的重中之重。《意见》对此强调，既要从整体上扩大要素市场配置范围，加快发展要素市场，也要根据不同要素属性、市场化程度差异和经济社会发展需要，提高要素配置的灵活性、科学性、协同性，构建更加完善的要素市场化配置体制机制。

品牌开发中的配置要素也很丰富，比如地域的、历史的、文化的、传承的，讲好品牌故事与传播需要叠加配置。

七、要素创新

制度性倾斜是有效的机制创新。从破除无效供给来看，过剩产能特别是“僵尸企业”的存在，就是要素配置扭曲的集中表现。要推动僵尸企业出清，就要加快形成市场决定要素配置的机制，释放错配的资源。从培育新动能角度来看，要扩大优质增量供给，就要建立促进要素自由流动的机制，使科技创新、现代金融、人力资源等现代生产要素，能够从低质低效领域向高质高效领域转化。品牌建设也应从单一品牌向公共品牌倾斜，比如“一县一品，一品一业，一业一企，一企一平台”。

第三节　公共品牌体现产业丰富的硕果

一、消费升级拉动产业升级

随着我国经济发展，居民收入快速增加，中等收入群体持续扩大，消费结构不断升级，消费者对产品和服务的消费提出更高要求，更加注重品质，讲究品牌消费，呈现出个性化、多样化、高端化、体验式消费特点。发挥品牌引领作用，推动供给结构和需求结构升级，是深入贯彻落实创新、协调、绿色、开放、共享发展理念的必然要求，是今后一段时间加快经济发展方式由外延扩张型向内涵集约型转变、由规模速度型向质量效率型转变的重要举措。发挥品牌引领作用，推动供给结构和需求结构升级，有利于激发企业创新创造活力，促进生产要素合理配置，提高全要素生产率，提升产品品质，实现价值链升级，增加有效供给，提高供给体系的质量和效率；有利于引领消费，创造新需求，树立自主品牌消费信心，挖掘消费潜力，更好发挥需求对经济增长的拉动作用，满足人们更高层次的物质文化需求；有利于促进企业诚实守信，强化企业环境保护、资源节约、公益慈善等社会责任，实现更加和谐、更加公平、更可持续的发展。

二、品牌升级的核心动力

按照党中央、国务院关于推进供给侧结构性改革的总体要求，积极探索有效路径和方法，更好发挥品牌引领作用，加快推动供给结构优化升级，适应引领需求结构优化升级，为经济发展提供持续动力。[1] 以发挥品牌引领作用为切入点，充分发挥市场决定性作用、企业主体性作用、政府

---

[1] 国务院办公厅印发《关于发挥品牌引领作用推动供需结构升级的意见》（国办发〔2016〕44号）。

推动性作用和社会参与性作用，围绕优化政策法规环境、提高企业综合竞争力、营造良好社会氛围，大力实施品牌基础建设工程、供给结构升级工程、需求结构升级工程，增品种、提品质、创品牌，提高供给体系的质量和效率，满足居民消费升级需求，扩大国内消费需求，引导境外消费回流，推动供给总量、供给结构更好地适应需求总量、需求结构的发展变化。

国家鼓励和支持有实力的企业牵头开展行业共性关键技术攻关，加快突破制约行业发展的技术瓶颈，推动行业创新发展。鼓励具备条件的企业建设产品设计创新中心，提高产品设计能力，针对消费趋势和特点，不断开发新产品。支持重点企业利用互联网技术建立大数据平台，动态分析市场变化，精准定位消费需求，为开展服务创新和商业模式创新提供支撑。加速创新成果转化成现实生产力，催生经济发展新动能。

增强品牌建设软实力。培育若干具有国际影响力的品牌评价理论研究机构和品牌评价机构，开展品牌基础理论、价值评价、发展指数等研究，提高品牌研究水平，发布客观公正的品牌价值评价结果以及品牌发展指数，逐步提高公信力。开展品牌评价标准建设工作，完善品牌评价相关国家标准，制定操作规范，提高标准的可操作性；积极参与品牌评价相关国际标准制定，推动建立全球统一的品牌评价体系，增强我国在品牌评价中的国际话语权。鼓励发展一批品牌建设中介服务企业，建设一批品牌专业化服务平台，提供设计、营销、咨询等方面的专业服务。

在大力发展公共品牌，提升企业品牌的同时，增强品牌竞争力、影响力、溢价力。

三、公共品牌的内容

公共品牌发展到今天，已具有内容的丰富性、题材的故事性、传播的广泛性、层次的多样性。

公共品牌的建设必须体现中国特色及治理效能，发挥国家生产力，联合社会型企业，创新品牌建设，实现智慧型服务。

公共品牌内容丰富，包括地域品牌、产业品牌、时标品牌、民族品牌、平台品牌。

地域性品牌包括地理标志产品、地方名优特产品、传统工艺和非遗产品。产业品牌是指科技创新支撑下的新经济业态，包括新型电商、物联网、大数据、云算法、区块链等新技术应用。时标品牌是指不同的时间节点产生的消费行为，春节是全球地表最强 IP，2020 年的“5·12”护士节就是在全球抗疫的高光背景下度过的，等等，类似购物节属于消费者的节日。民族品牌是指各民族特色产品，越是民族的，越是世界的，民族产品的独特性传播依靠优秀的民族代言人，将“映象”文化进行到底。平台品牌是指资源整合性平台（如小米等），“好品中国”无假货，就体现了平台品牌优势。

平台企业将整合公共品牌资源，对企业优质品牌进行“二度创造”，拉升品牌价值，对产品集成标准进行制定、对消费进行定制，形成生产制造、渠道溯源、服务智能全链条品牌生态体系。

好品+创品=优品，由国家七个行业机构在 2020 年 5 月 10 日第四个中国品牌日联合发起“好品中国”国家自主品牌行动计划，标志中国从产品大国向品牌强国迈出重要一步。中国地大物博，物产丰富，品牌大而不强，主要源于自主品牌散而不聚，单兵作战，竞争力不强，品牌企业常被无序竞争困扰，知识产权保护能力弱、成本高，积极发展公共品牌是落实国家战略的重要举措和重要步骤，充分挖掘整理各地名优特产、中华老字号产品，将企业自主品牌向国家公共品牌过渡，是中国品牌强国的必由之路。

第四节　公共品牌体现平台企业的效果

直采、直销、直供、直播已改变了商贸流通的底层逻辑，一旦发生市场行为，其势不可逆转。在“四直”的商业行为中，核心是去中间化。去中间化已提出多年，但个中的曲折令人唏嘘。中间商不是凭空产生的，中间商对产品的传播功不可没，它代表消费者传递消费诉求，代表生产厂家投放市场渠道，这些近似于专业的功能必将出现替代才能真正地去中间化，这就为平台企业的产生创造了前提条件，换言之，只有更科学、更系统、更专业、更精准、更生动才更有利于公共品牌的建立与传播。平台企业的产生会呈现五个特征：现代生产力要素的配置，新零售全新模式，多中心化对接，平台模式的确立，版图思维的确立。

一、现代生产力要素的配置

全要素生产率，是出现在党的十九大报告中为数不多的经济学词汇，全要素生产率是在不增加人力、物力、财力而增加的那部分要素，它有三个来源：一是效率的改善，二是技术进步，三是规模效应。在计算上它是除去劳动、资本、土地等要素投入之后的“余值”。中国人口占全球人口的1/5，以20%的人口，生产和消耗全球57.2%的生猪；中国钢产量在去产能后，还占全球钢产量的50%。这些生产都需要投入和消耗生产资料，结果会造成产能过剩，产能过剩的结果是拼价格，拼价格的结果是牺牲品质，形成恶性循环。平台全面契合效率改善、技术进步、规模效应，表达其适时应势的强大活力和生命力。

二、新零售全新模式

新零售现在有很多论述。新零售是由市场端发起的需求，并“不择手段”地加以满足，这时就不必用线上线下、2B2C、传统还是创新来加以区分。过去是由生产端发起价值，所有关联服务都在加法中做减法，典型的模式是“分羹”；而新零售由市场端发起价值，是一种社会要素链接，典型的模式是赋能，平台企业是为相关元素赋能，产生超越价值的价值。

三、多中心化对接

多中心化也叫去中心化，大型商业的变迁，说明消费多中心化的趋势，以致延伸消费的场所不再是大而全，而是小而精，大市场统天下，只能证明那里的市场不发达。同样，社会话题的变迁也验证了这些话题，先是讨论“时间去哪了”，后来讨论“爸爸去哪了”，现在讨论“消费者去哪了”，多中心化、去中心化已成为趋势，中国的消费提速很快，中国消费对经济增长贡献率达58.8%，消费场域多元化、扁平化已成现实，中国直播网红大约2400万人，粉丝约6亿人。一个App就有2亿人使用，这些都是去中心化的表征，多中心化、去中心化需要强大的“社会元素”（基础设施）的支撑，平台是多中心链接的设施的提供者。

四、平台模式的确立

平台开发有三个层次，即功能开发、综合开发、生态开发，平台企业立足于商贸流通供应链的生态系统建设与开发。

①商业文化的核心是诚信，我们讨论过，中国诚信的底线在哪里。过去讲“良知”，说中国的良心底线来自中国的知识分子；现在良知在下沉，中国的良心底线来自中国的生产制造者，商品越来越多，可选择使用的越来越少，商业诚信文化的缺失，一定会引来强烈的需求反弹。诚信有三个维度，文化诚信，制度诚信，技术诚信。平台企业立足于文化诚信，适应于制度诚信，重视技术诚信，通过大数据建设打通生产认证、渠道认证、场所认证。

②商业的逻辑。通常商业的逻辑被理解为“物美价廉”，但在诚信文化缺失的前提下，“物美价廉”多是伪命题，平台企业提出的“多快好省”，实际上“好”才是“1”的建立，“不好的多、不好的快、不好的省”是当下的现实，而平台企业谋求的是“好中的多、好中的快、好中的省”。

③商业模式。平台企业商业模式创建的共享模式是竞合的蓝海模式，而不是竞争的红海模式，“政通人和，合纵连横”的平台文化决定了商业模式的包容性、兼容性、共容性，充分展示“发动国家生产力、联合社会型企业、创新商业模式、提供智慧型服务”的模式魅力。

五、版图思维的确立

现实中个人消费体验被圈层体验所覆盖，当一个产品不顾你的感受的时候，不是你超越了这个圈层，而是这个圈层淘汰了你，于是一个笑话便成了哲学：“讨厌我的人多了，你算老几”。

由销售向营销转移，不是单纯的买东西，而是在销售的同时产生影响（买到的产品并不高级，但品牌却绝对是顶级）。

由渠道向价值转移，公共品牌的产生，将成为产品星工厂，产生国家平台进而造就国家品牌。

资金向资本转移，一切指向是资本的产出。产品商业化，商业品牌化，品牌信息化，信息 IP 化，IP 资本化，资本优化，资本升级，资本创新满足产品版图思维的需求。平台企业在推动公告品牌的过程中必将凸显“参与赋能共享经济、建立生态诚信体系、保障绿色食品安全、搭建数据分析平台、引导实体经济成长、寻觅持续发展道路”的良好作用。

第五节　公共品牌体现供应链条的结果

在国务院办公厅发布的《关于积极推进供应链创新与应用的指导意见》[1] 中，把供应链的概念定义为“供应链是以客户需求为导向，以提高质量和效率为目标，以整合资源为手段，实现产品设计、采购、生产、销售、服务等全过程高效协同的组织形态。随着信息技术的发展，供应链已发展到与互联网、物联网深度融合的智慧供应链新阶段”。

一、供应链的六个属性

供应链有六个属性，即久、长、宽、广、难、重。

①古人曰：“兵马未动，粮草先行”；“诸葛一生唯谨慎”，风光于“草船借箭”，却“大意失荆州”，这些都是供给的问题；②我国商贸流通供应链的特点多符合“胡焕庸线”的规律，好的产品在周边，好的市场在中间，所以供应链就会很长；③天下再没有比供应链更宽的范畴，既包括天外来客——陨石，也包括海底石油；④供应链联系各行各业，千家万户，这次新冠肺炎疫情的发生，考验了供应链的“诺亚方舟”；⑤正是由于诸多复杂因素，供应链建设管理才比较繁难；⑥“无物不丰，无贸不活，无金不重”，供应链在各个领域发挥重要的作用。

二、供应链发展的要求与路径

国务院办公厅印发的《关于积极推进供应链创新与应用的指导意见》，

[1] 国务院办公厅印发《关于积极推进供应链创新与应用的指导意见》（国办发〔2017〕84 号）。

为今后供应链发展建设提出了要求：

①推动制造企业应用精益供应链等管理技术，完善从研发设计、生产制造到售后服务的全链条供应链体系。推动供应链上下游企业实现协同采购、协同制造、协同物流，促进大中小企业专业化分工协作，快速响应客户需求，缩短生产周期和新品上市时间，降低生产经营和交易成本。

②发展服务型制造。建设一批服务型制造公共服务平台，发展基于供应链的生产性服务业。鼓励相关企业向供应链上游拓展协同研发、众包设计、解决方案等专业服务，向供应链下游延伸远程诊断、维护检修、仓储物流、技术培训、融资租赁、消费信贷等增值服务，推动制造供应链向产业服务供应链转型。

③促进制造供应链可视化和智能化。推动感知技术在制造供应链关键节点的应用，促进全链条信息共享，实现供应链可视化。加快人机智能交互、工业机器人、智能工厂、智慧物流等技术和装备的应用，提高敏捷制造能力。

④推动流通创新转型。应用供应链理念和技术，大力发展智慧商店、智慧商圈、智慧物流，提升流通供应链智能化水平。鼓励批发、零售、物流企业整合供应链资源，构建采购、分销、仓储、配送供应链协同平台。鼓励住宿、餐饮、养老、文化、体育、旅游等行业建设供应链综合服务和交易平台，完善供应链体系，提升服务供给质量和效率。

⑤推进流通与生产深度融合。鼓励流通企业与生产企业合作，建设供应链协同平台，准确及时传导需求信息，实现需求、库存和物流信息的实时共享，引导生产端优化配置生产资源，加速技术和产品创新，按需组织生产，合理安排库存。实施内外销产品“同线同标同质”等一批示范工程，提高供给质量。

⑥提升供应链服务水平。引导传统流通企业向供应链服务企业转型，大力培育新型供应链服务企业。推动建立供应链综合服务平台，拓展质量管理、追溯服务、金融服务、研发设计等功能，提供采购执行、物流服务、分销执行、融资结算、商检报关等一体化服务。

⑦推动供应链金融服务实体经济。推动全国和地方信用信息共享平台、商业银行、供应链核心企业等开放共享信息。鼓励商业银行、供应链

核心企业等建立供应链金融服务平台，为供应链上下游中小微企业提供高效便捷的融资渠道。

⑧大力倡导绿色制造。推行产品全生命周期绿色管理，探索建立统一的绿色产品标准、认证、标识体系，鼓励采购绿色产品和服务，积极扶植绿色产业，推动形成绿色制造供应链体系。

⑨积极推行绿色流通。积极倡导绿色消费理念，培育绿色消费市场。鼓励流通环节，推广节能技术，加快节能设施设备的升级改造，培育一批集节能改造和节能产品销售于一体的绿色流通企业。

⑩积极融入全球供应链网络。加强交通枢纽、物流通道、信息平台等基础设施建设，推进与“一带一路”沿线国家互联互通。推动国际产能和装备制造合作，推进边境经济合作区、跨境经济合作区、境外经贸合作区建设，鼓励企业深化对外投资合作，设立境外分销和服务网络、物流配送中心、海外仓等，建立本地化的供应链体系。

⑪提高全球供应链安全水平。鼓励企业建立重要资源和产品全球供应链风险预警系统，利用两个市场两种资源，提高全球供应链风险管理水平。制订和实施国家供应链安全计划，建立全球供应链风险预警评价指标体系，完善全球供应链风险预警机制，提升全球供应链风险防控能力。

⑫参与全球供应链规则制定。依托全球供应链体系，促进不同国家和地区包容共享发展，形成全球利益共同体和命运共同体。在人员流动、资格互认、标准互通、认可认证、知识产权等方面加强与主要贸易国家和“一带一路”沿线国家的磋商与合作，推动建立有利于完善供应链利益联结机制的全球经贸新规则。

强大的供应链体系建设必将造就一批公共品牌的成熟和发展，同时公共品牌的成熟与发展也会促进供应链的开发和建设。

第三章　直播经济与企业品牌成长

在企业发展中，重要行为之一是市场营销活动，市场营销方式的变革会随着技术的进步、科技的发展而改变，市场营销的核心变革是企业与用户沟通方式的变革。

直播方式，这种基于互联网软硬件技术发展起来的营销行为，带来了一场企业与用户沟通方式的巨大变革，企业如果能够掌握和利用好这一变化，会更加高效地触达客户，同时正因为直播作为企业发展的营销工具变革这一本性，也会让直播业态回归本质：直播业态持续发展促进企业发展。因此，无论是 MCN 专业机构还是直播从业人员，或者是企业内部直播机构及人员，都要抓住促进企业发展这一核心，才能使直播业态持续发展，同时对政府支持的直播基地也要以直播促进企业发展进而带动产业发展为根本点出发，支持和发展直播基地。

如今 5G 以及互联网不断更新迭代，电商蓬勃发展，伴随短视频生态的建立，几大主流互联网平台公司的不断完善，直播业态也在迅猛发展。2018 年才上线的快手，2019 年的交易额就已达 600 亿元；而抖音虽然没把电商作为主要发力点，但交易额也达到 200 亿元；2020 年“6・18”，京东销售额 2692 亿元，天猫销售额 6982 亿元，这些不断变化的数字，给作为经济主体的企业的经营行为带来引导。然而，我国具有互联网电商能力的企业不足 5%，大多数企业还停留在传统经营模式，面对蓬勃发展的电商很难适应，再加上直播行业刚刚起步，在初期也会给企业带来发展困惑。但是技术的进步带来人类行为习惯，特别是消费行为习惯的变化很难倒转，因此企业必须面对变革，走上健康发展的新道路。

直播给企业带来变革的底层逻辑是什么，企业应该如何做，如何按照市场营销的逻辑进行整合，将是有意义的讨论。

第一节　企业发展经典理论简述

无论销售工具如何变化，企业从事经营活动的根本是通过企业设计、生产某项产品或者服务，满足客户的需求，进而获得企业发展利润。大多数人认为市场营销是指包括一系列营销及广告的活动，但事实上，销售和广告仅仅是市场营销这门内容广泛而深邃的学科中的一部分，市场营销思想在某一企业内的作用，远远先于产品制造这一环节，市场营销开始于企业对市场的研究与分析，决定怎样生产出最好的产品，怎样发掘销售该产品的最好的市场。市场营销的作用还延续至产品的售后，衡量消费者购买产品的满意度，以及企业如何继续改进提供给消费者的产品。市场营销的思想，最早出现在工业化经济领域中的大众消费与工业企业的相互运作之中，随后扩展至服务性企业、专业性企业、非营利组织和政府性企业及机构。今天市场营销已经渗透到面对买方市场，为吸引消费者的关注偏好，即购买而进行激烈竞争的所有组织机构当中，它们都必须回答诸如此类的问题，应该寻找哪一类的消费者，如何吸引他们的关注，并取得他们的满意，他们想得到什么样的产品和价值，哪些公司会对这些消费者展开竞争？应该怎样使消费者确信本公司会提供给他们最好的服务。

一、工厂思维

我国是在20世纪80年代逐步走向市场经济的，在计划经济和短缺经济时代，企业只要能够获得生产权利就可以生存发展，如果企业在特殊领域和行业，对生产资质和权利有独特的资格，企业就会持续获得生产订单，而不需要关注市场，更不需要关注用户，因为市场短缺，只要产品生产出来就不愁卖，甚至还需要特定的票据才能获得购买资格。在此情况下，企业作为一个生产的主体，以抓生产为主要思考，不用去关注营销的问题，最多关注生产效率的提升。这就是典型的工厂思维阶段，这个阶段又分为仅仅关注生产的阶段和关注产品的阶段，但都是属于没有市场营销的发展阶段。

（一）以生产为核心

在短缺经济和计划经济时代，因为市场需求大于供给，因此，供应方只需考虑如何获得生产的许可，略微有一些管理思想的负责人会考虑提升生产效率，管理企业绩效的工具受很大制约，比如，工资、奖金制度也是受约束的，因此管理者只要略微能够在权力范围内，改善生产管理工具的生产效率，如引进更先进的设备，就可以取得发展。在那个特殊时期，管理者是以生产为核心的，拿到生产任务并且想办法完成，如果管理者略微有一点经营管理意识，改进生产工具，提高生产效率和质量，就非常好了。在那个时期谈不上经营管理，企业管理者整体履行的是生产车间主任的角色。

（二）以产品为核心

随着社会的进步，特别是市场经济的发展，生产从不足变为较为丰富，企业从仅仅关注生产转变到关注产品质量。这时，企业就会从产品研发的角度获得用户对企业的关注度，比如会考虑产品独特的功能，或者更好的质量、独特的包装。企业主以及产品的研发者并不是关注市场信息，而是从企业本身的产品设计者出发，以产品本身的功能为核心来设计和推出产品。因为在这个阶段，产品并不非常丰富，竞品也不是很多，所以当产品设计出独特的功能，或者说具有一定特殊的功能时就会吸引一些客户，使企业取得市场竞争的优势。但在这个阶段企业的管理者并不是主动地去探索市场的需求，而是单纯地站在产品的角度，甚至是设计者个人喜好的角度改进产品，如果功能过于独特，造成生产成本过高，喜欢这类产品的顾客不多，导致在产品上并没有市场的竞争力。站在企业自身的角度去设计产品是典型的产品思维，在市场经济的初期会给企业带来发展机遇，但随着市场竞争的加剧，也会给企业的营销活动带来困难，使企业进入推销阶段，这种情况到现在还是制约企业发展的问题，这是产品思维阶段，只是这种思维方式延续至今。

（三）代表性经典理论

在工厂思维阶段也有很好的管理理论出现，例如，泰勒的以提高生产效率为核心的科学管理理论，我国 20 世纪 90 年代末的 A 管理模式，等等，都给工厂思维的企业管理带来了很好的发展指南。

二、市场思维

市场思维是以市场营销为导向，以用户为核心，用推销的手段，把产品换成现金的做法。这种做法改变了推销观念中只考虑卖方需要的做法，也避免了随着市场竞争加剧，推销失效给企业带来的库存和现金流的压力。市场思维下企业的行为是市场营销，其观点是通过研究产品和服务于用户消费相关的活动来满足顾客的需要，因此在企业经营活动中需要研究目标市场、顾客需求等要素，相比起推销观念的视角有本质的不同，具体而言，推销是从内向外的，它从工厂出发，以现有产品为中心，通过大量的推广、促销活动来获取利润，而市场营销是一种由外向里的观念，根据所选定的市场，以客户需求为中心，通过各种可能影响客户的渠道以及活动，与客户沟通，了解和满足客户需求来获取利润。

企业在不同的发展历史背景下，生产力的要素也不同，但是市场营销的核心思想作为市场经济下企业发展的根本逻辑没有发生任何变化，但遗憾的是具有市场营销能力的企业家非常少，这也是市场经济下能够长期发展的企业为数不多的原因，因为大多数的企业都可能忘记了市场营销的根本是从研究目标市场和目标客户为出发点，而不是自娱自乐地研究一款产品，并用公司的资源去推销，这可能会因为推销失败而导致公司业绩下滑。

（一）营销为核心

市场思维下，企业经营活动从市场调研开始，研究目标市场中哪一部分客户群的需求还没有被满足，或者满足得还不够完美，从而提出企业产品和服务设计的模型，然后进入产品设计阶段，在产品设计阶段要不断关注目标市场的变化，调整企业的产品和设计，比如，在互联网不发达的时期，企业通过购买行业报告获得目标产品的目标市场发展趋势，以确定公司的产品战略、市场区域发展战略，等等。甚至一些颇具实力的公司会在推出新产品前找用户做测试以达到了解目标客户需求的目的。在这个阶段，营销是企业管理的核心，其包括的范畴囊括企业所有的与用户接触的范围：市场调研、产品功能、定价、销售区域和渠道、促销方式、售后服务、财务核算等全部链条，一个以营销为核心的企业在市场经济发展的今天取得成功的可能性要大很多。

（二）提升效率为核心

在市场经济的以营销为核心的管理下，提升各环节效率变得非常重要，例如，获得市场信息的速度、满足市场的速度、生产效率提升带来的成本降低、与目标客户沟通的触达效率都成为企业发展的重要因素，这时就需要企业有较好的管理能力以提升市场营销的核心竞争力。随着互联网的发展，各种信息变得多而杂，也就是大家所说的信息爆炸。同时由于一味强调效率而带来快节奏，导致管理的压力增加，引发一系列的社会问题，这也让企业经营者深度思考市场营销的本质。有些企业反其道而行之，放慢速度，寻找差异化满足一部分市场的需求，然而在经济社会的主流中依然是以提升效率为核心，寻找差异化市场并且用具有竞争力的价格满足客户的需求，因此，笔者认为企业发展的核心要素是差异化和低成本。

（三）代表性经典理论

市场营销的经典理论很多，这一阶段系统且经典的管理理论是菲利普·科特勒的《市场营销》、现代管理之父德鲁克的系列作品、迈克·波特的竞争理论。

三、用户思维

市场营销思维下，使企业由关心自己变成关心客户，随着互联网的发展，企业就可以越来越便利与目标客户沟通，信息变得越来越透明，同时也因为生产力的进步，商品越来越丰富，因此企业经营进入用户思维阶段。

进入用户思维阶段，企业经营方式会产生比较大的变化，企业由经营产品变成经营用户，更加关注用户的偏好，企业用户画像更加多维度，甚至一些互联网公司为了精准服务客户会给一个用户贴上2000个标签进行精准分类。由于互联网的发展，与用户的沟通变得非常及时和便利，因此以用户为核心的“用户思维”营销方式成为有生命力的管理方式。

（一）用户为核心

你的用户是谁？用户喜欢做什么？用户喜欢到哪里去？这三个问题是互联网企业做产品必须要自问的。企业在从事经营活动时首先考虑的不是产品的功能，而是用户的想法，在设计过程中要不断与用户交流，探讨产品设计的方方面面，企业根据收集的信息完善产品的核心功能设计、外观设计、定价，等等。这样做的企业从企业经营活动开始就模糊企业和用户的边界，让用户有参与感，甚至是主人的感觉，与企业和产品建立情感，这样企业在产品进行生产前可以精准地预测销售数量，从而可以完善供应链、降低库存、提高生产效率，而用户也可以获得更符合自己需求的产品以及存在感，同时可以根据自己的需求提出改进产品的设想，给企业产品的迭代升级提供可靠依据。典型的案例就是小米手机的设计，不仅让小米手机有很好的可预知的销量，做到零库存，同时因为在企业经营的各个环节关注用户的感受与体验，形成了一大批忠诚的小米产品的用户即“米粉”，从而让小米企业生态链在初期就拥有一批忠实的用户。持续的良性互动中，小米打造了小米体系中的爆品生态链，进而造就了小米成为世界500强企业，这是企业以用户为核心的力量。粉丝不仅仅是喜欢明星的一群人的代名词，也是可以成就伟大企业的基础，用心爱你的用户，用户就会成就你的企业。

（二）利他心

经营用户不能带有强烈的功利心，在互联网世界形成的数字化经营体系中，用户的每一个行为都会留下可以数字化描述的形象，感知用户的需求，用关爱之心去与用户沟通，就会获得帮助用户的路径和灵感，并且在面对满足用户的需求的抉择时用“善”与“恶”的标准代替是否“有利可图”的标准作为企业选择的路径，这样企业就更有生命力，而不是被互联网这个本无善恶的工具带“快”的世界裹挟，进而迷失方向。用功利心对待客户，即便是得到短期利益也不会长久，互联网是最洞察人性的工具，抑“恶”扬“善”方得始终。

（三）信任感为核心

经营用户要跟用户建立长期的信任感，在互联网2.0时代，特别是视频生态下的直播，与客户沟通变得非常便利和多维度、多角度。在这种便利的沟通下，如何与用户建立信任感呢？就是要为用户考虑得更多一些，用户成为你的粉丝之后，也不会失望。怎样才能和用户建立信任感呢？举例如下：一是专业信赖，某领域的专家被称为KOL，即关键意见领袖，会吸引一批理性的粉丝。二是在生活消费品领域，如果商家或者主播展现出来对某一件事情或者产品投入了非常多的精力，帮助用户去了解和选择产品，也是一种建立信任感的路径。当然建立信任感的路径最终是基于对用户负责的态度，一旦用户感知，就会对商家或者传播者产生信赖感，而这种信赖感一旦形成，由于互联网传播的便利性，就会产生一种裂变的效应，这种裂变性的传播会给企业带来非常好的长尾收益。

（四）企业组织变革

组织是实现企业战略的保障，当企业转变为用户思维时，是企业经营战略的转变，在战略方向调整后，组织必须进行变革，以保障战略执行。以用户思维为导向的企业组织管理扁平化，同时能更加迅速准确地听到用户的声音，始终与用户站在一起，企业才能健康成长。

第二节　视频生态下直播企业转型升级路径

一、互联网 2.0 时代下企业状况

互联网 2.0 时代催生了短视频和直播电商的发展，互联网下长大的“90 后”“00 后”成为消费主体。新冠肺炎疫情之下，非接触式购物，消费者宅在家里，独处时间增多。一方面，传统企业面临线下关店、销售额断崖式下滑的压力；另一方面，互联网销售模式和互联网基因的企业的销售业绩令人咋舌，增长的速度令人惊叹。传统企业在这样一个变化中如何发展？还是回到经典的 4P 理论中讨论并研究因为技术发展引发的渠道变革下，企业经营活动的变化。

电商平台的发展实际上是一场史无前例的、无法倒退的渠道变革，视频生态下的主播出现，其实是生产企业或者是代理商、销售人员为适应新渠道而做出的不同销售方式的变化，平台的网红实际上就是传统销售中的那个有较好人流量的某所商场的优秀导购员，主播就是企业销售人员或者是企业自己配备的导购员。颇受用户欢迎的直播业态是企业产品进入电商渠道的必经之路，企业在电商渠道上配备直播人员也就是企业组织中的标准配备。

直播业态下给企业经营活动带来了以下变化。

（一）产品设计变化

强调用户思维、用户导向，因为互联网的用户超过十亿，理论上讲，作为任何一款产品信息都可以触达传统企业难以想象的数量级的海量用户。因此，互联网时代下，不是为了追求销售额盲目增加产品品种，而是在精准用户分析后做好一款产品。减少 sku 就是企业在产品设计上极大的变化。

由于获得信息的便利性，在数据分析之下，企业精准定位客户群，垂直极致地满足一部分用户的需求，就可以创造极好的销售额。

（二）定价策略变化

在传统企业中定价是采取成本利润法定价，但是因为在信息高度透明的互联网 2.0 时代，定价方式越来越关注用户愿意花多少钱购买企业产品作为定价依据。一些拥有一定粉丝量的主播为了博得粉丝的进一步喜欢，往往会与企业交流要求全网最低价，等等，企业如何选择销售渠道，如何确定商品价格就成了一个重要课题。而用户愿意花多少钱购买作为定价依据后，要优化设计产品以及企业供应链，以确保企业在竞争中有价格优势。从人性的本质上来看，非奢侈品的购买者还是非常喜欢把价格作为选择购买的依据，当前比较价格变得便利的情况下，既要低价又要有很好的利润空间和持续盈利能力是企业发展中最为重要的事情。

（三）渠道变化

电商渠道变化是根本变化，原来是简单的线上和线下，其实大多数企业还是以线下经营的传统思维在经营，但当线下渠道大部分失灵的时候，企业应该构建线上、电商、社群等不同的销售场景，以适应互联网技术给人的选择带来的便利性。

（四）促销变化

在经典的营销理论中，促销也是非常重要的一个环节，在视频生态下促销依然重要，促销手段更加多样化，如折扣、优惠、补贴等方式的多样性，也会根据平台特质不同而导致商家更多的优惠手段的变化。

二、企业创业转型升级之路

（一）一款爆品打天下，企业要有互联网产品设计基因

视频直播生态给创业企业提供了更广阔的销售场域，不受空间和时间

限制的销售场景，传递信息的方式更加精准和高效，为企业提供了一款产品或者少量产品就可以产生巨大销售额的可能性，而设计出互联网特质的产品才能够在今天赢得用户、赢得市场。关于爆品请见本书第五章。

（二）组织保障：电商运营团队

组织保障至少要有企业主播人员、吸引流量的新媒体运营团队、电商店铺管理团队、电商客服团队、针对电商的物流管理和财务管理，这些与传统渠道的组织保障有相似之处，但也有电商的特殊要求：如更加注重图片、短视频的能力，更加注重用户的体验、主播和店铺的人设更加精准。

主播应作为企业的常设和必备岗位，其产生的销售额应该和企业在线下开店铺所设的导购员这个岗位一致，除非是企业加强了流量运营、加强了互联网产品的设计能力。

（三）新媒体运营是新流量入口

任何生意都是流量生意，在线下开店的时候开在实体商场，也希望人多，也会用各种各样的方式把店开在人流、客流多的地方，同时，也要做一些活动，让这些客流能够进入自己的店铺当中。其实在线上开店原理也是一样的，在线上开店如何吸引流量呢？一个是私域流量，通过建立社群的方式，可以设计一些裂变工具、促销活动让私域流量扩大，另一个就是公域流量，公域流量在目前常说的抖（音）、快（手）、淘（宝）、京东、小红书、B 站、视频号等拥有客户的平台上。吸引公域流量的方法就是用短视频、公众号、特色文案等。当公域流量足够多，私域流量足够稳定的时候，公众号的传播及短视频发在抖音、快手视频号上，同时通过线上店铺以及直播就可以变现。

（四）管理好供应链

互联网销售可能会在瞬间产生大量订单，特别是：“6·18”“双十一”这样的大的电商节日，因此在供应链管理上企业要有充足的准备，既不能压库存又不能没有货卖，因此一个优秀的互联网企业可以精准地预测爆品的销售量，同时为了保证用户的满意度，不惜采用“饥饿营销”的方式来面对突然增加的大额订单。

第三节　给企业插上互联网和资本的翅膀

一、适应新媒体平台的商业模式

互联网直播生态、短视频生态已成为现代社会的一种底层技术，人们的消费习惯以及人们的沟通习惯都已经适应了这种技术的发展，随着5G时代的到来，直播和短视频还会更加蓬勃地发展，因此企业只有适应这种不可逆的技术发展才会有未来。当企业适应了这种直播和短视频的发展，也有了很好的组织保障，建立自己的特色盈利模式时，要特别注意管理的高效能，只有高效能的管理能力，企业才会体格健壮、基业长青。在商业模式清晰、销售业绩或者说经营目标稳定、管理有序的情况下，企业会受到专业投资人的关注。企业要做好引进投资人的人才储备，要懂得股权设置、估值管理、对赌风险管理，以及引进投资人之后的与投资人沟通的管理和投资退出管理。当企业家具备了这种能力，投资人就会助力企业的发展，职业投资人充裕的资金会帮助企业完善产品研发、完善管理队伍、完善品牌与市场影响力建设，使企业进入加速器式快速发展的加速状态，最终成为一家上市公司。

二、各种要素的合理配置

各地方政府设立的直播基地，其根本目的是帮助企业的发展，因此直播生态中和短视频生态中的主播等各个环节的人员都应该以围绕实体经济的发展作为自己能够发展的基础，各地的直播基地设计，应该考虑当地特色的产业、当地企业的基础以及当地供应链的能力和当地人文生态的状态，只有这几方面都结合在一起，同时在必要的时候设立产业引导基金才能助力这个地方的企业发展，带动地方税收，带动就业，进而让当地的产业具有特色，并且有持续的发展能力。

因为这是一个新生的事物，相关专业从业人员、企业家、政府管理者都在探索中，因此，对于直播如何促进企业的发展、推动产业的发展，教育培训就是一个非常重要的环节，其中针对传统企业家的转型培训、针对企业主播的专业培训、针对政府公务人员的产业发展培训都是应该持续开展的。

第四章　迎接“媒体即门店”的时代*

第一节　从线下到线上

从零售业自身发展来看，大致经历了从传统线下→线上独立发展、线下上线→线上引导线下、线上线下融合→入口引流等全过程的各个阶段。从本质上讲，出现这些阶段是对消费需求的呼应，更是对流量红利的分割。

一、零售业态变迁

零售业是最为人性化的产业，以适应人的需要为目的。零售业态的变迁充分反映了对消费者的重视和对消费需求的不断满足。

学术界将部分零售业态的变迁称为零售革命，同时认为，这是零售业发生的新旧形式主辅换位的变化，是内在张力的扩张与延伸。世界公认的零售革命一般认为是三次，第一次是1852年开始的百货商店革命，第二次是1859年开始的连锁商店革命，第三次是20世纪30年代开始的超级市场革命。但也有学者认为是百货商店、超级市场、自动售货机，甚至将一价商店也列入其中，还有学者提出八次零售革命说，例如，清华大学中国零售研究中心主任李飞，就在其著作《零售革命》中详细讨论了百货商店、超级市场等八次零售革命。

---

* 本章主要参考文献为中国人民大学商学院贸易经济系王强副教授作为课题组组长的“新零售与数字化转型”系列研究报告之一，《曙光——数据生产要素照亮新零售时代》，2019年。

该报告由中国商业经济学会副会长、新零售50人论坛副秘书长、中国人民大学商学院贸易经济系副教授王强，北京物资学院经济学院副院长、副教授刘玉奇执笔，中国人民大学商学院、首都经济贸易大学经济学院、北京物资学院经济学院部分老师和同学参加了案例调研和初稿撰写。

（一）零售革命和业态创新

八次零售革命分别是百货商店、一价商店、连锁商店、超级市场、购物中心、自动售货机、步行商业街以及多媒体销售，见下表。

次数	名称	业态开始时间	革命高潮期	特征
1	百货商店	1852 年	1860—1940 年	扩大品种
2	一价商店	1878 年	1880—1930 年	同一价格
3	连锁商店	1859 年	1920—1930 年	组织创新
4	超级市场	1930 年	1935—1965 年	自选购物
5	购物中心	1930 年	1950—1965 年	商店聚集
6	自动售货机	“二战”后	1950—1985 年	自动售货
7	步行商业街	1967 年	1967 年至今	漫步购物
8	多媒体销售	1980 年	1980 年至今	电视、网购

零售革命不同于零售业态的变迁。在 2004 年颁布的《零售业态分类》国家标准（GB/T18106—2004）中，列示了 17 种业态，包括食杂店、便利店、折扣店等 12 种有店铺零售业态，以及电视购物等 6 种无店铺零售业态。购物中心又分为社区购物中心、市区购物中心和城郊购物中心。零售革命强调了革新性的业态变迁过程，在于新业态对旧业态的冲击作用。当然，这并不意味着旧业态消亡，而是因应新业态挑战而做出相应调整。新旧业态分别面向不同客户群或需求，形成多业态并存局面。

零售业态中的百货商店、超级市场、网上商店也被纳入零售革命的范畴。梳理这几次零售革命会发现，每一次的零售革命既需要技术的储备，又需要模式的预演；既是对商业从业者思维定式的革命，更是对消费者地位更加尊重的创新。

（二）百货商店的业态创新

每一次的零售革命从业态看都是一次创新。百货商店相对于杂货店的创新之处在于：综合经营、进出自由、明码标价和可退换。超级市场相对于之前的创新之处则是自我服务、一次购足。

当然，所有的创新都是基于原有基础的，我们不能以“事后诸葛亮”的态度评价过去的创新。

从当时的情况来看，百货商店产生之前的传统店铺常常是各自独立的布料店、鞋帽店、杂货店等，按照现在的说法，是业种店的范畴；而且，通常情况下店铺都限制顾客进入，如果进店了不买东西就很难出去，当然也是谢绝参观的；销售价格通常也是看人下菜碟，一客一议，售价具有较大的随意性，甚至带有一定的强制性和欺骗性。在这种情况下，百货商店应运而生。

1852 年，阿里斯蒂德·布西科在法国巴黎与人合伙创办了博马尔谢商店，实行一套全新的经营策略，经营面积虽然只有 100 平方米，但是比传统店铺大得多。这个店被认为是世界上第一家百货商店。百货商店的出现则一改上述问题。具体来看，呈现以下四种革新性。

第一，综合经营。正如前文所讲，传统店铺通常以业种店为主[1]，而百货商店将日常用品汇集于一处，不仅销售布料，还经营服装、鞋帽及其他饰品。这适应了当时有闲阶层的消费需求。

第二，自由进出。现在看来似乎有点儿过分，但是改革开放之前国营商店售货员的“脸难看”问题的确存在，如果她/他多次取了放回去而不购买，就有可能“门难进了”。当然，这在传统商店中也是为了防范竞争对手。所以，欢迎顾客轻松自由地进出，光顾而未必购买，让逛商店成为一种享乐活动，本身就需要巨大的勇气。

第三，明码标价。如果说这也是一种创新的话，那这一创新就表明了其正面竞争的勇气。相对于传统店铺的讨价还价、看人下菜碟，以及随意性、强制性和欺骗性，百货商店的明码标价体现了一种平等和一视同仁。这不仅仅是店主的态度，更是对消费者的尊重。

第四，退换自由。传统店铺中，消费者退换商品时自认为是求人的事情，店主也常常会提醒“货物售出概不退换”。百货商店则采取了退换商品自由制度，一切顾客感到不合适的商品，一切不符合质量保证的产品，都可以按照顾客的意愿换货或退货。

---

[1] 此类店铺在日本至今仍广泛存在。

（三）超级市场的业态创新

超级市场的诞生可以追溯到1916年。美国田纳西州孟菲斯市的克拉伦斯·桑德斯开了一家叫“皮格利·威格利”的新式食品杂货店。之所以称为新式，是指它最早使用回转式入口和出口的支付柜台。顾客从旋转栅门的入口进场，在同一层楼里按预定线路转来转去，在浏览完全部商品之后走到唯一的出口付款，然后走出另一个旋转栅门。

在这个过程中，没有销售人员，顾客想买什么就拿什么，自取商品，不必通过任何人；商品全凭陈列和包装吸引顾客，完全是自销，同样不必通过任何人。桑德斯的“皮格利·威格利”新式食品杂货店被称为超级市场的雏形。

第一家具有较大规模（1000平方米以上）、现代意义上的超级市场是米切尔·卡伦在纽约州长岛创办的金·卡伦食品店。米切尔·卡伦很有创新思维，曾经在伊利诺伊州的一个连锁食品店当职员。为提高营业额，曾向老板建议开办自选商店，但老板没采纳。后来，卡伦来到纽约长岛，在牙买加街以很低的租金租用了一个被废弃的车库改装为商店，创办了金·卡伦超级市场，营业面积达6000平方英尺（约558平方米）。

现在看来，这家超级市场可能没有什么特殊之处，但相对于当时的零售业态，具有以下三个方面的特点。

第一，自我服务。相对于百货店仍然需要售货员站柜台，顾客无法直接接触商品；超级市场则使顾客成为商店的主人，他们可以自由来往、任意挑选。其自由度和范围得到极大的释放。

第二，一次购足。金·卡伦超级市场的营业面积达6000平方英尺。尽管现在看来不大，但是相对于当时平均800平方英尺（约75平方米）的商店来讲，已经是庞然大物了。因此，其布局的商品品类数大大超过传统商店，可以让购物者一次购足。

第三，选址边缘。选址历来是零售竞争的黄金法则，也是当前新媒体带货的缘由。在超级市场出现之前，“城”和“市”的关系是一系列小规模店铺围绕城市中心布局。超大规模超级市场的出现则超越了原来的选址逻辑，其服务半径超越了城市中心社区。选址向城郊地带转移。金·卡伦超级市场就是由位于城郊的废弃车库改造而成的。

（四）网上商店的业态创新

网上商店的出现是以商家和消费者的在线为前提的。但其萌芽则是一种创新之举。最早的网上商店以亚马逊为代表。毕业于普林斯顿大学计算机和电子工程专业的贝索斯（Jeff Bezos）在1994年认识到新的风口。他辞去工作并列出了20种有可能在互联网上销售的产品，并最终锁定在书籍和唱片上。1995年7月，成立亚马逊（NASDAQ：AMZN）。1997年6月，上海南京东路新华书店网上书店开张，被视为中国网上书店第一家。

网上商店的创新性在于巧妙地凝聚了店铺销售和无店铺销售两者的优点，使购物进入较为完美的境界。具体有以下三个方面的特点。

第一，高效率化。网上交易既可以降低制造商、零售商的分销成本，也可以节省顾客购买的时间成本，使顾客在便利的条件下买到廉价的商品。

第二，无空间限制。网上商店的开办依托于互联网，商店与顾客之间的空间距离为零。顾客只要拥有电脑并上网，就可以在世界范围内的网上商店漫游并进入相应的网店购物。

第三，无时间限制。网上商店的购物时间就是顾客时间，突破传统店铺开业时间约束。只要顾客有时间上网，就可以随时随地购物消费，尤其是伴随着移动互联网的发展，一机在手，随时都可以购物。

每一种零售业态的变迁都是对传统业态要素的突破，也可以看作对用户需求的响应。当然，这些变化都需要一定的条件。例如，网上商店对互联网和移动互联网的要求等。在这个过程中，也因为用户对新业态的响应和竞争的加剧，进一步推动了业态自身的创新。这是一个交互的过程。

二、电子商务兴起

计算机的发展以及后续推动的互联网的发展为电子商务的兴起奠定了基础。人类历史上第一台真正意义的现代计算机出现在1946年，由美国宾夕法尼亚大学制造。随着计算机软件和硬件的更新换代，其应用领域从最初的军事科研逐步扩展到社会的各个领域，成为信息社会中必不可少的工具，引发了一系列经济社会重大变革。

（一）互联网发展

互联网的发展为商家和用户的在线交易奠定了物理基础。20 世纪 90 年代，中国改革开放取得了阶段性成果。发达国家互联网发展迅速，克林顿政府提出实施信息高速公路国家发展战略。中国政府决定动用总理储备金投入建设互联网。在美国 Sprint 公司的辅助下，中国经过种种努力终于全功能接入互联网，在北京和上海开通与美国相连的两条 64K 数据专线，成为国际互联网协会的第 77 个成员。此后，随着互联网应用的广泛推进，涌现出一系列代表性互联网企业，并进一步推动了信息、娱乐、商品、服务的互联网化。有专家将互联网化进程分为五个阶段。[1]

第一个阶段是 2000 年左右，新浪、网易等几大门户网站的创立，推动了信息的互联网化。

第二个阶段是 2003—2005 年，娱乐、游戏等互联网公司相继上市，这是互联网的娱乐时代。

第三个阶段是 2007—2010 年，电子商务在中国愈演愈烈，淘宝、凡客、京东商城等企业炙手可热，这是商品的互联网阶段。

第四个阶段是 2010—2015 年，可以称为“生活服务”的互联网化。这是伴随移动互联网应用的急速增加必然带来的结果，尤其是社交媒体的互联网化，持续重构原有的互联网各行业。

第五个阶段是 2016 年至今，多媒体的互联网化。这是伴随信息传输技术的扩容自然而然的结果，表现为各类短视频网站、直播平台的快速发展，以及各类媒体与电商的融合化进程。

（二）电子商务发展进程

电子商务的雏形可以追溯到 20 世纪 70 年代。当时出现了企业间的电子数据交换 EDI（Electronic Data Interchange）和银行间的电子资金转账，也就是将资金从一个企业划拨到另一个企业，这一技术被认为是电子商务应用发展技术的最早实验。

20 世纪 80 年代，这些技术的应用从初始的金融机构向制造业、零售

---

[1] 本部分主要参考：史志高．上海互联网发展阶段研究（1994—2011）［D］．上海：华东师范大学，2012.

业、服务业及其他的行业延伸。20 世纪 90 年代伴随着互联网的快速发展和应用，B2C（Business to Customer）、B2B（Business to Business）、C2C（Customer to Customer），以及更多更为复杂形式的电子商务企业陆续诞生。最具标志意义的是前文所述的 1995 年美国人贝索斯创办的全球第一家 B2C 电子商务公司亚马逊，率先销售图书和光盘。与此同时，美国工程师皮埃尔·奥米迪亚（Pierre Omidyar）创办了全球第一家 C2C 模式的电子商务网站 eBay 网，以便收藏爱好者之间的藏品交换。

我国电子商务的起源可以追溯到 20 世纪 90 年代初国民经济信息化办公室推进的“三金工程”。但真正具有里程碑意义的事件当属 1999 年 5 月 18 日王峻涛创立的 B2C 网站 8848，主要用于在线销售软件和图书。2003 年的“非典”极大地加速了电子商务的进程。当当、卓越、淘宝、天猫、京东等著名的电子商务网站相继成立并快速发展，大批网民接受了网络购物的模式，许多中小企业加入电商行列，电子商务发展更加多元化。21 世纪以来，电子商务以新服务、新应用、新模式推动了企业的经营与运作，极大地拓展了用户和市场资源，也不断地提高了自身的经营运作效率与水平。

具体来看，中国电子商务的发展经历了波澜壮阔的历程，网络上有些学者将其分为五个阶段，也有些学者将其分为三个阶段。具体几个阶段无伤大雅。但其壮阔情景值得回味。

这里择要摘录如下：

2017 年 12 月 31 日，由历史的天空编辑[1]的“中国电子商务发展的五个阶段”大致有以下三个方面的观点。

第一，六个阶段包括：1996—1999 年的萌芽期，2000—2002 年的雏形期，2003—2005 年的回暖期，2006—2007 年的稳定期，2008—2010 年的群雄期，2011 年之后的融合期。该文作者在总结中提到，“我们也许无法体会那时风口浪尖的壮阔，但我们还是会感谢他们，因为他们的坚持（即使只是为了赚钱），我们能拥有现在更加便利的生活”；正如雷军的“风口论”，回溯历史是为了这份坚持，也是为了把握风口。

---

[1] 也有人说，该文由“姜汁小队长”提供。在此表示谢意。

第二，对风口的调侃其实也是企业战略视野的竞争。比如，2004 年马云提出的“网商”，创办的“支付宝”；再比如慧聪网与环球资源投资的合作，以及与阿里从 B2B、C2C 向 B2C 延伸的合作。当然，这个过程也包含了无数的“豪言壮语”和曾经的“相爱相杀”。比如，扬言 3 年干掉淘宝的“有啊”，滴滴与快的、携程与去哪儿的相爱相杀和喜结良缘。

第三，个人和事件的崛起。尼葛洛庞帝凭借他的《数字化生存》一书做了一系列预言，也影响了无数的数字化先行者。20 世纪 90 年代预言互联网用户超过十亿人，2004 年预言 3G 是鸡肋。笔者看来，这位老先生“他不是神，但他一定影响了神”。从事件本身来看，《一个馒头引发的血案》让不专业成为专业，但更为重要的是，普通大众的“内容生产者”角色通过视频、博客完虐“职业选手”。

2019 年 6 月，中央财经大学中国互联网经济研究院发布《中国电子商务发展二十年：后浪更磅礴》，将中国电子商务发展分为三个阶段：1999—2005 年的培育期，2006—2014 年的创新期，2015—2019 年的引领期。这三个阶段的竞争法则也分别对应着适者生存、胜者为王和后来者居上。

在这个报告中，对于第三个阶段的分析具有十分重要的意义。报告认为，在这个阶段上，“内容与社交成为主导，向农业、工业不断渗透，国际影响日强”。在 PPT 的展示中，无论是社交生活中的大众点评、小红书、拼多多，还是内容视频中的今日头条、抖音、直播，或者交通出行中的神州专车、货拉拉、12306，等等，其核心就是互联网在为用户提供便利的同时，也给自己带来了流量。而流量红利在互联网时代具有十分重要的意义。从这个意义上讲，前文所述的“融合期”能够很好地概括这一时期的特点。

三、零售全渠道

对于线下零售企业而言，从对电子商务的敬而远之到借船出海设立销售网站，加入各平台拥抱互联网，进而逐步从纯交易过渡到借助媒体的力量，使交易无处不在。

（一）全渠道

从业界的认识来看，电子商务虽然高歌猛进，独树一帜，但在没有威胁到线下零售业的生存时，只是作为一种网上商店来看。只有到了这种狂飙猛进导致线下门店进店人数减少，关店数量增加以后，线下店铺开始认识到应该考虑线上的时候，也只不过是看作一种新的渠道。因此，有专家提出，零售渠道变革经历了单渠道→多渠道→跨渠道→全渠道的演变过程，如下图所示。[1]

1. 单渠道阶段（1990—1999年）	2. 多渠道阶段（2000—2009年）	3. 跨渠道阶段（2010—2011年）	4. 全渠道阶段（2012年至未来）
巨型实体店连锁时代到来，多品牌化实体店数量减少。是砖头加水泥的实体店铺时代 →	网上商店时代到来，零售商采取了线上和线下双重渠道。是鼠标加水泥的零售时代 →	实体店铺和虚拟店铺交织，虚拟店铺显得重要。是砖头加鼠标加移动网络的零售时代 →	关注顾客体验，有形店铺地位弱化。是鼠标加砖头加移动网络的零售时代

全渠道的概念来源于里格比（Rigby，2011）。2011 年，他在《哈佛商业评论》发表了“*The Future of Shopping*”一文，指出：“随着市场的变化，数字化零售正在快速重构，有必要赋予其一个新的名称，那就是‘Omni Channel Retailing’，这也表明零售商可以通过实体商店、传统网店、移动终端和社交媒体等尽可能多的渠道与顾客互动。”

全渠道的提法在一定程度上是零售商的视角。从产业链的视角来看，伴随着大型连锁零售企业的崛起，相对于传统生产商的权力而言，渠道的权力日益强大，在与生产商竞争的过程中，大型连锁零售企业的话语权逐步增强。营销学家认为，这种话语权将向消费者进一步转移，这种变化也称为渠道对角线转移理论。所谓多渠道、跨渠道乃至全渠道都是进一步保持渠道权力的一种手段。

（二）SoLoMo 时代

然而，互联网和智能设备的广泛应用，技术创新及其快速推广，必然

---

[1] 李飞．全渠道零售的含义、成因及对策——再论迎接中国多渠道零售革命风暴［J］．北京工商大学学报（社会科学版），2013（3）：1－11.

通过消费者的“用脚投票”来实现。用户成为数字化的消费者，个体可以成为通吃的赢家，可以打造极致的 IP，可以成为品牌。基于个体消费者，2011 年 2 月，全球最有影响力的风险投资家约翰·杜尔提出 SoLoMo 概念，即社交（So - social）、本地化（Lo - local）、移动（Mo - mobile）三个词的整合[1]。

他认为，SoLoMo 时代每一位消费者都成了 SoLoMo 消费者。SoLoMo 消费群的一个显著特点就是，消费者希望在任何时间、任何地点都能随时买到自己需要的商品，他们把越来越多的工作时间和休闲时间放在了微博、微信、论坛、短视频等各类媒体上。这就要求零售商必须采取全渠道的方式以应对消费者随时随地的购物需求。

约翰·杜尔指出，SoLoMo 消费者首先是一个社交消费者（Social Consumer），即每个消费者在购买决定做出之前会更多地通过社会化网络平台，比如微博、论坛、微信群等咨询他们的好友、同事、专家、同行、网友等社交群体成员来做出购买决策。

消费者也是一个本地化的消费者（Local Consumer），基于本地位置的定位与服务，消费者能够随时在本地位置附近找到各类商家，并及时收到商家基于位置推送的优惠促销信息，商家也能及时便利找到位置附近的消费者，做到精准营销。

消费者也变成了移动消费者（Mobile Consumer），每个消费者把所有的商店信息与商品都装进自己的口袋，可以随时随地拿出移动终端，搜集任何购物信息、逛任何商店，或者直接付款购买。移动化使传统的实体商店货架实现了时间和空间上的无限延伸。

事实上，这也为社交媒体时代的零售发展指明了方向。消费者在哪里，零售及其推广就应该在哪里。2013 年，国家商务部发布《2012 年度零售业发展报告》，已经指明了这一方向。

该报告强调：“零售企业将进一步发展全渠道经营模式，通过建立多元联动的渠道布局，使消费者能够从实体店、网络平台、移动终端甚至不同的社交平台，获得统一的、一致性的购物体验。零售企业的竞争战略重

---

[1] 转引自：齐永智，张梦霞．SoLoMo 消费驱动下零售企业渠道演化选择：全渠道零售［J］．经济与管理研究，2015（7）：137 - 144.

点不再是追求单一渠道的最优或最强，而是努力实现各个渠道之间的高度协同、相互融合，为消费者提供全方位的最佳购物环境。未来，零售商将兼具网络和实体零售业务，并由实体零售、网络零售阶段跨入全渠道布局，根据各业态特点，打造全渠道差异化、系列服务的零售模式。”

对于线下零售企业的全渠道发展，该报告也指出了演化路径：“一方面，传统零售企业将加快拓展网络零售业务，一些企业选择自建网站，一些则采取并购的方式迅速进入和占领网络市场，更多的则是通过有机结合线上线下业务获取新的竞争优势，‘网定店取’、自助取货等线上线下相结合的模式将得到推广，实体商店的功能作用得到新的拓展，获得新的发展空间；另一方面，网络零售企业出于品类扩张、宣传展示以及满足消费者体验需求的考虑，也会加快配套服务的跟进，除销售、宣传商品外，形成网上模拟体验、试用等新的优势，并更加注重物流配送、电子支付等运营支撑，完善配套服务。”

第二节　从交易到生活

互联网在带来电子商务的同时，也向社会生活的方方面面延伸，尤其是在休闲娱乐、社交媒体的方面表现尤为突出。

一、“互联网＋休闲娱乐”

伴随着“互联网＋休闲娱乐”的快速发展，短视频、公众号、直播、分享社区、自媒体等迅速崛起，涌现出抖音短视频、斗鱼直播、小红书等平台，出现了咪蒙公众号、吴晓波频道、罗辑思维等内容电商，带火了永兴坊“摔碗酒”，涌现出了冯提莫、papi 酱等一大批具有广泛粉丝数量的网红。这些媒体通过各种形式的产品代言、门店代言、品牌代言迅速变现。无名网友的 15 秒视频引起了 18 万人的蝴蝶效应，使得永兴坊“摔碗酒”成为“网红景点”，带动西安步入网红城市行列。号称宇宙第一网红的咪蒙，坐拥百万粉丝，软文广告费高达 68 万元/条。网红 papi 酱的广告代言价值千万元。

（一）短视频引领西安成为网红城市

抖音不仅满足了年轻人的娱乐需求，同时也给二三线城市，偏远地区的人们，带来一个展示的平台，消遣娱乐的方式。

2018 年春节期间，一位网友在抖音平台发布了一条 15 秒西安旅行的视频，并发起一项为“西安”的挑战。用户的无心之举，引起了接下来长达一年的蝴蝶效应，参与用户达到 17.8 万人，西安一举跃入网红城市，成为当下年轻人旅游首选。永兴坊因为“摔碗酒”成为“网红景点”。

抖音带动了西安旅游业的爆发式增长。2018 年 1—6 月，西安市接待海内外游客 11471.75 万人次，同比增长 45.36%，旅游业总收入达 1147.58 亿元，同比增长 56.32%。4 月 19 日，西安市旅游发展委员会与抖音短视频联合推出“四个一计划”，拟通过文化城市主推、定制城市主题挑战、达人深度体验、定制城市短片对西安进行全方位的包装推广。

西安市旅游发展委员会通过抖音平台，建立优先加蓝 V 认证、专人运营指导、全方位流量扶持等快速通道，助力文化城市建设，打造具有全球化视野的新名片。

（二）直播成为重要的广告平台

直播通过塑造系列职业网红而发展壮大。在网红的收入中，广告代言也是重要的收入来源。2017 年中国在线直播用户规模达 3.98 亿人。移动直播深受“85 后”“90 后”的年轻人欢迎，自由职业者、学生等成为移动直播主力。

直播通过“＋发布会”“＋产品体验”“＋互动活动”“＋解密”“＋广告植入”等多种方式帮助推广宣传。“发布会＋直播”现已成为各大品牌抢夺人气、霸占流量、制造热点的营销法宝，广泛覆盖从现场到终端的全体观众。2016 年 vivo X7 发布会，现场聚集了来自一直播、映客等三大平台的四大知名主播现场发布，2 小时内吸引了 160 万用户观看，获赞超过 250 万。“直播＋产品体验”也是一种普适性极高的宣传手段。NONOLADY 新品卫生巾上市之际，在微播网易平台上预约了三位新人网红进行连续 3 天的接力直播，其互动体验带来超过 10 万人次的高关注量。

“直播＋广告植入”也是极好的推广手段。微信美妆大号“小魔女TV”通过直播与粉丝分享防晒秘籍，无缝植入屈臣氏脱毛膏、面膜、防晒霜、去油脂、保湿补水等系列防晒产品。2 小时直播全程霸屏热门，吸引超过 10 万年轻女性观看，被标记 144 万余次喜欢。

（三）小红书兴趣分享社区

小红书是一种兴趣分享社区。用户通过文字、图片、视频笔记的分享，记录个体的正能量和美好生活。同时，通过小红书系统的机器学习，对海量信息和特定个体进行精准、高效匹配，并推介分享。通过分享，个体可以从中分享愉悦、分享兴趣、分享购物信息及其使用体验等，小红书已经成为一个年轻用户的生活方式分享空间。截至2018年4月15日，全球有超过9600多万年轻用户在小红书App上分享吃穿玩乐购的生活方式。

小红书社区分享内容广泛，涉及衣、食、住、游、购、娱等，用户可以编辑趣味化的语言、唯美的图片以及搞笑的视频进行整体宣传。当然，生活方式的构建不限于宣传，小红书还设立了独立的社区电商平台——“小红书商城”，目前主要有护肤、彩妆、个人护理、美食四大板块。

二、“互联网＋社交媒体”

互联网正在改变整个社会的信息传递结构，从传统的报刊、广播和电视到现在的互联网时代，信息的传递效率越来越高，互联网越来越成为各种媒体融合的管道，吸引着越来越多的受众。数字时代，互联网逐渐成为社会成员获取信息的主要渠道。在搜索引擎查询相关信息，如果得不到解决方案可以到公共论坛发帖，关于生活与个人成长轨迹有博客记载，零碎的感受则有微博，通信往来则有电子邮件，方便的电子商务平台提供消费的快车道，各种版本的即时通信软件，描述了一幅消费者数字化生活的图景。

从其发展来看，1994—1997年，高等院校的研究人员成为第一批电子邮件的使用者。1998—2000年，涌现出一系列的门户网站，成为资讯整合和发布的平台，电子邮件用户激增，BBS使用比较频繁，即时聊天软件QQ风靡一时。2001—2003年，BBS趋于成熟，博客出现。2004—2006年博客赢得市场，也宣布Web 2.0时代的到来。2007—2009年诞生了微博客，其特有的140字限制让个人与互联网的互动日趋频繁，也让更多的人参与互动。2010年以后的社交网络可谓全面开花，移动互联网发展迅速，并成为社会生活的新平台。这个发展过程，从传统的BBS，以一个话题为主，不断以跟帖形式展开讨论，到Web 2.0时代的博客、播客、闪客等个人具有主导权的信息发布平台，宣告个人媒体时代的全面来临。

与传统媒体相比较，数字时代的媒体更好地吸收融合了人类社会数字化、网络化和移动化的最新技术成果，具有极强的即时性、便携性、移动性、互动性、个性化、多媒介、覆盖广、渗透度高等优势和特点。尤其是智能手机的快速普及更大地推动了数字媒体的发展。保罗·莱文森甚至认为：“手机就是一个流动的家园，它满足人类边移动边交流的双重需求，使人对它的依赖性越来越大。”这些新媒体扩展了个人信息空间，建构了新的公共话语平台。

（一）论坛

论坛一般就是大家口中常提的 BBS，即 Bulletin Board System，译为“电子公告板”。BBS 最早是用来公布股市价格等类似信息的，后来在互联网上大行其道，成为各种观点碰撞交流的最佳场所。有人说，“现在还经常上 BBS，这是了解学生，与学生对话的最简单的方式”，各高校的公共论坛曾经是本校大学生的灌水乐园。公共论坛在一定程度上构成了中国网络社区的基础。

公共论坛将个人的交往推进到开放的空间里，成员之间的信息交换对外公开。公共论坛创造了群体交流的场景，依据不同的话题开辟不同的帖子与板块，可以将不同兴趣爱好的人区隔在不同的板块。用户在论坛中可以自由进入、保持沉默、发帖发言、回帖评论，各种状态都可以存在，不具有强制性。

正是因为论坛所具有的自由进出、随意参与、任意跟帖等特点，如果加以利用也可以成为公众针对特定话题自由表达的场所。小米科技在论坛应用具有极强的代表性。雷军所主张的 MIUI 社区和小米论坛成为其用户参与的重要渠道。小米科技的招股说明书在介绍雷军时指出，“雷军大力支持建立米粉社群并利用小米论坛及小米社区等社群参与活动打造本公司的品牌及企业形象”[1]。

（二）新浪微博

新浪微博于 2009 年 8 月开始内测，主要提供微型博客服务。用户可通

[1] 小米科技，招股说明书，2018 年。

过网页或手机客户端，将身边发生的事情以图文形式上传，与粉丝一起分享、讨论；还可以通过关注功能，及时看到被关注者发布的信息。微博上线后采用与新浪博客类似的推广方式，邀请明星和名人入驻开通微博，并对他们进行实名认证，此举带动大批草根用户随之注册，在微博上追踪名人动态的同时，也随时随地分享自己的生活。

2018 年 4 月，微博出现了第一位粉丝数破亿的明星（谢某）。截至 2019 年 9 月，微博月活跃用户数（MAU）已达 4.97 亿人，日活跃用户数（DAU）达 2.16 亿人，约 94% 的活跃用户来自移动互联网。披露的数据显示，海量的用户为微博创造了日均 1.3 亿的文字发布量、日均 1.2 亿的图片发布量、日均 150 万的视频/直播发布量，以及每天超过 48 万篇长文、超过 5 万的问答。其中，大 V 的原创内容产量达到每月 650 万条，视频生产量达到每月 195 万条。

新浪微博的发展历程大致如下图所示。

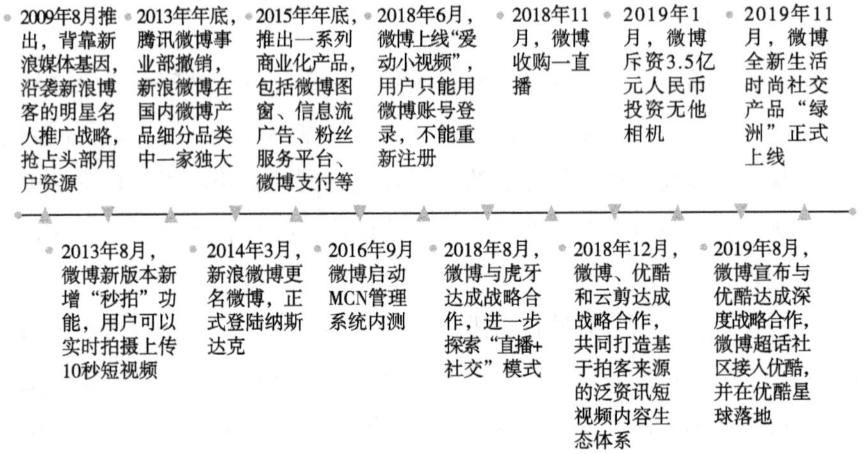

资料来源：易观国际。

（三）YY 直播

YY 直播是欢聚集团旗下的，同时也是中国最早期的网络直播平台之一。YY 最早推出的跟直播相关的是 2008 年的 YY 语音，并且在同年就突破 30 万人次；2010 年 YY 语音注册用户达到 1 亿人，突破 500 万人同时在线，推出手机版本；2011 年 YY 语音注册用户突破两亿人，全年总语音服务时长达4210亿人/分钟，获得老虎基金7500万美元投资。

YY语音为YY直播奠定了基础，随后游戏玩家自发地在这个语音通信工具上进行歌唱等内容的表演，促成YY直播变为一个UGC的视频直播内容平台。2009年YY直播推出电子签约系统，对当时已经有10万人的YY直播进行管理；2014年推出了首个养成式女子偶像组合1931；2015年推出首个音乐节目《YY玩唱会》，颁奖典礼在广州举行，现场1500人观看，网络上超过200万人观看；2016年推出移动版本5.0。这一年也被称为中国网络直播元年，网络直播进入井喷式发展新阶段。

至今，中国网络直播用户规模达5.60亿人，占网民整体的62.0%。网络直播也从最初的秀场直播，到如今随处可以直播，任何合法、不违背伦理的内容都可以直播，生活直播、吃饭直播、睡觉直播，“直播+”已经得到人们的普遍接受。当然，更为重要的是，网络直播强大的即时性以及“边看边买”逐渐成为数字时代的消费新模式。

（四）B站

2018年10月3日，弹幕视频网站哔哩哔哩（英文：bilibili，以下简称“B站”）获得了腾讯3.176亿美元投资，随后双方达成进一步战略合作。2019年2月14日，阿里巴巴宣布通过全资子公司淘宝中国入股B站近2400万股，持股比例约8%。B站由此成为腾讯和阿里两大互联网巨头同时关注的对象。

自2009年6月创建以来，十年时间，B站基于其内容细分和受众细分的特点，已经发展成为国内最大的二次元文化视频垂直网站，拥有番剧、国创、纪录片、动画、音乐、舞蹈、游戏、科技、数码、生活、娱乐、鬼畜、时尚、相册等分区，并开设直播、游戏中心、周边等业务板块，其产品定位是以二次元为核心的视频社交平台，是代表二次元文化的年轻人的文化社区。也正是由于年轻人及二次元文化具有鲜明的互联网文化属性，外部对B站的关注度甚至超过B站用户本身。B站把它的核心用户定义为Z世代（Generation Z），Z世代指出生日期在1990—2009年的中国青少年。从这一社会群体的构成来看，年轻用户群体带来的人口红利是B站等弹幕视频网站得以快速崛起的主要原因，并且B站的主要用户往往具有较强的内容需求、体验需求、社交需求和创作需求。根据其上市招股说明书，B站在2017年年底已经实现了7180万的月度活跃用户，他们平均每天在B站上停留76.3分钟，每月活跃内容创作者数量达到20.4万人。根据B站2018年财报，2018年B站月均活跃用户数再创新高，达9280万人，其中移动端7950万人，用户八成以上是“90后”。所以，吸引“90后”“00后”的ACG（动画、漫画、游戏）内容正是B站吸引用户的核心资源。

除此之外，作为国内知名的视频弹幕网站，B站的另一特色是悬浮于视频上的实时评论“弹幕”。这种独特的意见体验形成了一种虚拟的部落式观影氛围，强化了用户的观看互动体验，并在网络上形成了共同的文化属地。在视频主题内容上，除了ACG之外，以对严肃正经话题进行解剖后，通过重复、再创作等形式达到颠覆经典、解构传统、讽刺社会目的的鬼畜视频也是B站的一大特色。

第三节　从生活到交易

当前已经进入社会生活的数字化时代，生活的方方面面都成为流量的一部分，都有可能成为网红经济的载体和带货的源头。我们迎来了赢家通吃的时代、全民媒体化时代，用户在自我塑造、展示的同时，也在解构自我、消费自我，我们即将进入“我创造了我自己”的时代。

一、赢家通吃[1]

数字时代，个体成为多维数字化描述的“颗粒”，每个个体都出现在多维空间、多维场景中。多维空间的个体既可以利用全媒体，逐步累积专业级、场景化的微空间反馈，形成注意力经济、网红经济，也可以利用各类平台成为专业主义的液态组织中的颗粒。多维空间的个体和自我增强的场景旋涡陆续将个体、组织直至整个社会卷入数字化时代，形成社会运行的数字孪生。

由于声誉、口碑、信用等数据生产要素所具有的高流动性，其广泛传播、持续积累的零边际成本，使得赢家不断从一个胜利走向另一个胜利。

---

[1] 参考中国商业经济学会学术委员会的《曙光：数据生产要素照亮新零售时代》，2019年7月（详见40页）。

传统的工业经济范式下的规模经济、范围经济受制于硬件设施、厂房设备、地理空间等，并且随着企业规模扩大，其边际成本快速增加，形成确定性规模空间。数据生产要素整合资源的过程符合赢家通吃的规律，有限的数据指导生产、销售、零售、物流等各个环节，推动智慧生产、智慧营销、智慧零售、智慧供应链等发展。

早在1998年，美国康奈尔大学的罗伯特·法兰克和杜克大学的菲利普·库克[1]在研究明星现象的时候就已经指出，“赢家通吃”是娱乐圈和运动圈内常见的奖酬制度，这一力量也将影响经济、社会、文化的方方面面。毫无疑问，数字化加速了这一影响过程，并将这一奖酬分化、泛化。

对于全渠道时代的零售而言，全媒体化不可避免。

二、M2M

数字时代，人工智能在捕捉消费者特征、开展消费者画像、推荐服务的过程中，也为消费者打造了自己的人设。个体作为卖者通过各种场景体现自己的存在，并与周边的门店、卖场、商圈、活动等交互，共同塑造用户的消费习惯、消费路径、消费模式和消费场景。

在这个过程中，个人、门店、卖场、商圈、活动，通过对接互联网均有可能成为网红，个体能成为自己的代言人；流量入口代替传统基于位置的门店成为商贸流通的基础设施；一切媒体都可以成为店铺推广的手段；商圈、店铺、门店开始利用一切技术手段、传播途径提高知名度，通过对接自媒体、新媒体快速响应年轻客群的诉求。

我在创造需求的同时，也在塑造我自己。

---

[1] 罗伯特·法兰克，菲利普·库克．赢家通吃的社会［M］．海口：海南出版社，1998.

第五章　新一代爆品工程

第一节　新一代爆品工程
——不是卖得好的产品都叫爆品

说到爆品，各种广告、电商网页，到处都在讲爆品。对于到底什么样的产品才是爆品？卖得好的产品不一定就是爆品，爆品不止一个条件。提出新一代爆品的概念，就是要和卖得好就是爆品的理念区分开来。新一代爆品有三个层面的意义：流量、话题、销量，即爆品三要素，只有同时具备这三个要素，这个产品才能称其为新一代爆品。从这个意义上来说，新一代爆品（以下简称“爆品”）的门槛其实挺高的。

一、自带流量

流量是一切生意的本质，不管是线上还是线下。虽然流量是电商发明的一个说法，其实从自由交易发生开始，流量就产生了，而且一直是商家的首选，市中心人口聚集、十字路口人流较多，集市也好、夜市也好，都是因为人多，才称为市。很多商户、门店都愿意在人流多的地方扎堆，原因只有一个：有流量就有生意。房地产市场有句名言：房地产的唯一法宝就是地段、地段，还是地段！其实地段的背后就是流量。只不过电商把地段的概念虚拟化，打破了时间、地域的概念之后，流量得到十倍、百倍的放大，流量才一下子变得如此醒目。

流量如此重要，自然就是商户争夺的核心，如何低成本获得流量，成了商家竞争的法宝，而爆品就是低成本获取流量的法宝之一，原因很简单，它可以自带流量。

如何低成本获客呢？从爆品逻辑总结出一个低成本获客的路径，那就是获客三阶段：产品匹配、渠道匹配、社交裂变。

（一）产品匹配

产品是获客的基础，也是获客的起始点，需要从获客的角度对产品进行重新定位，这个定位叫作“三个一”法则。

（1）一个好名字

一个产品需要一个好名字。不过现实中这竟然成了一个大难题，很多公司的产品竟然没有名字，只有一个工程化的代号！比如说你想买一台格力空调，格力有很多空调，你知道要买哪一台吗？你需要去网站上或者商场里一个一个地找，即使买了一台，也不知道它叫什么名字，只知道是格力品牌。

需要特别提醒，品牌很多时候不能取代名字。因为一个品牌会有很多产品，我们需要用名字来进行不同产品的区分。我们来看苹果手机，它每一代都有名字：iPhone 9、iPhone 10、iPhone 10 pro。一个产品如果连名字都没有，是不是对这个产品不够尊重呢？

一个好名字能让用户好记，也就容易传播，也就方便获客，例如小蓝瓶、小棕瓶，名字好记。

（2）一句宣传语

每个产品都需要一句打动人心的话。要让人记住，一句打动人心的话特别重要，它直接影响是100个人还是100万个人记住它。比如，“怕上火，喝王老吉”“瓜子二手车，没有中间商赚差价”，这些经典的宣传语太容易传播了，而传播过程本身就是获客的过程。

（3）一个“啊哈”时刻

什么叫“啊哈”时刻，就是用户体验特别爽的那个点。一个产品如何能打动用户，就是这个产品某个时刻让用户体验超级好。需要把这个点找出来，并且让用户尽早体验到。比如说苹果手机的“啊哈”时刻，就是不管跑到哪，用户按一下HOME键就回到主界面；小米有一个洗手机，你一伸手就出来一堆泡沫；小米垃圾桶一伸手盖子就自动掀起来，这样的“啊哈”时刻很容易打动用户，自然就容易让用户关注和传播，从而达到获客的目的。

（二）渠道匹配

获客需要触达用户，通过什么样的方式触达用户，哪种渠道触达用户成本最低、效果最好，至少要做到以下两个方面。

（1）触点分析

需要把所有能触达用户的点都列出来，一般来讲触点有三种：口碑渠道、有机渠道、付费渠道。口碑渠道就是各种社交方式都能触达，比如微信、微博、社区活动等；有机渠道是指技术优化，比如搜索引擎优化、公众演讲、免费工具等；付费渠道就是花钱购买，比如广告、推送、赞助等。尽可能把能到达用户的触点列出来，这样分析触点成本的时候才不会出现遗漏，这时的基本做法就是要足够全。

（2）渠道匹配

当把触点都列出来以后，需要做的就是对触点效果进行评估，这个时候评估的维度很重要，至少要包括投入成本、产出时间、产出效果等，现在流行的ROI，就是投入产出比。这个匹配不要拍脑袋，而是要通过大数据跟踪分析，最终选出综合效率最高的渠道来推广。

（三）社交裂变

获客都是从一部分人群最后发散到大众用户，用户分成三种：种子用户、口碑用户、裂变用户，每个阶段的做法不一样，工具和方法也不一样。

（1）种子用户

这个用户群有几个特点，是最核心用户群，喜欢产品，并愿意向别人推荐产品。种子用户是企业最宝贵的财富。例如，小米手机最早的种子用户，是那些手机极客，他们喜欢玩弄手机，了解手机每一个细节和玩法，一旦喜欢某一款手机，会不遗余力向周边的人推荐。

（2）口碑用户

口碑用户是被种子用户“口碑”过来的用户，他们一开始有一定的被动性，完全是因为信任种子用户而购买产品的，但是这群用户一旦觉得这个产品超过自己的预期，就会变成死忠粉，绝对忠诚，不愿意听到任何其他人说这个产品的“坏话”，甚至认为说这个产品不好就是在说他不好。口碑用户也是企业重要的用户，但是需要特别引导。因为一旦哪天产品出了问题，这些用户也很容易绝望，走向另外一个极端：黑粉！

（3）裂变用户

有了种子用户和口碑用户，我们就可以采用裂变的手法，迅速扩大用户群，这个时候因为用户是大规模复制获得的，成本很低，但是规模很大，这也是一个品牌大众化的基本前提。这些用户的基本属性很大程度上是随众、赶潮流。

二、话题：好产品自己会说话

好的产品自己会说话，其实不是产品自己会说话，是设计产品的时候把想说的话通过产品说出来。要想产品说话，有一个方法就是产品本身有话题，或者说产品本身能产生话题。好产品要说话必须具备四个特征：热点、话题、病毒、裂变。

（一）热点

热点的第一个特征是产品本身就是热点，或者说这个产品来源于我们生活中的某个热点话题。生活中无处不是话题，把产品对应上这个话题，就会成为热点。举个简单例子：夏天来的时候，被蚊子咬就是一个热点话题。在朋友圈经常看到这样的抱怨："昨晚又跟蚊子战斗了一夜""我的身上全是蚊子亲吻后留下的印记"……

2018 年，小米推出一个灭蚊器，设计很人性化：一是不用经常换蚊香片，一片可以坚持 90 天；二是有一个定时功能：可以设定 12 小时，这样不用每天都惦记着拔电插电，还有这个灭蚊器用的是干电池，不用插电，你想放哪里就放哪里，哪怕放在阳台上。这样就彻底解决了被蚊子咬的一系列问题。这对那些很招蚊子的人来说简直是救星。有很多用户买了一个以后就买第二个、第三个，还买来送朋友。这个产品很快传播开了。这个产品之所以会说话，就是因为抓住了"灭蚊"这个热点话题。

（二）话题

产品要自己说话，首先就要有话题，要给那些种子用户讨论的话题，创造话题的方式有很多，一般有以下四种。

（1）热门话题

热门话题每天都有，看看微博热搜，如何蹭上热点。热门话题被杜蕾斯用到了极致，无论是 iPhone X 发布，还是麦当劳改成金拱门，无论是北京第一场雪，还是《权力的游戏》第八季开播，杜蕾斯总能蹭到热点，甚至到了某个热点杜蕾斯没有蹭，网友还在呼唤杜蕾斯在哪？这就是蹭热点的最高境界！

（2）造节

“6·18”“双十一”“5·20”，这个其实容易理解，互联网搞活动，最擅长的就是造各种节；一个“光棍节”变成了“双十一”，一个“6·18”不知道为什么就成了电商购物节，当然还有什么“5·20”“双十二”；数字游戏永远是大家的共同爱好，因为简单！谁都可以参与！

（3）传统节日

这个是大家最熟悉的，曾经的五一、国庆长假，今天的各种传统节日，在现在这个信息高度发达的时候，平常把能说的都说了，到了节日没有话题可就没节日气氛啊，何况这个时候人还突然闲下来了，所以这个时候很容易产生话题。微信当年的春节抢红包，被阿里称为珍珠港战役，滴滴和快滴当年的补贴大战，变成上班族在公司的第一话题。

（4）长盛不衰的话题

这样的话题很多，越常见也越容易引起用户的共鸣，比如小米出的自动打包垃圾桶，利用的就是谁都讨厌去收拾垃圾桶这个话题；小米的自动洗手机，最大特点是出来的都是泡泡，解决了孩子们洗手难的话题。跑步机变成晾衣架、没带钥匙锁门外……这些都是生活中的烦恼，也自然可以成为话题。

（三）病毒

话题中要植入病毒，就很容易传播，植入病毒有以下三种方式。

（1）隐形植入

在产品中自然植入病毒，让用户不知不觉受到影响。比如小米曾经推出一款抗菌T恤，营销的时候植入了一个不做臭男人的病毒，针对大学男生不爱洗衣服，运动又爱出汗，告诉大家一个不用洗衣服的懒招：穿抗菌T恤，不做臭男人。这在大学生中迅速传播开了，很多大学生都是十件十件地去买。

（2）强行捆绑

有些时候把两件不相关的事情捏到一块，强行捆绑，也很容易形成病毒传播，比如“美的不像实力派”，这句话的病毒在哪？就是美和实力派感觉是互斥的，今天被强行捆绑在一起，会带给用户很强的话题感，这方面也有很多例子，如美女与野兽、明明可以靠颜值非要拼实力，这些都是强行捆绑的案例。

（3）场景式带入

把用户带到一个常见的场景里，建立画面感，很容易造成病毒传播。最经典的当属那句："困了累了喝红牛"。困了累了是用户每天都会遇到的状态，有很强的带入感，在这个带入感下，用户就很容易记住红牛了，并在别人困了累了的时候会推荐喝红牛。当然还有一种更直接："今年过节不收礼，收礼只收脑白金"。这是赤裸裸的场景病毒传播。

（四）裂变

话题变异性要强，每个人都可以有一个自己的版本。

这里说的裂变是指话题裂变，不是用户裂变。话题裂变的诀窍主要有以下两点。

（1）简单易懂

话题一定要非常简单，让用户一下就懂。杜蕾斯的传播之所以很容易，是因为画面也好，文案也好，都特别简单明了。

（2）容易联想

简单的事情容易让人产生联想，这是裂变的重点。大家经常讲一千个人心中有一千个哈姆雷特，其实就是这个意思。

小米在发布小米电视 3 的时候，营销费用是零，但小米还是希望有足够好的传播，只能寄希望于病毒式传播了。在发布会当天彩排时，雷军和小米电视 3 一起摆了各种造型，始终不是很令大家满意，可当雷军抱起那个音箱的时候，大家一下都乐了，因为有点像抱了一支枪的感觉，于是决定将这张图作为第二天的主宣传图，在自媒体上发布。有意思的事情发生了，因为这张图太简单，用户一看就是雷军抱着一个音箱，可是这个音箱是长条形的，而公司名字又是小米，很容易让大家联想到小米加步枪，于是不到十分钟，网友们就发挥自己的想象，把那个音箱 PS 出各种版本，如步枪、机关枪、迫击炮、火箭、吉他等，大家争相恶搞，在网络上疯传，传播量很大，这就是一次很成功的话题裂变。

这方面最著名的例子还有 ARE YOU OK，一句最简单的英语变成鬼畜后，就变成了全民狂欢，播放量超过 1 个亿。这样的传播裂变实在是太厉害了！

三、单品销量巨大并持续迭代

销量不是爆品的唯一指标，而是第一指标。

为什么强调销量，因为提到的流量也好，话题也好，最终目的还是需要转化成销量才有实际意义。没有转化率的流量是无效流量，没有转化率的话题都是废话。对企业来说最终还是要把产品卖到消费者手里。

（一）爆品讲究单兵作战，以一敌十

爆品有一个显著特征，就是更讲究单品销量，讲究个人英雄主义。小米在这方面有很多成功的案例，很多产品都是一款产品打天下，当年的扫地机器人，一款产品做到了中国市场第一；一个充电宝，当时出来的时候横扫市场，几乎拿下中国市场60%的份额；还有小米手环一代，一款手环成为全球销量第二的穿戴产品。

其实单兵作战有它的优势，资源集中、流量集中、话题也集中，很容易形成聚集效应，也容易形成口碑效应，尤其是在电商模式下，单兵作战不仅不是劣势而是优势。道理非常简单，那就是电商页面一般采用产品赛马机制，卖得好的产品排名就高，排名高就在首页流量最好的位置，而位置好又会带来更大的流量，这种循环最后的结果就是卖得好的会更好。而那些系列产品由于销量分散，流量也分散，反而降低了电商排名，形成不了竞争优势。

（二）用迭代的方式做产品，打造产品的持续竞争力

互联网公司一般推崇敏捷开发、软件迭代，它们自然把这种方式应用到硬件产品上来。这种方式的优越性非常明显。在这个变化剧烈的时代，一个产品卖十年、二十年的时代已经过去了，现实是人性喜新厌旧的本质可以得到极大的满足，所以用户喜欢用新产品。当然这种新不是推倒重来，而是持续更新。调查显示，用户其实更习惯用自己熟悉的产品，所以产品保持80%左右的原有功能很重要，但是他们又希望有10%～20%的变化，这种变化给用户带来新的体验和感受。所以一个好的迭代产品大都是保持80%左右的原有性能，然后有20%左右的新性能。这是用户最舒服的一种感受。

这方面苹果做出了很好的范例，苹果最早出的是iPad，然后做了一个

屏幕更大的带触控的 iTouch，最后才做了 iPhone，三个产品其实也是迭代，一次增加一些性能，一点一点增加，最后发展出改变手机行业的 iPhone。

（三）单品销量过百万、过千万

前面提到单品销量巨大，巨大到底应该有多大。这个确实没有统一的标准。不过从小米的发展来看，大件商品单品过百万，小件商品单品过千万，可以算得上是销量巨大了。

第二节　爆品是公司战略
——爆品是战略，而不是战术

爆品不只是一个好卖的产品，也不只是一个产品部门的职责，而是整个公司的战略，只有把爆品上升到战略层面，才能真正产生爆品，真正给公司带来持续的效益。很多传统企业羡慕互联网企业，也想做互联网转型，可是找不到方式方法。其实是否把爆品作为公司战略，是检验企业互联网转型成败的第一标准，连爆品都不了解的企业一定不是互联网企业。

爆品是战略，而不是战术，很多企业简单地把爆品归结为一个产品的问题，那样是做不出爆品来的。因为爆品不仅牵涉到产品，还牵涉到公司资源分配、营销策略，甚至组织架构，如果这些条件不具备，那么只谈产品，也许某个产品会卖得很好，但是很难持续，因为缺乏组织和机制来保障。

一、爆品是一把手工程

一个不重视爆品的 CEO 一定不是一位好 CEO。

爆品到底有多重要，借用一句套话："不重视爆品的 CEO 不是一位好 CEO"。在企业做 CEO 很累，似乎什么事情都是一把手工程：质量、产品、研发、营销，其他的职责也许可以由 CTO/CFO 承担，但产品还真是一把手工程，我们经常说老板是企业最大的产品经理，其实是有道理的。

为什么爆品需要"一把手"来把控呢？其实还有一个因素，就是高度不一样。作为一个部门，或者一个产品经理，当一年两年做一个产品的时候，肯定急于让它上市，一方面工作有交代，另一方面自己或者团队也有成就感。不过产品可不是满足团队成就感的，而是满足用户需求的。一个好的产品，用户除了用钱购买进行投票外，还会通过评论打分来进行评价。尤其在互联网时代，用户评价对公司品牌影响至关重要，所以产品不仅仅是卖好，卖不好的问题。

二、做爆品要克制贪婪：要么不干，要干就要干到极致

做产品经理20多年，笔者在小米这几年最大的收获就是：克制贪婪。不要总觉得自己能干，有经验，什么都想要，而是一定要把精力集中在一件事情上，反复揣摩。当初雷军在创立小米的时候，就反复提到：极致、专注！

下面这张图看似简单，其实做起来很难，其中最难的就是极致。做产品经常犯的错误就是做一个产品，总是有很远大的理想，希望每个人都喜欢，希望所有功能都做完备，其实做爆品不是。想让每个人喜欢最终没人会喜欢，想让所有功能都完备最终用户也不会用。做产品只要把用户最关心的一个问题解决了，用户就会喜欢，而不是面面俱到。

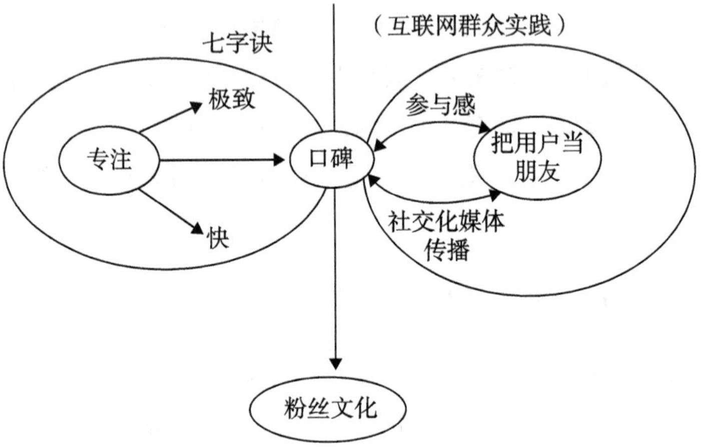

三、产品经理是爆品的灵魂

CEO很忙，我们不能把事情都推给CEO。真正对产品全程负责的人是谁呢？应该是产品经理！产品经理有点像孩子的母亲，会决定产品细节的

方方面面。

很多人都会觉得产品经理这个岗位很重要，其实很多企业没有产品经理这个岗位，甚至很多大公司也是如此。一个公司没有产品经理，产品怎么定义出来呢？很多企业，一开始主要是向别人学习，开始向美国学，后来向欧洲学，接下来日本、韩国崛起，又开始学习日本、韩国。学习不是什么丢人的事，不懂就学，因为起步晚，一开始只能向人学习。以电视为例，最早日本企业做得好，索尼、松下、夏普，电视做得不错，于是我们把样品买过来，详细拆解分析，然后发挥聪明才智以及通过较为低廉的人力成本，想办法把成本降下来，最后利用更加熟悉的销售通路把产品卖出去。很多企业是这样起步的。这种拆解模仿自然不需要产品经理，因为索尼、夏普等就是我们的产品经理。

但是这种产品有一个问题，就是没有自己的独特性质，或者说缺乏产品的灵魂。你可以抄外观，也可以降成本，不过产品为什么要定义，往往未必理解。所以我们的产品总是附加值不高，只能用低价抢占一点市场。到了今天，中国制造已经走在世界的前列了，很多产品也已经走到前沿了，这个时候“抄”已经没有竞争力，甚至很多领域都没得“抄”了。必须抛弃原来那种把别人产品当产品经理的做法，要做出特色的产品来，这就非常需要有创造力的产品经理了。其实在互联网领域，从最初的模仿美国商业模式，到今天我们很多领域领先美国，那些在互联网领域优秀的产品经理做出了非常重要的贡献。

四、产品经理三大基本素质：疯子、脑残、花痴

产品经理需要一些基本素质。笔者作为一个做了 20 多年的产品经理，把这些基本素质总结成三点：疯子、脑残、花痴。

（一）像疯子一样亢奋：自己的孩子永远是最好的

一个优秀的产品经理，在谈到产品的时候像疯子一样亢奋。或者说所有优秀的产品经理都有点神经质。人们熟悉的苹果的乔布斯、特斯拉的马斯克，在产品的坚持上都极其神经质。

一般来说，做产品经理的人有非常明显的“职业病”特征：一说起自己的产品就像父母说自己的孩子一样，瞳孔瞬间放大好几倍，话题滔滔不

绝。作为一个产品经理，具有天生的敏感特征，看到什么产品都会琢磨一下，这个门把手是否设计得合理、那支笔的握感如何、矿泉水瓶口为什么设计那么大？有了这种日积月累的经验，在自己设计一款产品的时候，自然就有各种想要表达的东西。

为什么产品经理要像疯子一样呢？还因为产品经理不仅要对产品负责，还需要协调各种团队一起把产品做出来。有时光靠讲道理是无法说服团队的，需要充满激情、充满梦想。

安东尼·德·圣-埃克苏佩里说过：

如果你想造一艘船，不要抓一批人来搜集材料，不要指挥他们做这个、做那个，你只要教他们如何渴望大海就够了。

（二）像脑残一样思考：用户永远是对的

不要被脑残这个词误导，这里说的脑残其实是互联网行业里面经常说到的一种方法，就是小白用户，一个产品经理需要在最短的时间内切换成小白用户，你才能设计出好的产品来。如何做到小白用户，笔者总结了三信条：

第一条：用户永远是对的；

第二条：用户错了也是对的；

第三条：回到第一条。

道理很容易懂，不过做起来其实很难，喜欢站在自己的立场去替用户做决定，这个是产品经理的大忌。

那么，如何做才可以秒变小白用户呢？小白用户其实就是不用脑子思考的用户，这是人的天性，人就是愿意懒，不愿意思考。如果我们生产出来的产品可以让用户不用思考就能用，那么这个产品就是好的产品。不用思考、不用教育，用户拿到这个产品就会用，这个产品就是一个成功的产品。

生活中有很多产品，需要用户去学习，去专门做一个动作，而且很多动作还是与用户习惯相反的。这样的产品太难推广了。要想培养一个用户习惯，成本太高、时间太长，而且基本上都会失败。

所以一个好的产品经理要迎合用户、挖掘用户的使用习惯，然后因势利导，让用户在不知不觉中喜欢上该款产品，这才是一个好的产品应该有的内驱力。永远不要试图去教育用户，只有接受用户的教育。

（三）像花痴一样坚持

做产品经理确实不容易，不仅要做疯子，还要做脑残，最后还需要一个好的身体，要像花痴一样坚持。作为一个产品经理，一定要看到别人没有看到的产品特点，而很多地方又需要其他团队成员去理解、去实现。问题是别人很难像你一样去理解，而是会提出各种挑战。一般的产品经理往往选择妥协，可是妥协太多了，最后的产品就四不像。尤其是一些产品的关键点，比如设计风格、核心功能、用户痛点，这些地方绝对不能妥协。怎么办呢？就是要坚持，坚持去和每一位团队成员说明，一次不行就两次，两次不行就十次，十次不行就赖在对方工位上，直到对方接受你的想法为止。“态度要好，立场要坚定”。其实大部分人会被诚心打动的。不是有句话吗？“我哪懂什么坚强，全靠死撑！”很多产品经理，基本上都是崩溃以后再起来，起来以后再崩溃，在所有人都想彻底放弃的一刹那，你还撑在那，你就赢了，这就是产品经理要熬“死”所有的人。

当然，除了这种熬，还要有不断试错、不断改错的心理准备。一个产品之所以成为爆品，需要了解用户，需要有创新，而只要是创新就意味着风险。产品经理大部分都是普通人，像乔布斯这样的天才太少了。一个普通人如何成为一名杰出的产品经理，就需要你改错的能力比别人强，你不停地改错，不停地学习，就是在持续成长。所以产品经理有时比拼的不是智力，而是提高自己不断改错的能力。

微信的创始人张小龙说过一句话：“多少艰苦不可告人！”这句话的背后就是告诉所有的产品经理，不论如何，需要扛起所有的问题，不屈不挠。

（四）有错就改，容忍失败

做爆品是一个高风险事业，很多事情无法预估，而且面临很多挑战。爆品推进的过程，就是一个不断试错、不断失败的过程。尤其是到了最后阶段，爆品就像爬坡一样，会越来越难。这个时候就需要企业有一套容错机制，否则创新的人很容易因为一两次犯错就被打入“天牢”。最终没人敢做爆品了。

（五）产品经理不要自嗨，用户说好才是好

产品经理由于特殊的角色，很容易有一个毛病，就是自嗨，自我觉得

某个创新很天才，某个创新能改变整个行业。我们说所有的产品创新都必须是有用的，是帮用户解决问题，而不是满足产品经理的成就感的。骄傲是产品经理的天敌。一个真正牛的产品经理是学会认输！当用户不理解你的设计，抱怨你的产品的时候，先反省是不是自己错了，而不是去争辩。90% 的时候你会发现用户是对的。其实认错没有什么丢人的，产品本来就是为用户设计的，用户觉得好才是真正的好。

（六）让用户推动产品创新，改！改！改！

要想让产品做得好，如何让用户参与非常重要。尤其是在产品创新方面。谁是真正的产品创新推动者，答案只有一个：用户。用户的参与会让你不停地改！改！改！最重要的是，用户不仅要你改，还希望看到改的速度。小米手机 MIUI 系统最早实现一周一个版本更新，创造了行业纪录，其实背后就是每天有无数的用户提出各种改进意见，产品经理和工程师经过筛选后，把重要的问题进行改进，用户更新后看到自己提出的问题这么快被解决掉，自然非常满意，从而也就更加积极地成为“义务测试员”。

小米这种做法很受人称道：叫作用户参与产品的定义过程。小米的联合创始人黎万强还专门就这个问题写过一本书《参与感》，用户参与的核心其实就是让用户帮我们一起试错、一起去找错。小米的论坛一直很活跃，那里就有很多用户在给小米提各种意见和建议。小米还有很多各种产品群、各种产品官微，都是为了让更多的用户参与，参与的用户多了，他们会有自己的意见和想法，产品经理多了解别人的想法，尤其是多听听用户对产品的抱怨，虚心接受这些意见，在新的产品中进行改进，就能打磨出更好的产品。

（七）杀鸡就要用牛刀

做产品，最重要的是选对人，对的人在一起办事效率高。很多公司鼓励大家想办法跳着去够到某个高度，其实最好的事情是蹲着就可以把事情做好。大家可能不理解，这不是教大家没追求吗？恰恰相反，你要想蹲着就把事情做好的前提是：你本身应该很高很高。我们提倡杀鸡用牛刀，就是要有高度、要有效率、要有格局。

杀鸡用牛刀离不开三个方面：牛的人、牛的供应商、牛的渠道。

（1）牛的人

什么是牛的人？用通俗的表达方式来说，就是你在你的领域排第几。很多领域未必有这种排名，但是这个领域里哪些人足够牛，你是不是这些牛人之一你总应该知道吧。1 个牛人顶 10 个庸人，其实很多时候不是 10 个，是 100 个，1000 个！为什么呢？牛人本身自带能量，很多难题对他来说举重若轻，更重要的是牛人在一起效率高，大家互相敬佩、互相尊重、互相信任，这样的团队是无敌的。

当然这个设想很理想，不是说一个团队都是牛人，但是在产品领域，至少每个方面都有牛人。互联网领域里有一个词，叫作人才密度。人才密度越高，团队能力相对越强。简单地说，产品的竞争力拼的就是人！

（2）牛的供应商

很多人质疑小米一件事情，就是小米自己不做工厂，能做出好的产品吗？这个问题其实很奇怪，很多世界知名的公司，比如苹果、耐克、阿迪达斯等，不都没有自己的工厂，它们的产品不是很优秀吗？而且这些产品大部分都是在中国生产的。中国制造已经很有竞争力了，小米直接用这样先进的工厂不就好了吗？为什么一定要自己建工厂呢？再说自己建的工厂就一定做得比别人好吗？“术业有专攻”！富士康、比亚迪、和硕、伟创力等代工厂，都是制造业的翘楚，和它们合作不就好了吗？正是因为小米没有自己工厂的压力和负担，所以就可以选择和世界上最好的工厂合作，做出最好的产品。在这个强调资源协作的时代，这也许是最好的选择。

除了代工厂，小米还坚持一条原则，和全球领先的供应商进行合作，好的供应商，不仅能保证产品的质量，还能让你及时了解产业的发展方向和趋势，帮助你一起成长。其实整个产业的发展就是品牌厂商与供应链互相促进、共同成长的过程，所以选择牛的供应商，可以大大提高产品的品质水准。

（3）牛的渠道

一个牛的渠道会让产品影响力事半功倍。说渠道为王，是想告诉大家渠道多么重要。用户习惯去什么地方购买产品，其实是很难改变的。

当然渠道是变化的，没有永恒的渠道，不同阶段需要不同的渠道，在合适的时候找到最适合的渠道，就是最牛的渠道。有了好的渠道，就有了最好的触达用户的通路，产品自然也就容易火爆。

牛的团队、牛的供应商、牛的渠道，有了这三个条件，做起事情来自然效率就提高很多。

第三节　创建新品类
——红海中如何找到蓝海

这是一个创新的时代，企业特别憧憬各种创新，尤其是产品创新。不过也不要神话创新，过去总把发明创造当作创新，其实创新的本质是解决用户问题。用别人没有想到的办法解决了用户的问题，那就是创新，创新没有什么好坏，只是看对用户有没有用，不要为了创新而创新。

如何创新呢？这里介绍一个方法，叫“三新”：新品类、新人群（细分人群）、新定价。

一、建立新品类，在红海中找到蓝海

说到新品类，有一本书叫《蓝海战略》，风靡一时，书中确实提出了一个很好的观点，就是想办法寻找那些空白市场，由于无人竞争从而更容易获得成功。不过现实中发现蓝海市场很难，即使发现了一个蓝海，由于信息流通高度发达，蓝海很快就变成红海。那么在红海竞争中，能不能发现新的机会呢？如果市场已经是红海，首先说明这是一个刚需，没有需求的市场很难成为红海。红海解决了刚需的问题，如果在红海产品的基础上，找到产品差异点，而且这个产品差异点对用户来说有显著的特征，那么很容易给用户建立新的认知，从而建立一个新的品类。这就是在红海中去寻找蓝海的原因。由于这个领域更加广泛，也就使企业更有机会做出新的品类，而新品类更容易出现爆品。

做一个新品类很难，需要很好的时机，一般有以下三个方面：技术出现创新，市场出现拐点，产业面临转型。

（一）技术出现拐点

技术在发展的过程中，往往有一个阶段是最重要的，就是成熟度。新

技术大部分时间都在蹚坑，蹚坑都需要巨大的财力和时间来支撑。因此，不鼓励规模小的企业去做很大的技术创新，因为一旦失败就是灭顶之灾，笔者认为大的创新应该交给科研机构及大型企业，规模小的企业要找的是那种即将成熟、可以商业化的技术。在这一点上，现在来看苹果做得是最好的，无论是智能手机的触屏技术，还是 iPad 的多点触控技术，其实都已经研究了很多年，在即将成熟的时候苹果敏锐地捕捉到了，迅速商业化，建立起技术壁垒。

这些年兴起的 AI 智能音箱也是技术拐点的产物，深度学习将人工智能大大推进了一步，语音识别技术和远场语音技术也成熟到可以商业化了，这三种技术结合到一起，就产生了 AI 智能音箱这个新物种，并迅速普及开来，形成一股 AI 潮流。

（二）市场出现拐点

有时技术可能早已成熟，可是市场没有成熟，这个新品类也很难出现，一旦市场到了成熟的临界点，某个新产品或者新品类就会突然爆发。以智慧家庭为例，其实从 2000 年开始大家就在憧憬智慧家庭，很多国际大厂都在这个方面投入巨资，甚至联合起来推出各种产业标准，整个市场却一直不见起色，原因是用户还没有强烈的需求。到了 2018 年，AI 战胜李世石，颠覆了普通人对人工智能的想象，也是这个事件，让人工智能迅速成为普通用户都关注的事情，而最终的结果，竟然是把熬了近 20 年的智慧家庭带火了。以小米为代表的智慧家庭不再是个遥不可及的梦想，而是实实在在的现实生活，于是各种联网的设备，手机、电视、空调、洗衣机、扫地机器人、电饭锅等都连上网。今天家里一些电器上网大家会觉得惊奇，再过 3 ~ 5 年，你家里的电器不能联网，你会觉得很惊奇。这个背后最大的变化其实是市场出现了拐点，产生了一堆联网的新品类。

（三）产业面临转型

这个变化其实很好理解，一个产品或者产业，都有他的生命周期，在生命周期的衰落期，一定会有新的物种来进行替代，这种替代其实就是新品类产生的好时机。这种更替具有普遍性。比如当初 DVD 流行的时候，随着网络媒体的出现，DVD 光盘明显进入衰退期，这个时候，可以直接播放网络内容的小米盒子出现了，用户看的内容没有太大的变化，只是媒介变了，产品自然就会发生变化，随后电视机也全部智能化，是同样的道理。

二、找到细分人群

（一）如何找到细分人群

用大数据建立用户画像有一个最直接的用途，就是帮助把人群细分。如何细分人群呢？可以根据原来用户画像中的某一种特殊标签进行人群划分，比如沙琪玛，原来主要是小孩、女士、老人喜欢吃的一种零食，那么在这类人里面，有一类人既喜欢吃沙琪玛，又喜欢吃坚果，把这一类人细分，推出一种坚果沙琪玛，这就是专为这个人群打造的新品类：坚果沙琪玛！这件事情有点像两个人群的重合，用户一定少了很多，不过如果绝对值足够大，比如上千万，那也是一个不小的市场。这样的新品类其实很多，比如水果酸奶、低糖饼干等。

（二）细分人群依靠大数据

这里需要特别注意的是说到的细分人群，总体人数不能太少，这个就需要借助大数据分析了，需要根据人群基础数据和特殊爱好进行分析，找到那个人群足以支撑这个产业的数据才可以，否则很容易陷入一种极少数人喜欢，而他们很难支撑一个产业，就会出现那种卖好不卖座的现象。所以大数据在细分人群方面发挥着主导地位！

（三）产品特点为细分人群专门打造

找到新的细分人群，新产品最重要的就是针对这个人群爱好做出特殊定制化的产品，以区别于其他产品，刚才提到的坚果与沙琪玛混合是一种定制化，还有特殊的一些定制化，如专为儿童打造的儿童手表、“电话+手表”，可爱的外观设计就是其特色；再如专为运动人士设计的 Gamin 手环、专为自拍爱好者设计的大疆云台，这样的产品很多，笔者给它们取了一个名字：小而美，这里的小，其实市场未必小！

三、新定价：价格是用户定的，而不是企业定的

很多人意识到定价很重要，价格是最重要的用户体验，没有之一！因为价格是维系用户和产品的最重要通道，用户想拥有产品，最终还是要看看自己愿意花多少钱。对于一个新品类来说，价格是新品类最重要的标

签，如何对新品类定价就是企业最重要的决策。

（一）价格是用户定的

很多时候的定价公式是：成本加利润等于价格。这看上去合理，其实有一个很大的问题，就是成本和利润都是企业的事情，用户关心的则是愿意花多少钱买你的产品，这个才是最关键的。用户愿意花多少钱，就是产品应该的价格，成本和利润是否合适，决定了企业在这个行业的竞争能力。比如一支签字笔，用户普遍觉得是1元，如果你要想卖到2元、3元，那么你只能是一个新人群市场，而不是一个大众市场。用户是不用你来教育的，相反用户是来教育你的。

（二）超过用户预期的高性价比

对每个产品，用户都有自己的预期。如果要做出高性价比的产品，就要超过用户预期，要么价格比用户预期低，要么产品比用户预期好。达到这两个方面要求的产品都是高性价比的产品。例如，大家对干电池的普遍价格印象是2元左右，小米推出彩虹干电池，价格直接卖到0.99元，就会让用户觉得很惊讶；小米的蓝牙耳机，苹果卖1000多，山寨也卖300左右，小米推出一款99.9元，直接冲击用户的预期，销量火爆，一机难求。

第四节　爆品三高定律

爆品很好，那么如何做出爆品来呢？还是要回到用户本身，看看用户喜欢什么？用户会为什么东西埋单？

一般地，用户愿意埋单的理由有以下三个方面。

（一）用户愿意为科技埋单

新的技术、新的材料、新的工艺，科技的发展，往往给用户带来很多不同的体验，用户喜欢新科技，也愿意为科技埋单。我们看到很多的科技公司，无论是国际上知名的苹果、微软、惠普、思科，还是国内优秀的企业，如华为、大疆，都因为在某个领域有尖端科技而让人敬佩，用户愿意为新科技埋单、为酷科技埋单。

（二）用户愿意为时尚埋单

时尚是永恒的话题，我们总讲用户的口味在变，其实是时尚在变，之所以叫作时尚，就是不同的时代有不同的喜好，那些把握住时代潮流，抓住用户喜好的产品，就是时尚的代名词。电子类产品、家居类产品、服饰类产品、化妆类产品，这些产品流行的背后，都是时尚在产品上的具体体现。用户都喜欢时尚、追随时尚，当然也就在时尚的道路上大把大把地撒钱了。

（三）用户愿意为便宜埋单

笔者说的是便宜，不是廉价。便宜是相对的，是用户觉得便宜。用户都有贪便宜的心理，这个和有钱没钱没有关系。有钱人同样喜欢打折的东西，同样期望买东西的时候可以附赠一些东西，谁也不想当冤大头，要不4S店那些行李箱、自行车、钥匙链送给谁呢?

这就是用户的喜好，用户愿意为之埋单的东西。既然用户喜欢这些东西，那么我们做的产品就应该符合这些条件。所以小米根据这三条确定了小米产品的三大定律，我们内部叫三高定律：高科技、高颜值、高性价比（极简设计）。

一、高科技：科技不是噱头，要让用户感知得到

提到用户喜欢科技，就不要对科技有误解，不要把科技变得高大上。有些科技确实很酷，宇宙也好、基因也好、生命科学也好，这些东西可以改变人类的命运，甚至影响人类的发展进程，但是除了极其顶尖的科技企业外，大部分企业的科技其实都是一些实用技术的创新。而这些实用技术的创新，又往往被企业包装上了一些高大上的外衣，弄得用户云里雾里搞不清楚。太多的技术包装言过其实了，什么某企业在某领域取得重大突破，人类从此可以长生不老；某产品号称重新定义了未来十年的个人电脑；还有很多什么量子养生衣、防引力波辐射服、能量自然疗法……别说普通老百姓，就是所谓的理工男，也完全不明白他们想说什么。

其实真正的高科技不应该成为噱头，而是要让用户听得懂。道理很简单，用户愿意为他听得懂的科技埋单，不会为他听不懂的科技埋单。从另一个角度来看，用户都希望自己很聪明，一个产品让他觉得聪明，那么就是一个好产品，用户会很喜欢。如果一个产品让用户不会用，让用户觉得自己很愚蠢，那么这个产品基本上会被抛弃。

如何让用户感知科技呢？有四个有效的方法即科技数字化、科技看得见、科技摸得着、产品拟人化，可以帮助用户理解和感知。

（一）科技数字化

如何进行爆品创意，如何在红海中发现蓝海，如何做新品类？当一种产品生产出来之后，要想产品在市场上火爆、被用户接受，需要一个重要的工作，就是产品要被用户感知、被用户理解。简单地说，需要对产品进行用户层面的拆解和说明，让用户能理解——这就是要关注的新爆品、新卖点。

产品卖点如何让用户接受，还是离不开用户本身的喜好，用户一般喜欢科技、时尚、低价，产品围绕这三个点，也就是爆品三高定律：高科技、高颜值、高性价比，这是打造爆品潜质的重要属性，也是打造爆品的重要环节。

科技推动产业进步，也是爆品的重要驱动力。不过说到技术，很容易陷入一种高大上的自嗨当中。很多企业特别喜欢把技术包装成各种新技术术语，似乎听不懂才是高科技。其实恰恰相反，用户不会为听不懂的科技埋单，而会为听得懂的科技埋单，因为用户不想被忽悠。做爆品时，如何让用户听得懂爆品中的科技含量，是一个重要的课题。

数字是人类最伟大的发明，也是用户最熟悉的语言，如何将科技数字化呢？一般有以下三个方法。

（1）用数字建立认知

将科技给用户带来的结果直接用数字表达出来，用户通过数字感受产品的特点。例如，一晚一度电，这是一个大家非常熟悉的广告语，大家为什么非常熟悉呢？因为这个广告语最重要的是用了一个数字“一”，一晚、一度电，都是我们非常熟悉的东西，将两个放在一起的时候，用户就会建立这样一种认知：这款空调省电，一个晚上才一度电！这个一的背后是什么科技呢？其实是直流变频技术，可是这个技术对普通用户来说太难理解了，也不需要理解。技术的事情交给企业，用户要的是结果。

（2）用数字击中用户痛点

把科技用数字表达，不能简单数字化，而要击中用户痛点，用户才觉得有价值。例如，oppo 手机有一句极其经典的话：充电五分钟，通话两小时。就是典型的用数字击中用户痛点的方法。这个数字背后的核心是当时的快充技术，大家知道，自从有了智能手机，手机没电变成了大家的痛点。

（3）用数字进行产品区隔

现在同质化产品竞争激烈，如何让自身的产品与其他产品进行明确区隔，还是数字化。例如，我们引入排名制度，想办法把自己变成第一名，但广告法明确不能用“第一”，不过企业营销的本质就是第一，或者说最简单的做法就是想办法让自己成为第一，你如果成为某某第一，在大众心目中，就是好产品。

实在不能第一，怎么办？第三也行啊！这里的技巧就是与世界上最好的产品去比，只比那些世界上最好的产品差一点，说明也不差。

（二）科技看得见

科技可视化，也叫科技看得见，就是把科技的东西直接展示给用户。让用户直接感受到高科技带来的震撼。

对用户来说，用户永远相信的是自己的眼睛而不是商家，这个时候用可视化的手段建立信任感，就是一种有效手段。如何把科技的东西展示给用户，实现可视化呢？有以下三个方法。

（1）显性，可直观体验

简单地说，就是让用户一眼就能看到。苹果当年推出 iMac 电脑的时候，将整个显示器做成透明状，可以看见里面的线路板和各种灯管，这个创新让设计师们欣喜若狂，自此苹果成了设计师的专用设备，背后的原因其实是把科技的“酷炫”充分展示出来了。小米也一样，拆机成了小米新品发布的必要流程，从发布到直接做成透明，吸引用户眼球。用户未必看得懂什么芯片、什么原理图，用户要的是那种高科技的感觉。现在很多公司都喜欢用这样的炫图，但是不要太过，不要为炫而炫。

（2）差异化，让产品具备很高的可识别度

无论是科技还是工艺，都需要直接展示给用户，用户才能快速认知该款产品。以五芳斋为例，一个食品，为了体现其良好的工艺和真材实料，把里面的馅直接展示给用户，这是一种赤裸裸的工艺炫耀啊，也直接让用户建立起了认知。

（3）有品位、有格调

有品位、有格调非常重要。将技术和工艺炫出来，一定要有高级感，让用户充满了美好的向往。例如，小米拆机，里面的线路板像工艺品一样整齐细致，直接拉高格调。不要因为产品便宜就把产品做“Low”，任何产品都需要用心，都应该有它该有的格调。

（三）科技摸得着

科技数字化是感知，科技看得见是视觉，科技摸得着是触觉。科技摸得着也叫科技触觉化。科技有时需要用户参与进去，互动起来。有句话叫让用户参与进来的产品才是一个完整的产品，其中触觉是用户一种特殊的感知高科技的方法。

要让用户多多去触碰产品，一旦用户触碰产品，就会产生一种亲密的关系，这种关系会增加用户对该产品的好感。奇怪的是，很多商场不让用户触碰商品，还特别提醒：不许触摸！你做产品不就是让人碰的吗？如果因为产品娇贵，用户更想去触碰，你需要做的是想办法让用户触碰到还不损坏产品。

如何让用户用触觉感知呢？有以下三个法则需要遵循。

（1）简单，学习成本很低

简单，学习成本低是科技摸得着的重要前提，用户都喜欢简单的东西、容易的东西，不愿意花时间去学习。触觉最好的办法是用户天生就会的东西。智能手机的发展，其实就是科技触觉化的功劳，功能机时代我们需要一个数字一个数字去输入，或者一个字母一个字母去输入，然后苹果出现了，直接改用触摸屏，很多输入就不需要了，直接用几个触摸动作就能解决。手机触屏技术让智能手机功能变得更强，操控变得更容易，自然就大大推动了智能手机的发展。

这个方面，除了手机，iPad、触屏电脑外，甚至现在正在快速发展的触屏电视，都因这种简单直接的触控方式发生了改变。

（2）可靠，每次必须成功

触觉是一个好的体验，但是也很容易带来负面效果，就是如果可靠性不好，用户触控几次不管用，就会很容易变得急躁。比如用户去触摸触控开关开灯，如果触控几次不好用，就很容易乱摸乱碰，甚至直接用手去拍。所以用触控的方式操控产品时，可靠性特别重要。笔者的团队曾经设计过一款智能淋浴，当初设计的目的是解决人在洗澡时，淋浴出来的水要么太冷，要么太热，很难把控的问题。于是就想设计一个温控器，上面有温度显示，用户直接调节成35℃、36℃就好。应该说设计的初衷非常好，可是由于这个温控比较复杂，调节35℃未必就是35℃，有可能到40℃，温控误差5℃，这可要了命，在内测时，很多同事反映温度时准时不准，更加不知所措，于是就放弃了。

（3）有趣，能引起用户兴趣

触觉设计最好有意思，让用户愿意去碰，而且触碰的过程中会产生乐趣，那么这个产品就一定在用户心中种草了。小米曾推出一款游戏笔记本，大家知道游戏笔记本一个最大的问题是散热，当用户游戏玩得最尽兴的时候，往往也是电脑最热的时候，这个时候电脑容易卡。那怎么办呢？你不能拿水浇上去吧。于是小米笔记本做了一个天才的设计，就是在键盘上增加了一个龙卷风按键，说白了就是一个风扇按键，当用户觉得电脑很热的时候，一按这个龙卷风按键，风扇立马快速运转，自然达到降温的效果。记得小米游戏笔记本发布后，很多用户跑到小米之家，打开笔记本就摁一下那个按键，看看风扇是否转起来。一个巧妙的风扇设计，让无数游戏迷种草了。

（四）产品拟人化

科技本身是冷冰冰的，没有温度的，不过给它加上一个场景后，科技就容易产生温度，从而让用户更容易接受。具体地说，科技场景化有以下三种办法。

（1）建立链接：将一个产品与一个场景建立某种关联关系

“怕上火，喝王老吉”，就是一个典型的产品与场景建立链接，上火的时候，吃辣的时候，觉得口舌干燥的时候，这是用户经常遇到的一种状态，那怎么办呢？喝王老吉！这种关联关系一旦建立，王老吉就成了去火的代名词。这样的产品不火都不可能啊。

像这样的案例非常多，例如，“困了累了，喝红牛”，就是把用户经常困了累了这个场景与红牛联系起来。“今年过节不收礼，收礼只收脑白金”，就是把过年给人买礼物这个场景与脑白金这个产品建立链接。

（2）产品拟人化：将产品赋予某个形象，从而达到与用户亲近的目的

每个人不管多大都有一颗童心，都喜欢动物。所以如果你的产品与某

个动物联系起来，那就很容易取得用户的信任。小米有一款米兔故事机，就是把故事机外观做成米兔形状，里面有很多儿童故事，当孩子晚上睡觉的时候，打开米兔故事机，孩子听着故事就睡着了。讲故事其实很简单，用手机就可以啊，可是对孩子来讲，这个故事从米兔讲出来和从手机讲出来完全不一样，米兔讲故事就会把这个产品变成一个真实的小伙伴，而手机永远是手机。很多妈妈反映说现在孩子都要抱着米兔睡觉。

产品拟人化其实可以用到很多方面，比如狗狗蛋糕、动物饼干、萌宠巧克力，虽然拟人化的招数已经用烂了，可是依旧好用。可以想一想，一个迪士尼，靠着这些可爱的动物，支撑了迪士尼一年几百亿元的收入啊。

（3）讲好一个故事

有句话说得比较直白：做一个好产品就是讲好一个故事。当然这里是强调产品本身要好，不过把故事讲好也是非常重要的。很多时候用户听不懂科技，可是听得懂故事啊！要学会用讲故事的方法阐述科技的美。这方面最美的故事当然就是钻石。我们经常开玩笑说：不就是一块石头吗？可是它代表爱情啊："钻石恒久远，一颗永流传！"爱情值多少钱？无价啊！

讲好一个故事太重要了，用户很多时候买产品，不就是幻想故事里的某个人物或者场景吗？大家吃哈根达斯冰激凌，能不能感受到爱情的甜蜜？去喝百利酒，巧克力与威士忌混在一起的味道，不就是爱情的滋味吗？

以上说的是如何让用户感知高科技，现在一直强调科技的力量，也希望能有更多的高科技、黑科技应用在产品上，在应用这些科技的同时，也同样不要忽略如何将这些科技让用户感知，只有用户感知了，用户才会埋单。把科技让用户感知，是做好爆品的第一项基本功。

二、颜值就是正义，好的设计就是生产力

如何让用户感知科技，难点在于把科技的语言翻译成用户听得懂的语言。而用户看得见的东西，就是产品设计。设计有多重要呢？简单地总结一句话：消费升级其实是从设计开始的。设计是生产力，是一个产品的综合表现力。

（一）颜值是产品的核心竞争力之一

毋庸置疑，好的设计会给产品带来很好的竞争力。

(1) 颜值即流量

前文说过，今天的新零售其实就是流量生意，而好的颜值就是高流量的保障。我们很熟悉一句话："美女美不美，主要看回头率"，这个回头率放在产品上不就是流量吗？一个产品设计很漂亮，买家拥有它以后会炫耀，发到朋友圈等着点赞，这个就是流量；漂亮的产品放在零售店或者网站上，往往更容易吸引大家的注意力，大家愿意停下来多看一眼，这个就是流量；你拿了一个好产品，朋友同事看见了拿过去欣赏把玩，这也是流量；一个高颜值的产品经过这样的流量积攒，自然形成口碑，也很容易形成销量。大家熟悉的苹果手机、戴森小家电，最早吸引大家的，都是引以为傲的外观设计。

(2) 颜值即价值

要相信，漂亮的东西一定是质量好的东西，你看到一个外观设计漂亮的产品，心中的期待一般比较高，你会带着美好的期待去使用它、去爱惜它，也会更用心地去体会它。就像我们拿到一个精美的蛋糕，美得甚至让你舍不得去破坏它，自然你也会觉得物有所值。电子产品也是，从你开始看到产品包装开始，如果一切都精美细致，你会发自内心地喜欢这样的产品，从而认可它的价值。我们看到苹果对产品包装的每个细节都不放过，也可以看到小米在产品设计方面的严谨，都是相信颜值即价值这个道理。

(3) 颜值即需求

产品的第一价值就是满足用户的需求，而颜值是用户最直接最感官的需求，谁不喜欢美好的东西呢？这里强调的是"不要把产品便宜所以做不精美"变成借口，产品没有高低贵贱之分，都有做美的基本义务。其实从另外一个角度来看，越是单价低的产品，颜值其实越容易成为产品加分项。小米的0.99元的彩虹电池，0.99元的巨能写签字笔，产品也好、包装也好，都做得那么漂亮，有很多用户感叹，这个价钱买这个设计都值了，这样的产品能卖得不好吗？

(二) 产品要做得美

产品做得美也是有套路的，这个套路就是"三讲"，讲标准、讲语言、讲细节。

（1）讲标准

美是有标准的！做产品也好，做事情也好，标准很重要，否则“公说公有理、婆说婆有理”，尤其是美这样比较主观的东西，没有标准很容易没有方向。很多公司产品美不美主要取决于设计师，或者公司领导，主观性太强。如何给这种主观性很强的产品设立标准呢？这里推荐一个简单方法：就是去看这个行业的权威国际大奖评奖标准！在各行各业，都有各种设计大奖，这些设计大奖一般都有一些基本的评价标准，不要小看这些标准，这是几十年甚至上百年来大家对美的一些共识，从设计行业来看，全球四大设计奖，IDEA、IF、红点、Good Design，产品获得这些奖项可以说是设计师的最高荣誉，尤其是金奖。其实仔细研究这些获奖的奖品，它们会有很多共同特点，这些特点就是对美的标准。所以判断产品是否足够美，能否设计一开始就以这些标准来设计产品呢？用世界上最高的标准来要求自己，那么设计出来的产品，至少不会太丑吧！

有人认为软件产品，主要设计是UI/UE，这些没法评奖啊！那有什么标准呢？其实标准也是现成的，大家去研究一下苹果UI/UE的设计，去看看谷歌/脸书（Google/Facebook）等优秀的产品，它们的设计就是样板，就是标准。这里不是提倡去抄袭，而是去学习，提高水平最好的方法不是先去临摹吗？

（2）讲语言

设计要有标准，有了标准后，还有一点非常重要，就是要有统一的设计语言，一个企业的产品，一般会有很多种，甚至差异化还很大，但是需要让人一看这个产品就知道是谁家的产品，这就是大家经常提到的设计DNA。每家公司都应该有自己的DNA，它是一个品牌的最明显标志！

一些国际大品牌的产品，往往一眼就会被认出来，比如苹果的产品、戴森的产品、无印良品的产品、曾经的SONY产品，一眼就会有感知。遗憾的是很多企业，规模做得很大，产品琳琅满目，可是只要把商标拿掉，就不知道是谁家的产品，这样的品牌溢价就很低。所以需要统一自己品牌的某些固定属性，把这些属性固定下来、传承下去，就会逐渐形成产品的主风格。这方面必须感叹小米，小米的产品从手机、电视、路由器，已经扩充到小家电、文具等几千个产品，可是整体风格一直没变。这是一个很难做到的成就。但是也正因为这份坚持，可以让小米品牌与其他品牌的产品区别开来，从而形成小米自己的设计语言：Milook。这个设计价值应该是小米品牌价值的重要体现。

（3）讲细节

做产品要有工匠精神，其实这句话说起来容易做起来很难。细节往往容易被忽略。就拿一个空气净化器来说，原来看到的净化器要么是黑乎乎的，要么是一堆用户看不懂的按键，尤其是那个进风口，就是一些黑黑的空洞，让人觉得这样的产品没有什么美感。小米在设计空气净化器的时候，在产品细节上下了功夫，从进风口来说，净化器一共5730个孔，那么这个孔直径到底有多大，才会让用户看起来比较舒服还不影响进风呢？小米做了大量的比较：从3.9mm一直测到2.0mm，大约测了几十个规格，最终才确定直径2.0mm，这个直径既不影响进风口进风，用户看起来也非常舒服。就是这样一个细节处理，就使整个外观设计漂亮了很多。

所以产品细节未必是成本高，而是用心，从用户角度去关注用户需求和感受。

三、高性价比（极简设计）

前文讲到如何把产品做得很美，那么企业在具体执行中需要根据自己企业的情况采用不同的标准，比如奢侈品牌一般会采用极奢设计，一些时尚品牌会采用轻奢设计，而很多的大众产品会采用极简设计。一旦企业采用了某种风格的设计，就需要根据该设计风格去持续迭代，因为每个设计风格的实施模型都是不同的。相信每个人都会觉得极简设计很简单，不就是做设计简化吗？如果这样理解就有些片面了，这也是很多公司做不好极简设计的原因。

极简设计的模型包括四个方面，商业模式决定设计风格，极简模式可以将小众产品大众化，简捷不简单，极简设计的终极目标其实就是聪明键。

（一）商业模式决定设计风格

设计风格有很多种，决定采用哪种风格与喜欢什么样的风格无关，也与设计师没有关系，真正的决定者其实是企业的商业模式。设计风格只是实现商业模式的一种外观体现而已。这一点企业的决策者是必须要明白的。

下面看看采用极简风格的代表企业，苹果是极简风格的标杆，当年乔布斯为什么那么追求这种极简设计呢？因为苹果的最终目的是想做一个高性价比产品，高性价比不是便宜，是让你觉得便宜！苹果的产品虽然在电子产品中单价很高，但是它并没有高到那种高不可攀的地步，苹果产品不是奢侈品，这里只是想说明苹果产品价格是不便宜的，但是一般人是可以拥有的，而不是像LV、Prada那些产品，你可能努力一辈子也得不到。

再看看小米，小米的精髓和苹果一样，它强调极致性价比，它的口号是："同等价格我比你好，同等品质我比你价格低"，这是小米的商业模式。正是因为这种商业模式，小米也采用了极简设计。无印良品也好、宜家也好，都是高性价比商业模式，采用极简设计都是在这个模式下的选择。

（二）极简模式可以将小众产品大众化

为什么高性价比要采用极简设计，这是因为极简设计有一个功效，就是可以将小众产品大众化。其实有很多产品，尤其是一些技术先进的产品，为了满足某些特殊需求，往往功能比较复杂，带来的结果就是价格贵、使用条件比较苛刻。

对大众来讲，很多时候不需要那么复杂的功能，对使用条件也没那么高的要求，这时候就存在一个需求简化，我们采用极简需求，把那些要求极高的一些功能拿掉，将一些特殊功能通用化，看似降低了一些性能，但有可能成本剧降、使用简单，可以让适用人群增加几十倍甚至上百倍，变成大众化产品，这样的简化是很有意义的。

历史上有很多这样的案例，最典型的当然是福特T型车，一开始当大家把汽车当作有钱人的奢侈品的时候，对汽车的装饰、外观就会要求极其严格，但是福特认为汽车最主要就是一个代步工具，每个人都应该有一辆的时候，那么简单说有一个发动机、四个轮子，再简单配个底盘、变速箱等，不就行了吗？基于这种大众化需求，将一切没必要的功能拿掉，汽车成本大幅下降，可以拥有一辆汽车的人成千倍的增加，于是小众产品变成大众产品。

这样的例子小米做了很多，一个曾经像仪器设备的净水器，小米经过简化，变成四个可自己拆解的滤芯，从而把一个工业化的产品变成一个家庭小电器；扫地机器人最早出现也是一个奢侈品，从外观到性能都非常高级，小米经过简化，保留最核心的扫地和避障功能，成本下降50%以上，每个人都可以买得起，于是产生了一个巨大的新兴市场。

（三）简捷不简单

将产品从小众做到大众就是做减法，把性能降低、把成本降低就好了，似乎很简单。其实恰恰相反，做产品最难的不是做加法，而是做减法。因为做加法容易，不容易犯错误，往上堆功能就好，只是研发的时候可能会遇到一些挑战。但是做减法更不容易，更考验产品、技术、市场的判断力。

（1）做减法，到底减什么

这是一个难题。做减法必须洞察用户，知道哪些用户不需要，哪些用户需要，这个时候要做取舍，恰恰是这个取舍，会决定这个产品的成败，没有对用户需求的足够了解，减法一定是错误的。而要想了解用户，这个工作量是不是很大？

（2）做减法，怎么减

很多时候我们知道某个功能没有用，或者某个功能可以降低要求，可是真的要减的时候发现它与其他功能有关联，或者很多东西减掉会导致整个产品需要重新设计，这是经常遇到的问题。例如，做电视的时候，希望将电视背面做成一个平面，可是电视下面有好几款电路板，还要散热，等等，这就是很多传统电视背面做得很丑的原因，这个时候其实极简做法的难度比现在的做法难很多，这需要更牛的工程师、更巧妙的结构设计，这就是很多企业做不了极简的原因，发现极简对技术要求更高而不是更低。

（3）做减法，要减到什么程度

这也是一个难题，要保留什么，减掉什么？谁来决策？销售有销售的需求、市场有市场的需求、供应链有供应链的想法，我们要做一个极简设计，最后发现是一个系统工程，只有在系统上做到极简，才有可能真正实施，才能知道减到什么程度是合理的。这对人才的要求太高了，没有足够的经验，没有大量的数据积累，这样的减法往往会以失败告终。

所以极简看似做减法，却是一个非常痛苦的过程，也是一次巨大的创新。

（四）极简设计的终极目标：聪明键

聪明键具体定义非常简单：就是那一个让用户觉得聪明的按键叫作聪明键。这里有两个关键词：一个是让用户觉得聪明，另一个是那一个！

（1）让用户觉得聪明

什么样的产品才是一个好产品呢？让用户觉得聪明的产品才是好产品，因为如果用户觉得聪明，就会喜欢这个产品。没有几个用户会喜欢那种让用户觉得很笨的产品，可惜市面上大多数产品都让用户觉得笨，用户买一个产品回来，会发现有一堆烦扰：不知道如何拆包装、打开包装不知道如何启动设备，即使把设备启动了，也不知道怎么使用！问厂家，厂家会说："看说明书啊！"谁愿意看书啊！我不就买个东西吗？还要去学习那么多！尤其是女性朋友，特别讨厌电子产品，为什么啊？不会用啊！不会用用户往往很自责，觉得自己好笨啊！其实，一个让用户觉得笨的产品不是用户笨，是产品经理太笨了！因为用户最终会因为这个理由再也不买你的产品。

那么相反，如果一个新产品，用户拿到手就会用，学习成本极低，用户会觉得我怎么这么聪明啊，这种成就感就会让用户喜欢这个产品，进而喜欢这个品牌。用户会在朋友圈炫耀，这不就是我们要的口碑传播吗？所以让用户觉得聪明非常重要。苹果的东西为什么那么受欢迎？很大程度不就是容易用，学习成本低吗？

（2）一个，不是几个！

为什么是一个？因为用户不用选择，不用选择就是最好的选择，而且这一个能解决问题。所以一个产品只能有一个聪明键！

很多人觉得那不可能，其实极简设计的最高境界就是一个聪明键！我们来看苹果手机，当年不就是那个大大的 HOME 键，用户不管迷失在哪个应用里，你不知道怎么办的时候，一按 HOME 键，你就回到主界面，那一刻你会觉得自己是多么聪明啊！如果有两个键，你就需要思考啊！

四、极简设计避免"五大坑"

前文叙述了极简设计的模型，相信大家理解了极简并不简单，有很多技术、设计、产品上的各种挑战。而这些挑战也很容易让大家在设计时出现一些“坑”，总结一下在这方面经常会遇到的一些问题。

（一）设计必须有用，设计师不要自嗨

设计师在设计的时候经常会为了显示设计能力和技巧，做一些自以为很好的设计，而这些设计对用户来说没有用。这种设计就叫作“设计师的自嗨”。

这种设计其实经常遇到，其本质是从自我出发而不是从用户角度出发，比如说当初小爱同学特别火的时候，我们的一些设计师们就脑洞大开，决定把小爱同学应用到抽油烟机上，以后不用去触碰抽油烟机的按键，直接说“风大一点”“风小一点”“风停”，那该多酷啊，一台人工智能抽油烟机就诞生了，想想都让人激动，于是成立了专门的团队，技术也好、设计也好，一个大团队经过一年多艰苦努力，人工智能抽油烟机上线了。不过却发现一个问题，就是抽油烟机使用的时候噪声很大，风的声音、炒菜的声音，你要想风大一点、风小一点，需要扯着嗓子喊“小爱同学，风大一点”，可惜小爱同学还是听不到，或者听不清。其实用户炒菜的时候就在抽油烟机旁边，一抬手不就可以调风的大小吗？为什么要这么麻烦呢？这是典型的自嗨设计啊！

（二）设计要有度，严防过度设计

这个“坑”更容易遇到，在设计时，做到“刚刚好”是设计的最高境界，可是有时候会容易设计过度，这些设计过度的原因还是对用户使用场景理解不够深刻。

举一个雨伞设计的例子。起初的想法是给小姑娘设计一把时尚、轻便、晴雨两用的小伞，为了做到轻便小巧，采用了碳纤维的骨架、三折叠的方式，这样很轻而且不占地方；为了做到既防紫外线又能很好地透光，采用了世界上最好的雨伞面料，不仅轻薄透明而且还可防紫外线，应该说这把伞在设计方面都做到了极致。然而上市的时候却发生了意想不到的事情，三折伞确实节省了空间，可是开伞收伞的时候特别不方便，需要用户一个伞骨一个伞骨去折叠；小米把伞做得透亮而且防紫外线，可是用户觉得阳光照不到自己才是最好的防晒，所以她们大多时候选择小黑伞。我们立即意识到在把伞做小做轻的过程中用力过猛，而在用户的实际感受上做得不到位，并且成本还巨高，是普通伞的三倍以上，自然很难得到用户认可。

（三）设计要避免高风险设计，要在产品定义上早期介入

这个陷阱也是经常遇到的，在设计的时候往往各管一摊，设计师觉得自己不用管技术问题，其实很多时候设计本身就会给技术带来高风险。

做小米超薄电视的时候，设计师设计出一款让所有人窒息的设计，开始以不计代价的方式去实现它，可是这个设计对电视厚度要求太高了，仅仅4.9毫米，比iPhone手机还薄1/3，这样强度的设计各方面都面临巨大挑战，最终虽然上市了，可是良品率太低，导致成本居高不下，这就是设计带来的产品高风险。

当年在做盛大盒子的时候遇到的也是同样的问题，在那个网速不灵、嵌入式软件刚启蒙、芯片速度还不够的情况下，我们希望设计出超薄的能带视频音频的网络设备，最好还不要风扇，设计师做出了完美的设计，可是技术条件实在难以满足，那个产品自然就成了“先烈”。

（四）不要刻意添加无意义的装饰和细节

设计师在设计产品的时候，总喜欢把设计当作艺术创作，这个也是设计上的一个巨大的“坑”，制造产品都是为用户创造价值，不是给设计师表演的舞台，甚至可以说，真正好的设计是感觉不到设计师的刻意的。

随着智能化的普及，很多人对各种产品开始了智能化的畅想，比如智能冰箱，笔者看到设计师会天然把一个iPad屏幕嵌入冰箱里面去，这可真是对智能化的一个巨大误解。冰箱智能化的核心是解决冰箱物品的存储问题，而不是坐在厨房看电视剧，这样的设计除了成本增加，没有任何意义。

再如，家里的空调，经常被看到：这里加一个灯带，那里加一个金黄色边框，这样的设计除了哗众取宠，笔者实在不知道它的价值在哪里！

（五）设计首先必须考虑成本

好的设计不一定贵，前文讲如何降低成本的时候就特意提到过，因为设计对成本的影响特别大，所以设计师在一开始设计产品时，就需要把成本放在第一优先级考虑，只有这样，才会让整个产品有竞争力。

五、高性价比：用户可以闭着眼睛买

产品有了科技、有了颜值，整个交易还有最关键的一步，就是成交。

成交的核心其实就是价格。如果说前面都是交易前奏，价格则是最后的决定，往往也是最关键的决定。

到底什么样的价格最容易实现交易呢？《极简法则》中有句话："好到无与伦比，便宜到难以抗拒。"产品好是前提，而便宜是用户交易的不二法则。当然这里说的便宜其实是一个相对值，是用户觉得便宜，而不是廉价，其实就是我们常说的高性价比。

（一）价格是用户定的，不是企业定的

对于高性价比的概念，首先需要明确定一下。很多人误以为企业利润很低就是高性价比，这个维度是从企业自身出发，但未必是真正的高性价比。真正的高性价比，其实是用户觉得很值的价格。这其中就牵涉一个产品定价问题，表面上来看，产品价格是企业定的，企业会根据产品的成本和利润诉求，确定产品的价格，其价格公式是：

价格 = 成本 + 利润

然而事实上，这个公式不成立，因为最终埋单的是用户，价格再合理，如果用户不愿意埋单，这个价格就没有意义。用户在购买产品的时候其实很少关心产品的实际成本，而是根据自己的需要来确定这个产品是否值当。所以产品真正的价格公式是：

价格 = 用户愿意花多少钱

这个公式就是从用户维度来看问题，其实更为客观，更有实际意义。产品再好，如果用户觉得没有价值，就没有市场，价格也就没有意义。

有了这个价格定义，高性价比也就需要重新定义，高性价比不是利润很低，而是超过用户预期的价格。当你的产品定价高过用户预期的时候，用户就会觉得很值。

到底需要高过用户预期多少呢？小米曾经提出一个理论，就是让用户尖叫的产品。那么用户到底什么时候会尖叫呢？当然各种黑科技的应用、各种使用体验的创新，都会让用户尖叫。但是真正让用户尖叫的，还是价格。这个看看小米的产品发布会就知道了，小米的产品发布会很有意思，会场布置很简单，没有过多的装饰和特色，舞台上一个巨型大屏幕，突出产品才是发布会的主角，然后就是雷军一个人的产品发布，因为雷军的个人魅力和米粉们的狂热，发布会过程也会随着雷军理工男式的幽默或者

"怼一下友商"而出现粉丝们的尖叫或者欢呼，但是整场发布会的高潮一定是公布价格的时候，价格是小米产品发布会的最高机密，曾经传言谁泄密要罚款100万元。所以当发布会上价格公布的一刹那，整个会场尖叫声、欢呼声、掌声热烈响起的话，发布会就取得了圆满成功。而如果价格和用户预期差不多，甚至不如用户预期，那么整个会场就会听到"啊，也不便宜啊"的议论，发布会的效果就会打折。当然小米一定会避免这种情况出现。

那么问题来了，真正让用户尖叫的高性价比到底是多少呢？公式是：

价格≤用户期望值的一半

当价格低于用户期望值的一半以上的时候，用户就会尖叫。从常识来看，就是半价以上。这个很好理解，我们在购买东西的时候，如果看到一个产品标明半价销售，一般会产生很大的吸引力。用户会自觉不自觉地看一下这个商品。这就是半价的魅力。

半价的问题容易理解，最难的其实是用户期望值，到底用户期望值会是多少呢？其实这里提到的用户期望值，往往是用户日常积累的一个价格常识，这个价格来自两个方面，一个方面是那些占据垄断地位的厂商定的产品的价格，比如听装的可口可乐、雪碧，价格大约是2元左右，这个价格就是一个价格标杆，很容易被记住；另一个方面其实是一个模糊的概念，在很多蚂蚁市场，这样的产品价格用户不是和某个品牌建立联系，而是大约多少钱，这个大约多少钱其实约等于这个产品的平均价格。有一个很有意思的现象，用户虽然买东西的时候不确定到底是多少钱，但是自己愿意花多少钱是相对明确的，比如说电视机行业，十年来1500~2000元这个价格段是用户买电视最高价格段区间，空调则是2500~3000元，而其他行业也有类似的现象，耳机行业50元左右占据市场30%以上的份额，玩具车行业100元左右是最大的价格区间。所以虽然单个的个体买东西价格不确定性很大，但是回到用户数据，价格却是相对确定的。以前了解到这个数据比较难，掌握在一些调研机构或者咨询机构那里，现在有了互联网，有了电子商务，所有的数据都有保留，而且可以实时拿到，比如天猫的生意参谋、京东的罗盘，都可以查到当前某个产品的最畅销价格段和产品均价。这些价格基本上就是用户用支付这种方式投了票，用户期望值就是这些价格。

所以用户期望值这个数值是可以确定的，只要企业研究用户交易数据，这个就是电子商务的优势，可以根据大数据随时调整价格和营销策略。

以上分析可以看到，高性价比未必就是便宜，就是没有利润，而是一种对比。不要把高性价比与低利润对等起来，高性价比也可能带来高利润。比如苹果手机，最初苹果手机出来的时候，由于其独特的产品创新和无与伦比的性能，将传统手机直接“秒成渣”，虽然苹果手机价格很高，但是用户还是排队去买，黄牛们还能加价卖出去，这就说明苹果手机性价比很高。可是大家也知道，苹果手机利润非常可观。

（二）降成本是基本能力

前文反复提到，提高产品力有一个非常重要的因素就是价格，价格也是用户的第一体验。用户喜欢高性价比，一定又有人问，又想产品做得好，又想高性价比，会不会有些矛盾？其实这两者并不矛盾，因为中间有一个很重要的工作，就是降成本。如何降成本，到底成本要降到什么程度才合理？有一个基本公式，就是将目标成本砍掉 50% 。这个目标一定吓人一跳，先不质疑这个数字，而是看如何达成这个数字。这也是一个做事情的方法，先定目标，然后想办法达成。

当然要实现 50% 的降成本目标，一定需要一些非常手段，这里需要明确一下，降成本不是降品质，否则降成本就没有任何意义，如何做到降成本？有以下六个方法。

（1）做减法，将没必要的功能砍掉

很多产品被赋予了太多的功能，而很多功能对用户来说没有用处。据统计，市面上的产品有 70% 以上的功能是浪费的。比如一个微波炉，设计了烤鸡翅、清蒸鱼、煮米饭、热面包……一大堆功能，可是使用概率有多高呢？大部分人用的可能都是加热。与其这样，不如将这些用户不常用的功能都砍掉，会不会用户体验更好一些。而砍掉一个功能，不仅可以直接降低成本，还可以在系统上也降低成本，因为多一个功能就增加一种故障的可能性。

（2）分主次，不要在非核心功能上用力过猛

降成本不是降品质，那么就需要分清楚哪些部分对产品品质是有影响

的、是核心点，而哪些部分是非核心点。不要在非核心点上用力过猛。在非核心点上用力过猛是在产品设计上最常见的错误。比如某公司在设计电视的时候，色彩是电视的核心功能，而电视的薄厚则是非核心功能。可是有一段时间掀起一股把电视做薄的风潮，即所谓超薄！大家觉得电视的厚度做得越薄越性感。于是经过几百个工程师、几年的努力，终于把电视厚度做到了 4.9mm，怎么形容呢？就是一个普通硬币的厚度，可以说是非常惊艳，可是这样出来的结果呢？为了支撑这个薄，需要在结构上做各种设计，以防止电视变弯，对屏幕的工艺也非常严苛，必须采用贴合技术，如果产品有问题，只能换不能修。最重要的，为了把电视做得这么薄，成本增加了好几倍。那么电视做薄对用户有什么实际的意义呢？4.9mm 和 9.9mm，很多用户都看不出来，也不会给用户节省多少空间，除了成本剧增。那么用户会愿意为 5mm 多付 3 倍以上的价钱吗？显然很难。这就是典型的过度设计，也就是在非核心功能上用力过猛。

（3）成本拆解，拆到不能拆为止

这是降成本最直接也最有效的方法。在讨论成本的时候总是考虑整体成本，其实成本是由每一个零部件组成的，如果将每一个零部件的成本列出来，看看有多少水分，降低的成本往往会让你惊讶，原来做工厂的经常有句话：把地扫一扫都是钱，就是这个意思。降成本就需要一个螺丝钉、一个电阻去看价格，将每一个零部件成本降下来，产品成本会降很多。

还有一个是需要将整个产品流通过程成本拆解，也就是将产品从出厂到消费者的整个过程拆解，看看哪个过程成本有问题。或者说哪个环节成本是浪费的。举个矿泉水的例子，一瓶 1 元钱的矿泉水，瓶盖 0.2 元、运输费 0.2 元、广告营销费 0.2 元、工厂利润 0.2 元、经销商利润 0.2 元，而水呢？不到 0.01 元。把这个成本分析清楚了，如果能直销，不做广告，甚至在瓶子外面招揽广告，也许一瓶水可以只卖 0.3 元还有利润可赚。

（4）做加法，增加用户能感知的成本

有些地方做减法，有些地方也可以做加法，加法做得好，也是降成本的一种办法。其实核心是用户能感知的成本，用户买东西其实很多时候是为自己能感知的东西埋单。小米在做签字笔的时候，发现用户经常换笔芯，所以就把签字笔的成本拆解，1 元左右的成本，笔套、笔尖、笔芯等都是成本的大头，墨水是最不值钱的。可是大家写字多少主要用的是墨水啊。于是就在墨水上做文章，加注了4倍以上的墨水，墨水多了，用得时间长了，一支笔顶4支笔，可成本并没有增加。这对用户来说，一支顶四支，价格还一样，不是变相降低成本吗？像这样的案例还很多，洗衣粉最不值钱的就是洗衣粉，牙膏最不值钱的就是牙膏，所以经常搞一些加量不加价活动，用户高兴，商家也高兴啊！

（5）批量打包，降低成本

这个方法就是将那些单价低、运输成本等很高的产品和在一起，让用户一次多买几个，成本会降低很多。

（6）系统降成本

降成本是全员的事情，不只是供应链的责任，反过来说，其实供应链降成本是有限的。一般来说，决定成本的因素很大原因是设计、产品定义、研发，这才是成本的大头，占到成本因素的90%以上。这些成本都是看不见的，但却是实实在在的。我们经常讲一个错误的产品定义，往往给公司带来巨大的资源浪费。

（三）首战即决战

如何理解首战即决战呢？可以从以下三个角度来分析这个问题。

（1）市场角度

第一，用饱和攻击建立用户认知：在互联网时代，快速的节奏、信息的爆炸，很多信息也快速流失，很多人感叹现在市场越来越难做。这个时候最好的方式就是一开始就饱和攻击，在一个时间段内，将所有的弹药发射出去，在一段时间内造成足够大的影响力，从而让更多的人知道，形成话题，然后得到广泛的传播。

第二，用快速的打法抢占市场优势：在这个竞争特别激烈的环境中，很难保证自己的产品优势有多久，所以利用一开始的优势迅速攻城略地，抢占市场优势和用户认知，建立品牌优势，从而持续领先对手。

（2）产品角度

用极致的产品建立用户口碑，今天的产品要有影响力，很大程度上取决于用户口碑，一个新产品亮相，非常重要的一点就是要不鸣则已、一鸣惊人，让用户觉得特别值，让竞争对手感到绝望。

企业在推出一个新产品的时候，往往会问自己，这个产品竞争对手能否做出来，优势能保持多久。比如小米当初做移动电源的时候，以当时的产品工艺、价格，几乎领先竞争对手一年以上的时间，有了这样的产品优势，竞争对手即使看到了，也无计可施，所以在产品上和技术上要有足够的积累。

（3）销售角度：流量代表一切

电商销售和传统渠道销售最大的不同就是一个产品要想火爆，第一把火特别重要。做过电商的人都知道，一个新品要想火爆，最重要的就是要燃爆第一把火，同时平台也会根据新品的第一波销量分配权重。简单说，只要把销售做得很好，平台就会给你加权重，流量就会越多，销量自然会更进一步增加。所以，电商平台的一个新品发布一定要在开始做大量的“蓄水”。

（四）如何做到首战即决战

既然首战如此重要，那么怎么做呢？以下三条原则非常重要。

（1）降维攻击

要想一战成名，一个重要的诀窍就是降维攻击，杀鸡用牛刀。比如，用手机的工艺去做电视，用做工艺品的细心去做产品，这样直接拉高产品品质，也让竞争对手无法直接复制。

当初家庭跑步机市场快速兴起，可是市面上的跑步机基本上长得差不多，又笨又大，很占地方，而且噪声还很大。有没有可能做出一台不占地方噪声又很小的跑步机呢？小米调研了很多顶级跑步机厂家后，想到有没有可能用现在的电动车技术做跑步机呢？视野一下打开了，电动车的很多技术，包括电机、底盘等都可以借鉴，而且成本还更低，于是小米用造电动车的技术降维做跑步机，将现在很多跑步机厂商甩在后面。

（2）极度专注

一个企业的资源都是有限的，要做到一炮而红，就需要将所有的力量集中于一点，将一点打透。尤其在做新品时，不要贪多，一次想做很多产品。一个产品做不好，再多的产品也没用。

（3）高性价比是利器

任何产品，价格永远是最重要的，在首战中，就需要按照大规模化生产进行产品定价。

（五）产品周期管理

首战要想赢，需要有周密的上市计划，要把市场预期做好。一个产品上市要经历至少以下四个阶段。

（1）产品策划

产品从创意开始，就需要开始策划营销，要有影响力，有意识让部分产品信息发布到市场，引起市场好奇心。

（2）媒体预期

在产品研发期，需要不时给市场爆料，持续引起市场兴趣。

（3）产品发布

产品发布是产品重要的亮相时刻，集中所有火力进行宣传。

（4）产品销售

产品发布只是开始，要在一开始就制造产品热度，及时公布战绩。

第五节　新一代爆品工程体系

如何打造爆品，要从市场调研、产品定义、人群分析等各个维度开展工作。为了让用户能更简单、更直接地学习如何做爆品，把整个爆品过程体系化、系统化，最终打造出一个体系化的工程来。目的非常简单，就是希望用户按照爆品的整个过程操作，也能自己做出爆品，这样对企业、对用户都是一件很有意义的事情。

把做爆品这样的事情体系化，确实是一件难事，为了和原来的零星的各种爆品技巧做区分，特意重新取名叫“新一代爆品工程”，这不是为了哗众取宠，而是为了让这件事情更严肃、更严谨一些。

一、新一代爆品工程

爆品是一个工程。这个词其实很重，因为工程必须是体系化、可复制、可验证、可追溯的，这需要非常严谨的体系基础。把整个爆品过程工程化，要做好以下四个方面的工作。

（一）流程体系化

做爆品有一些流程，原来的流程都比较碎片化，不够系统，补充一些容易忽略的流程，最终形成一套从产品创意到爆品实施的完整的爆品流程，这样用户就可以按照流程打造爆品了。

（二）原理图形化

在做爆品的过程中，牵涉到很多理论方面的问题，由于跨界比较大，原理也较难理解，将这些原理用简单易懂的图形表达出来，这样用户就很快可以理解那些原理，并很好地应用。

（三）功能模块化

做爆品的过程中，有很多角色分担不同的功能，如何做到各功能之间不冲突，同时还能很好地衔接，主要是功能模块化，这样既可以减少重复工作量，同时也最大限度避免了功能之间的冲突，提高做爆品的效率。

（四）结果数据化

做爆品的过程，其实是一个不断的试错过程，那么谁来判定对错？最合理的方式其实是用数据来检验，所以在检测结果的每一步，尽量想办法做出表格，看看最后的数据是什么？数据是客观的，也是实时的，它可以大大减少做事情的随意性，也能及时发现问题，进行改进。

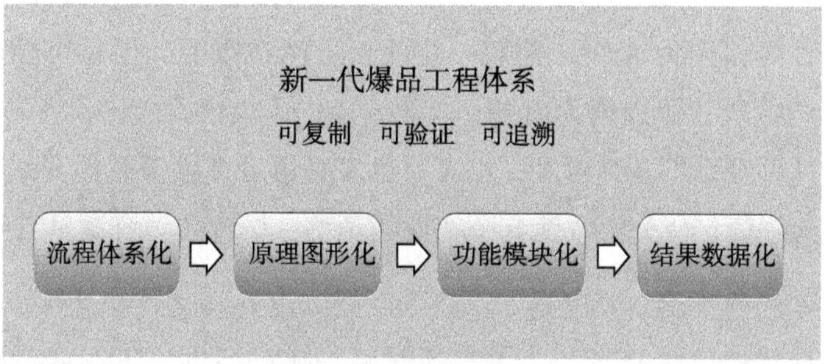

有了这个基础，将整个爆品工程进行分解，细化成一个一个的单元，每个单元都可以进行单独实施。

新一代爆品工程拆解

6大核心模块
30个实施步骤
200个实操案例
300个数据表格

经过努力，最后把“新一代爆品工程”整理出来，其体系如下图所示。

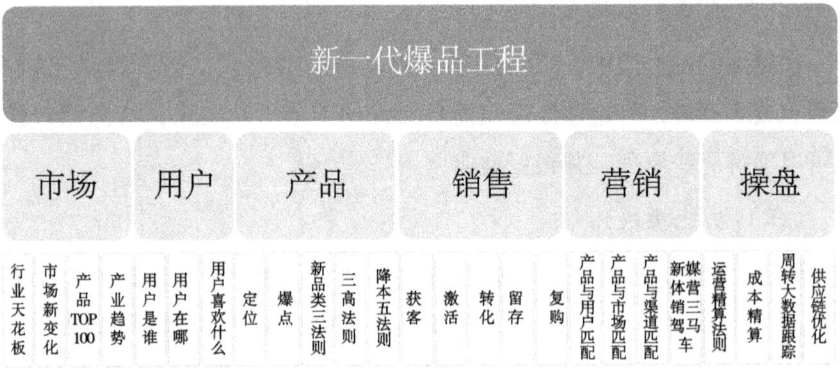

二、新一代爆品工程如何实施

（一）爆品分级

爆品根据产品的影响力以及对公司的重要性，可以进行分级处理，不同的级别配备不同的资源，一般来说，对公司有重大价值的，列为 S 级，公司会投入尽可能多的资源来支持；有些项目对公司很重要，需要各部门协调配合，可以列为 A 级；还有一些项目虽然很重要，但是可能属于尝试性或者部门性质，可以列为 B 级。

当然这种级别不是绝对的，A 级项目未必最后贡献值就比 S 级少，只是在公司投入和项目优先级方面有个初期的预估，毕竟公司资源是有限的。

（二）爆品分类

确定要做爆品的时候，一定要确定属于哪个类型，不同的类型性质不一样，做法也不一样，对团队的要求也不一样。一般将爆品类型分为以下三类。

（1）高流速产品

这类产品属于红海市场，产品品类很成熟，技术和供应链也很成熟。这类产品其实就是拼流速，也就是我们常说的周转速度。对企业来说，一个产品周转越快，竞争力越强。要想周转速度快，一个秘诀就是产品性能、价格都是用户最喜欢的，成交快。

小米电视就是一个高流速产品，智能电视经过几年的发展，本身技术和工艺都非常成熟。小米电视之所以成为爆品，是因为特别关注产品流速。小米电视只做这几款用户最喜欢的机型：32 寸、40 寸、50 寸、55 寸、65 寸，这是用户最喜欢的尺寸前 5 名。同时小米电视价格比一般的电视便宜近 30%，“成熟的技术 + 主流尺寸 + 高性价比”，就成了市面上销量最好的电视。小米电视最快的周转周期曾经达到过 10 天左右，而一般的厂商在 40 天以上。这就是竞争力。

（2）高增长产品

这类产品属于新兴市场，新的技术、新的市场，催生新的产品。这类产品比拼谁的技术好，谁的产品化能力强，谁的速度快。很多新的创新都是在这类产品上实现。创新成为这类产品竞争的关键。

随着物联网和人工智能的兴起，产生了很多新的产品，比如电子门锁、扫地机器人、语音智能音箱等，都是这类产品的代表。用户开始接受这类产品，很多大公司也将资源投入进来，整个市场增长速度非常快，在这个时候，谁的产品创新能力强、推向市场速度快，谁就占有这个市场。小米利用自己庞大的生态链企业，在物联网市场快速推进，2019 年上半年已经有 1.9 亿件设备（除手机外）连上网络，成为全球物联网联网设备最多的公司。

（3）黑科技产品

这类产品比拼的就是技术，技术实力和研发能力成为该类产品的核心竞争力。这类产品的好处是技术门槛高，缺点是出成果慢，需要足够的技术积累。比如最早的无人机市场，大疆的无人遥控以及相关的技术，领先整个行业；早先的 VR 技术，也掌握在少数几家，包括 Ocolus、三星、HTC 等技术公司手里；小米的平衡车技术、扫地机器人激光导航技术，都领先于整个行业，自然也成为该行业的佼佼者。

正因为不同的类型竞争角度不一样，所以做爆品的时候首先需要知道自己处于哪个类型，确定核心优势，才有可能做出爆品。

（三）爆品团队

做爆品一定要有机制保障，爆品是战略，不是战术，需要有团队来执行。这里建议爆品团队不要有太多的人，但是参加的人员必须专业、努力，对爆品工程很了解。具体建议如下。

成员组成：CEO、产品、研发、营销、供应链。

人数：不超过6人。

年龄：除CEO之外最好在40岁以下。

该团队最好直属CEO管理，以便协调公司各部门支持。团员中以产品经理为核心，负责日常爆品工作的推进。在执行过程中，团队可以分工合作，但是重大事项最好所有人投票通过，CEO最终拥有一票否决权。

对爆品团队来说，不仅要对产品负责，还要对整个爆品全过程负责，包括成本、供应链、生产、营销、售后服务等，只有团队对整个过程负责，爆品才能顺利实施，否则很容易出现爆品变样，最终胎死腹中。

在爆品执行过程中，有一点需要特别强调，就是测试过程。做爆品是一个风险很高的事情，降低风险最好的机制就是增加测试环节，小米在做爆品的过程中，采用了软件开发模式，就是采用了“内测＋公测”模式，内测和公测都让一定量的用户参与测试，以保证测试的真实性。而且在测试过程中一旦发现问题，就需要项目暂停，直到解决问题为止，绝不让有重大问题的产品上市。

这是一个非常具有挑战性的程序，尤其是内测或者公测不能通过的时候，要知道团队也好，公司也好，往往为这个产品投入了很多精力和金钱，要是测试不通过就放弃，内心非常舍不得。可是从系统成本来看，如果产品有问题，越早叫停成本越低。小米有很多产品甚至走到公测还被枪毙掉，就是担心产品的问题用户不接受，如果推向市场，对品牌、对用户都是非常不负责任的。所以设置好的测试环节非常重要。

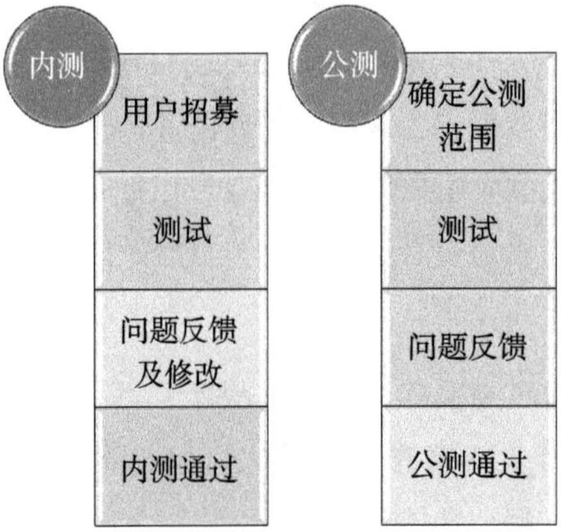

（四）爆品迭代与复盘

一个好的爆品，一定存在迭代与复盘问题，产品上市后，可以理解为产品正式接受市场检验，上市不是产品的结束，而是开始。团队需要持续监测用户对产品的满意度以及各种评价。团队会定期把这些评价汇总，看看产品有哪些问题。在正式复盘的时候，团队就要检讨哪些地方原来做得不错，哪些地方需要改进，以及下一代产品如何迭代。

正是因为有了产品复盘，才能真正知道产品的改进方向，随着产品的不断迭代，产品竞争力就会越来越强，用户最终都会用购买的方式来投票。

（五）爆品实施全过程

一个爆品要能完整实施，首先要对爆品有完整的了解，然后根据情况组建队伍，启动市场调研，找准用户目标。有些产品已经是现成的，就需要根据用户和市场重新对产品进行定义，如果是新产品，就需要进行产品原型设计和定义，并进行研发测试，同时，也需要执行详细的营销计划，最终实现爆品的上市。下图是爆品实施的全流程。

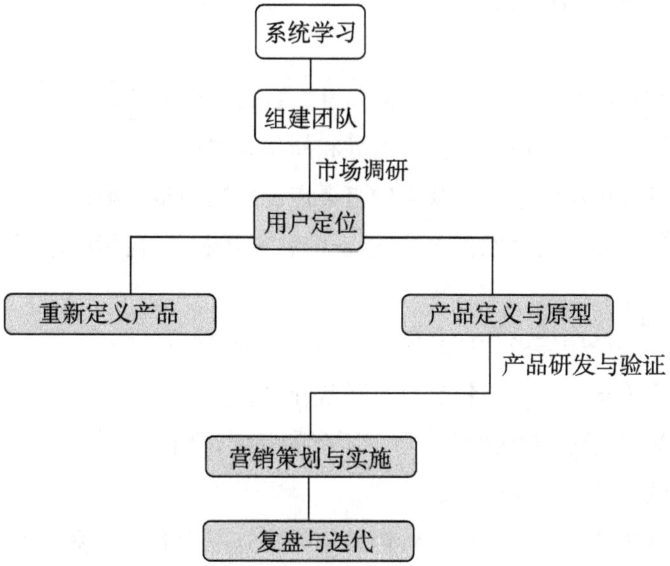

第六章　5V 品牌价值营销理论及应用

第一节　5V 品牌价值营销理论综述

一、中国品牌营销的现状

（一）品牌营销在中国

品牌是一个企业的代名词，品牌的营销关系到企业的生存和商品的生命力。在产品日益同质化的经济社会，要创造一个能够代表企业的产品特色和价值理念的强势品牌，往往要花费几年、几十年，甚至更长的时间。区域经济是中国经济的重要特点之一，中国幅员辽阔、人口众多，区域文化与消费习惯特色鲜明。地方性品牌是中国品牌体系的重要一环，也是中国品牌的起点和基础。地方性品牌是区域经济发展的重要支撑，是助推区域经济跃升发展的重要力量。

品牌营销的现状：

①品牌集群数量增加呈小、散、乱，盲目发展之势；

②缺乏规模性，缺乏规范性引导和品牌意识；

③尤其是中小型企业，缺乏融资渠道，发展举步维艰；

④新版《电子商务法》2019 年正式实施以来，初创型电商企业生存越发困难；

⑤传统的经销体系让商品的流动性进一步降低；

⑥急需流量入口、销售出口、平台开口；

⑦2020 年新冠肺炎疫情改写了所有的商业逻辑，中小企业、成长型企业都面临营销革命与品牌再造。

品牌营销的主体是品牌，营销策划的主体是营销。品牌策划的目的在于让品牌的知名度、美誉度、忠诚度提高，而营销策划的目标是市场销售，也就是所谓的卖货。这两者的出发点导致了两者本质上的区别。

随着Z世代的到来和科技的发展，新媒体营销对新一代用户群体的影响力不断上升。新媒体是继传统媒体之后，在互联网背景下出现的媒体形态，用户从过去被动接受的角色转变为可自主创作的“作者”兼“读者”的身份。

（二）新媒体营销在中国

（1）2019年中国新媒体用户规模稳定增长

2019年，移动社交用户规模达到7.8亿人，同时，短视频和在线直播用户也均保持较快增长势头，为新媒体营销提供了较好的流量基础。

2019年，中国各行业新媒体营销大多数以图文形式为主，艾媒咨询（iiMedia Research）数据显示，2019年全行业新媒体营销广告投放占比中，视频形式投放广告的占比呈上升趋势，较2018年投入占比上升7%，图文形式的广告依旧是新媒体营销广告主要的投放形式，但占比呈下降趋势。

（2）中国新媒体营销主要挑战及问题分析

①营销环境差异性。部分企业忽略了新旧媒体营销环境的差异性，忽视了线上线下消费人群本身的差异性。

②信息透明与品牌安全暗藏漏洞。由于信息不对称，信息贫乏的品牌营销企业在选择营销平台和合作对象时会处于不利的位置，加上数据造假、注水刷量、创意被盗、物料泄露等问题，亦给品牌带来威胁。

③人才匮乏。当前专业的新媒体营销人才仍十分匮乏，且人们对营销的重视程度普遍较低。企业的营销管理人员多为年龄较大的管理者，在工作上可能欠缺创新精神，难以跟上新潮流。

④全球化进程缓慢。企业国际化营销发展缺乏国际营销意识，加上专业的全球化营销人才缺乏，全球化营销进程缓慢。

（3）中国新媒体营销发展趋势展望

①新媒体将是未来营销活动的主阵地，营销比重将继续加大。与传统媒体相比，新媒体双向传播的特点使用户之间互动性更强，便于及时得到效果反馈。在利用新媒体平台进行营销活动时，有助于建立品牌与用户之间的情感联系，有效刺激购买欲望，营销达到的效果也更易于评估。未来新媒体用户规模不断扩大，覆盖用户主要以消费力强劲的中青年群体为

主。新媒体平台潜在的影响力提供了巨大的营销价值，新媒体营销将成为未来营销模式的主流，各行业将继续加大新媒体营销上的投入。

②新媒体营销广告用户接受度逐渐提高，内容真实性和趣味性将成发展要点。新媒体用户对新媒体营销态度更加宽容。随着新媒体的普及和新媒体案例的增多，用户对新媒体营销的接受度逐渐提升。未来，广告内容的趣味性与否或将成为其是否能有效传达产品信息以及触达用户的主要因素。另外，客观性也将成为新媒体营销广告的另一关键点，如何在保留真实性的基础上深耕内容创作将是新媒体营销未来的发展方向。

③5G 助推视频行业发展，短视频或成未来新媒体营销主流。随着 5G 行业的进一步发展，直播行业和短视频行业或将迎来新的发展良机。在新媒体营销方面，视频展示直观全面、即时性、交互性强的特点与企业营销的目的更加契合。同时，大数据以及人工智能技术的进一步应用，视频类营销将实现更高的精准性以及互动性，有效提供营销效果。未来，短视频营销有望进一步得到企业青睐，成为新媒体营销的主流方式。

④新媒体营销行业环境有待净化，数据透明化将促进市场健康发展。数据、流量是衡量营销效果的核心。然而买粉、买赞、刷评论等行为扰乱了营销效果的评估，数据掺水、流量泡沫的存在使营销价值在衡量过程中容易出现偏差。随着科技的发展，数据分析过程已经能够成功识别部分数据造假的情况，推进新媒体营销相关数据公开透明将有利于市场的健康发展。

（三）市场营销的进阶

企业的营销工作是一门科学，先进的营销理念可以帮助企业更好地完成市场业绩，从营销组合策略的角度来讲，市场的营销理论经历了从 P－C－R 的不同阶段。

杰罗姆·麦卡锡（Edmund Jerome McCarthy），美国著名的市场营销学教授和作家，1960 年在其《市场营销概论》一书中首次提出市场营销的 4P 理论。《牛津大辞典》在关于市场营销的解释中将麦卡锡教授尊称为市场营销学领域内创新思想的先驱。很多公司市场营销的基本方法也是基于 4P 基础上产生的。4P 包括产品（Product），价格（Price），地点（或者是分销和渠道）（Place），促销（Promotion）。4P 理论认为，如果一个营销组合过程中包括合适的产品、合适的价格、合适的分销策略和合适的促销政策，那么这个营销的组合就是一个成功的营销组合，也可以顺利实现企业营销的目标。罗伯特·劳特伯恩（Robert Lauterborn），美国著名的市场营销专家，在1990年提出4C理论，进一步细化和完善了传统的营销学理论，其著名的文章是《4P退休，4C登场》。4C包括顾客需求（Customer Needs Want），成本（Cost），便利（Convenience），沟通（Communication）。该理论强调以消费者为中心，从消费者的需求和欲望出发，通过不断投入研发降低成本，通过在消费者需求的前中后进行便捷化服务来提高竞争力。同时，贯穿整个服务周期内的全流程沟通也是很重要的方面。企业应该在沟通中提高对客户服务的能力，达到提高营销技能的目的。4C理论强调产品不再是整个市场营销的核心，而消费者才是。4C理论同时也留有一些遗憾。市场经济很多时候是以竞争为导向，中国的企业营销也是以竞争为导向，这需要企业更多地关注竞争对手，需要冷静地分析自身在竞争中的优势和不足。另外顾客的需求个性化很强，差异性很大，很难做到一劳永逸。

唐·爱德华·舒尔茨（Don Edward Schultz），来自美国西北大学的研究整合市场沟通（Integrated Marketing Communication，IMC）的专家，也被称为整合营销之父，提出了一个理论R，也被称为4R。4R包括关联（Relevance），反应（Reaction），关系（Relationship），回报（Reward）。4R理论提醒我们紧密联系顾客：企业必须通过某些有效的方式在业务、需求等方面与顾客建立关联，形成一种互助、互求、互需的关系，把顾客与企业联系在一起，减少顾客的流失，以此来提高顾客的忠诚度，赢得长期而稳定的市场。要提高对市场的反应速度，多数公司倾向于说给顾客听，却往往忽略了倾听的重要性。在相互渗透、相互影响的市场中，对企业来说最现实的问题不在于如何制订、实施计划和控制，而在于如何及时地倾听顾客的希望、渴望和需求，并及时做出反应来满足顾客的需求。这样才利于市场的发展。要重视与顾客的互动关系，另外回报是营销的源泉。由于营销目标必须注重产出，注重企业在营销活动中的回报，所以企业要满足客户需求，为客户提供价值，不能做无用的事情。一方面，回报是维持市场关系的必要条件；另一方面，追求回报是营销发展的动力，营销的最终价值在于其是否给企业带来短期或长期的收入能力。

4P：一次成功和完整的市场营销活动，意味着以适当的产品（Product）、适当的价格（Price）、适当的渠道（Place）和适当的促销手段（Promotion），将适当的产品和服务投放到特定的市场和客户的行为。4P 理论重视产品导向而非消费者导向，以满足市场需求为目的。

4C：以消费者需求为导向，重新设定了市场营销组合的四个基本要素，即消费者（Consumer）、成本（Cost）、便利（Convenience）和沟通（Communication）。它强调企业首先应该把追求顾客满意放在第一位；其次是努力降低顾客的购买成本，再次要充分注意顾客在购买过程中的便利性，而不是从企业的角度来决定销售渠道和策略，最后应以消费者为中心实施有效的营销沟通。4C 理论以消费者为导向，着重寻找消费者需求，而市场经济还存在竞争导向，企业不仅要看到需求，而且还需要更多地注意竞争对手，冷静地分析自身在竞争中的优劣性并采取相应的策略，才能在激烈的市场竞争中处于不败之地。在 4C 理论的引导下，企业往往被动地适应顾客的需求、往往失去了自己的方向，为被动地满足消费者需求而付出了更大的成本。

4R：不仅仅停留在满足市场需求和追求顾客满意，而是以建立顾客忠诚为最高目标，对 4P 和 4C 理论进行了进一步的发展与补充。4R 理论以关系营销为核心，重在建立顾客忠诚，即关联（Relativity）、反应（Reaction）、关系（Relation）和回报（Retribution）。4R 理论强调企业与顾客在市场变化的动态中应建立长久互动的关系，以防止顾客流失，赢得长期而稳定的市场；面对迅速变化的顾客需求，企业应学会倾听顾客的意见，及时寻找、发现和挖掘顾客的渴望与不满及其可能发生的演变，同时建立快速反应机制以对市场变化做出快速反应；企业与顾客之间应建立长期而稳定的朋友关系，从实现销售转变为实现对顾客的责任与承诺，以维持顾客忠诚；企业应追求市场回报，并将市场回报当作企业进一步发展和保持与市场建立关系的动力与源泉。

从 P－C－R 的不断进化也是市场营销理论学者在不断的实践中摸索出来的，目前还没有放之四海而皆准的通用的市场营销理论，特别是在互联网时代下，如何获得客户、获得流量以及获得回报是新形势下这一代市场营销人所需要进一步思考和总结的。

（四）互联网时代的品牌营销迭代

互联网发展初期，用户获取成本非常低，企业可以通过规模化铺量的营销方式，建立品牌认知，从而实现业务增长。

而据 QuestMobile 数据显示，移动互联网月活用户规模达到 11.38 亿人，基本趋近中国人口总数。整个 2019 年一季度，MAU 增长仅 762 万，相比 2018 年同期的增长幅度下降了 300 余万，2019 年 3 月同比增速更是首次跌破 4%，增长进一步放缓。

2020 年是经济形势更加不确定、流量红利进一步消失、营销竞争日趋激烈的一年，企业的生存环境变得更为复杂与艰难。传统营销日渐失效，简单的轰炸式广告投放方式，让企业营销效率直线下滑，过度营销甚至让企业陷入亏损的窘境。各行各业都在探索新的营销增长动能，破解增长困局。

在流量红利消退、媒介碎片化、用户掌握消费主动权的时代，想要生存和发展，企业必须转向以用户为中心、以增长为导向的全新营销方式，精细、持续化的运营，才能有最大化的营销效率。

企业要维持生存，甚至维持利润收入，就需要不断地增长，增长可以掩盖一切矛盾。一旦增长停止了，流量红利结束了，后流量时代就开始了，市场蛋糕越来越小，越来越不够分，这时候的企业营销，就会变得越来越难。探索品牌营销新方式，打造品牌新动能才是正道。

随着消费升级、产品多元化，“超高的性价比”不再是人们消费时的第一考虑，商品消费已经从纯粹的功能消费转化为心理需求和精神体验，除去基本的需求外，用户更多地会开始考虑这个品牌的文化，这个品牌所传达的精神是不是与自身贴合、是不是要表达的一种生活态度，等等。

因此，打造自有品牌 IP，增强与消费者之间的情感距离必将成为时代趋势。近几年 IP 营销成了最热门词汇，各种热门 IP 层出不穷，甚至展现出跨界合作的商业模式和消费趋势。企业借助 IP 来填充自己的品牌内容，延伸品牌内涵。

品牌 IP 核心特点表现为：有自我独立的故事与人格特质，能够形成兴趣或价值观认可的人群系统，并且能够通过互联网时代的传媒形态实现广泛意义上的传播，引发社会关注与用户参与，产生情感认可并转化为注意力聚焦与市场消费价值达成。

某种意义上说，IP 折射的是一种价值观、是粉丝经济的升级，终极目标要和消费者产生文化与情感上的共鸣。

品牌 IP 化的方法有很多，最简单的就是品牌的形象化、人格化，人格可以说是品牌 IP 的内核，核心 DNA，也是 IP 内容创造与互动的源泉。

IP 人格打造最关键的一点是自带感染力、自带话题和势能。这种势能是潜藏其中的，一经激发就会瞬间引爆。就像一枚炸弹，点燃就能引爆，而一根木头则不然。因为炸弹本身就带有势能，未引爆前只不过是潜藏其中而已。

人格有多大的感染力，IP 就能“长”多大。例如，呆萌的小茗同学重磅推出瓶身上的冷笑话，将“冷泡”的产品概念一冷到底；网易云音乐借用用户乐评，集中刷屏杭州地铁，将“有情怀，有温度”的品牌力量传达给更多用户；还有自带“污”话风、一言不合就浪到飞的杜蕾斯，也俘获了不少用户的心。

可以这么说，消费者越来越重视消费过程中的参与感、体验感和存在感。他们对冷冰冰的品牌不感冒，他们只会爱上跟自己性格标签一致，并且具有高度辨识度的“人”。所以品牌人格化是吸引消费者的前提。

品牌 IP 化说起来简单，做起来可没那么容易，还是要根据企业自身的情况慎重选择。互联网快速发展的时代背景下，打造品牌的 IP，刻不容缓。在这个泛 IP 化时代，每个品牌都在寻找属于自己的 IP 之路，谁掌握了品牌 IP 的机遇，谁就占据了营销迭代的下一个风口。

不仅是品牌 IP 化，企业面临线下渠道的变局和线上平台的基本饱和，各行各业都在绞尽脑汁地探索新的商业突破口，品牌为了获得更大的发展空间和更多的消费者，想尽一切办法，可以说是“八仙过海，各显神通”，不断地更新营销方式和宣传策略。

如今，品牌跨界已然不是什么新奇的事儿了。品牌间深入合作、线下设立快闪店回归实体体验、建立消费者社交沟通……在电商的产品矩阵模型中，新奇特是重要的构成。为了快速适应新的商业环境，其中跨界营销也成为许多品牌的必修课程之一。

“跨界”，顾名思义就是从原来的领域跨到之外的其他领域，利用原有的和新获得的资源，生产新的产品，但仍然保留原有的产品价值观和理念。也可以指一个行业结合另外一个行业，资源互用、优势互补，创造出更多的产品以及服务，以获得更多消费者和更加广阔的消费市场的行为。

2019 年上半年，各行各业跨界营销玩得风生水起。美妆、餐饮、零售品牌纷纷试水跨界营销，品牌跨界从传统到现代，从东方到西方，跨界的风潮越演越烈，仿佛不来一场别具一格的跨界营销就不是紧跟潮流的“好品牌”。对于品牌而言万物皆可跨界，没有做不到，只有想不到，企业也几乎将跨界营销当成攫取消费者眼球的金科玉律。

每一个优秀的品牌，都能比较准确地体现目标消费者的某种特征，但因为特征单一，往往受外界因素的影响也比较多，尤其是当出现类似的竞争品牌时，这种外部因素的干扰更为明显。而一旦找到了一个互补性的品牌，且通过多方面对目标群体特征的诠释，就可以形成整体的品牌印象，产生更具张力的品牌联想。互补性品牌之间，也更容易产生品牌联想。跨界营销的本质是解决品牌现阶段的问题、品牌年轻化的问题，可能是用户量的问题，也可能是应用场景不足的问题。当一个品牌或产品难以满足客户的闭环需求，就需要引入跨界合作伙伴提升用户体验，获取更多有价值的用户。

通过跨界让原本毫无相干的元素，相互渗透、相互融合，发挥不同类别品牌的协同效应，给用户带来新鲜的体验，也让品牌内涵更加丰富，达到 1 +1 >2 的效果。

品牌跨界营销要做到真正的有效果，占据消费者心智，甚至是颠覆性的创新，往往需要品牌在创新当中，采用某种截然不同的思维、做法，而不是细枝末节的修修补补。要达到这个目的，需要的最简单、最有力的思维，就是跨界思维。

除了新颖独特的营销方式外，在智能营销时代，数据与技术也是营销的底层燃料与核心驱动力。因此，后流量时代，品牌在营销方面要更加注重用户数据一体化运营。

营销大师麦肯锡说过：“数据，已经渗透到当今每一个行业和业务职能领域，成为重要的生产因素。人们对于海量数据的挖掘和运用，预示着新一波生产率增长和消费者盈余浪潮的到来。”

任何大数据只要妥善运用都可以成为商机，甚至成为下一个风口。尤其是在营销和品牌推广中，数据的重要性更是日渐显著，用户数据一体化运营成为企业主的核心关注点，根据不同用户特征、形象，形成的大数据个性化创意市场正在飞速发展。

信息爆炸的时代，用户注意力极度分散，过量信息的碎片化、去中心化让传播穿透难度加大，通过大数据赋能，品牌能够实现从用户洞察、人群画像、需求识别，到精准触达、定制化创意、转化承接、价值评估、用户生命周期管理，整个营销全链条的效能提升。

因此，通过大数据采集以及大数据技术的分析与预测能力，能够使广告投放更加精准有效，给品牌企业带来更高的投资回报率。

营销的平台和外延被打破，让企业有了更为多元的选择，也让品牌自带流量的能力显得尤为迫切。

营销的关键从来都不是“卖”的问题，而是“买”的问题。简言之，消费者才是品牌营销的关键。营销以消费者需求为中心，通过满足消费者需求而实现企业获取利润的目标。

因此，在保证产品优质的基础上，品牌要把精力集中在消费者的身上。所以，用户体验很重要，让消费者真真切切地享受到产品带来的完美体验，同时主动地宣传产品，消费者体验到的好，那才是真正的好。

流量之争是商业中永恒的主题，但归根结底还是要考虑用户需求。无论社会发展到什么时候，无论市场竞争如何激烈，用户就是流量，流量就是增长，这都是无法改变的。所以，流量消失也好，后流量时代也罢，用户始终是品牌营销的关键。

二、5V 品牌价值营销理论

（一）5V 品牌价值营销理论概念

5V 品牌价值营销理论中的 V 是 Value，即价值的首写字母，由核心价值（Core Value）、延伸价值（Extended Value）、形式价值（External Value）、渠道价值（Channel Value）、体验价值（Experience Value）构成 5V 价值，由以上 5V 价值体系构成的品牌营销理论简称 5V 品牌价值营销理论。

（二）什么是价值营销

价值营销（Value Marketing）是企业对抗价格战的出路，是企业营销有别于内容营销的差异化主张，也是企业真正成功的关键所在。价值营销是相对于价格营销和形式化的内容营销而提出的，“价值营销”不同于“价格营销”“内容营销”，它通过塑造、挖掘、激活、强化品牌的各个维度的价值，通过价值的固化反哺产品和品牌带来极致的用户体验，也就是向顾客提供最有价值的产品与增值服务，真正地满足消费者的第一痛点，创造出全新的营销体系，在市场竞争中将优势转为胜势。

（三）什么是成果营销

所谓的成果营销是相对于过程营销而言的，成果营销是以终为始的营销逻辑，过程营销不为结果负责，而成果营销是以可类比个案及营销标的阶段性营销效果为依据而展开的以达成可实现目标为目的的营销活动，设定目标之后以倒排节点的方式按阶段实施过程管理，并进一步修正方案，利用相关工具、手法以及可整合的资源为实现目标所用，最终实现预定的目标。

第二节　5V品牌价值营销理论之核心价值

一、什么是核心价值

核心价值是5V之首，即价值源泉，人无我有、人有我优，做极致。核心价值，在5V价值体系中居于核心地位，起主导作用并不可复制。

（一）核心价值的提炼

虽然现代社会是一个价值多元化的时代，也是一个相互依赖、联系紧密的时代，但更是一个需要强化自我、彰显自我的核心价值时代。在运用5V价值营销理论时，往往通过对营销目标或者品牌进行价值梳理之后，提炼出核心概念形成核心价值，核心价值的表现形式是多样性的，有的品牌是通过品牌符号，有的品牌是通过一句口号（slogan），有的品牌是通过一种内在的典型要素提炼出核心价值。

（二）核心价值与IP的关系

核心价值的形成将助推品牌核心竞争力，同时建立品牌的标识能力即

IP 能力。核心价值的形成即 IP 能力的创造，通过市场分析与调研（PEST 四情分析）、竞品分析、消费者洞察，提炼出品牌的核心价值，即形成品牌独有的 IP，将 IP 基因化、符号化、口号（slogan）化概括，形成对客户第一印象的感染力，即创造 IP 能力。

二、核心价值如何反哺品牌

（一）核心价值对品牌的作用

核心价值是品牌资产的主体部分，它让消费者明确、清晰地识别并记住品牌的利益点与个性，即占据消费者心智、满足消费者第一痛点的关键因素，更是驱动消费者认同的主要力量。传递品牌核心价值是一个营销传播活动的原点，品牌营销活动都是基于对品牌核心价值的体现与演绎，并在过程中不断强化。

（二）核心价值如何固化

核心价值的凸显能够帮助品牌迅速占据消费者心智，核心价值的形式可以通过各种方式进行固化。首先，可通过 logo 或者其他元素或者平面表现形式进行视觉固化；其次，可以通过口号化的形式进行听觉固化；最后，就是通过嗅觉、味觉和触觉等符号进行核心价值的固化。

三、核心价值的应用

（一）核心价值的应用场景

我们所说的应用场景即品牌产品被使用的时候最可能所处的场合。场景可以是时间、空间、设备支持、社交及用户情绪等多个方面。核心价值往往在合适的应用场景出现，既可以增加消费者品牌印象，又可能提升流量转化率。如售楼处的沙盘，就是核心价值通过视觉复合传达给目标客户的最佳应用场景；火锅店门口醒目的加多宝大堆头加上显示屏幕中的“怕上火，现在喝加多宝”的视频播放。这些都是核心价值的最佳应用场景。

（二）经典案例：极麓鹿胶糕

说到鹿产品我们就不得不提到辽宁省铁岭市的西丰县，西丰县是中国梅花鹿之乡，西丰还是清朝的皇家围场也就是盛京围场。因此，在极麓牌鹿胶糕品牌定位过程中，首先商标注册之际就将核心价值的挖掘放在重要的位置："极为登峰造极即匠心的最高境界"；还有就是皇太极，清朝最高统治者，寓意尊贵；再者就是极天际地，直达天边、遍及大地，形容广大无边，即以健康品牌造福于民的信心。麓，采用象形手法即林间小鹿，寓意长白山下盛京围场的独有环境。这样的核心价值的定位不可复制，在后续品牌价值锚确定之际，将"国民营养好鹿胶"作为主口号（slogan），并将这个元素作为一个固化符号镶嵌于包装的核心位置，并进行版权注册，这样一来极麓牌鹿胶糕在整个品牌核心价值的挖掘与再造过程中就得以实现。

第三节　5V品牌价值营销理论之延伸价值

一、什么是延伸价值

延伸价值即5V品牌营销价值的柔性张力，即通过对产品之外的文化、故事的挖掘，形成品牌占据消费者心智的情感能力。

（一）延伸价值的挖掘

延伸价值的丰富即情感能力的凸显，对品牌延伸价值的挖掘必须深入了解产品纵向的发展历程与背景，以及盘点产品横向的文脉、史脉和相关的典故与文献记载，最后形成延伸价值概念。延伸价值的挖掘其实是品牌寻根的过程，延伸价值挖掘、再造其实就是品牌根植土壤的过程，这样的品牌才能基业长青、枝繁叶茂。

（二）延伸价值与品牌故事

延伸价值是产品的软实力，也是满足消费者精神诉求的关键要素，通过跳出工厂看产品、跳出产品看文化的整个过程，让我们深知产品不是孤立的，只有赋予地缘基因与背后的故事，才能让"她"具有强大的生命力与市场竞争力，铁打的文化流水的产品，产品本身是满足消费者物质层面的诉求，而背后的文化与故事才能直击消费者的精神层面的共情，提炼出产品背后的故事，才能形成品牌占据消费者心智的情感能力。

二、延伸价值如何丰富品牌

（一）延伸价值对品牌的作用

延伸价值对品牌的作用是显而易见的：①增加品牌的辨识度，区别对手，有助于消费者识别产品的来源；②增加品牌价格支撑，获得更多利润，同时保持品牌价格的稳定性；③增加品牌的竞争力（文化、故事支撑的竞争优势是很难被改变和撼动的）；④帮助品牌增加消费者黏性，强化粉丝的偏爱，增加信任；⑤有助于品牌新品的市场拓展，降低新品的拓展成本与市场风险；⑥有助于品牌推广过程中的资源整合，获得更多资源的加持；⑦增加品牌对渠道的吸附力，在渠道对品牌选择的过程中，往往同类产品中具有品牌故事的产品，即延伸价值丰富的产品将更容易获得渠道的信赖和认可；⑧可以延长品牌的生命周期；⑨提升品牌无形资产，对品牌实物资产进行有效补充。

（二）延伸价值如何占据消费者心智

品牌延伸价值在向消费者传播过程中往往通过以下维度来实现占据消费者心智的目标：首先，通过文字、图像、音频以及视频传递给消费者的品牌故事，都需要满足消费者的第一需求，也就是明确消费者购买产品可以获得的利益与回报，这种利益与回报与消费者的需求越吻合，占据消费者心智的概率就越大；其次，延伸价值对于品牌的加持，可以增加品牌的独特性和辨识度，与竞争品牌形成有效差异，这样的品牌更能获得消费者认可，即占据消费者心智。

（三）延伸价值如何助力品牌情感能力

品牌或者产品本身是刚性的，而品牌背后的故事是有血有肉的、是富有情感的，延伸价值的形成将品牌的张力进一步放大，进而增加消费者与品牌的有效共鸣，即在品牌传播过程中凸显延伸价值的同时增加了品牌的情感能力，让更多的消费者认同品牌，增加品牌黏性，产生更多复购。

三、延伸价值的应用

（一）延伸价值的应用场景

延伸价值是通过展示和传播品牌或者产品背后的故事来增加消费者对

产品的共鸣，如褚橙的延伸价值是讲述了褚时健老当益壮的故事，他曾经掌舵的玉溪卷烟厂常年位居亚洲第一，红塔山品牌更是中国名牌香烟，他也被称为“亚洲烟草大王”。而让世人更为敬重的是，经历过人生低谷的他，在74岁时的高龄重新出发，以耄耋之躯创立了个人品牌“褚橙”，实现了从“烟王”向“橙王”的转变，将其他千千万万的橙子甩出了不知几条街……诸多的消费者听到了褚时健老人家励志的故事，对于褚橙品牌的认可直接带来了年销售上万吨的销量。再如，海尔品牌的延伸价值可以追溯到1985年，张瑞敏收到一封用户来信，信里说厂里电冰箱的质量有问题。张瑞敏立马带人检查了仓库，发现仓库里的400多台冰箱竟然有76台不合格。当时跟干部商量如何处置，有人说，冰箱只是外部划伤，便宜点儿卖给工人。那时候，一块钱能买十斤白菜、一斤多花生油、六两猪肉，而一台冰箱两千多元，是一个工人三年多的工资。就算这样，冰箱依然供不应求，抢都抢不上。而张瑞敏却在全体员工大会上宣布，要把这76台不合格的冰箱全部砸掉，而且要生产冰箱的人亲自砸。张瑞敏说：“过去大家没有质量意识，所以出了这起质量事故，这是我的责任。这次我的工资全部扣掉一分不拿，今后再出现质量问题就是你们的责任，谁出质量问题就扣谁的工资。”张瑞敏此举为的是提高员工质量意识，传递一种海尔冰箱零缺陷无质量问题的理念。海尔通过在品牌传播中恰到好处地应用延伸价值，创立了海尔冰箱的销售神话。

（二）经典案例：乐陵小枣——枣潮

在山东德州乐陵金丝小枣的枣潮品牌的策划中，为了让该品牌能够与竞品形成差异化，突破口恰恰就是从品牌的延伸价值塑造入手，在查阅历史资料中发现乐陵金丝小枣有以下历史记载与荣誉：北魏贾思勰所著《齐民要术》中，“青州有乐氏枣，丰肌细核，膏多肥美，为天下第一”。乾隆皇帝曾在此品枣，对小枣赞不绝口，提笔写下“枣王”二字。如今，在乐陵30万亩枣林内，仅像“枣王树”这样有着千年以上树龄的古枣树就有千余株，百年以上古树更是不计其数。史料证明乐陵是金丝小枣原产地，已有2000多年的栽培历史，有“中国金丝小枣之乡”“百里枣乡”之称。获得国家质检总局批准的“乐陵小枣原产地域保护标志”“乐陵小枣”证明商标，成为“国家级金丝小枣标准化生产示范区”。在枣潮品牌塑造过程中，消费者通过品牌延伸价值的传递，获得了该品牌背后的故事，在首购该产品的同时有了前往枣林深入了解品牌背后故事的意愿，这样一来延伸价值的传递让产品销售、产品体验与产地旅游一体化的品牌营销模式逐渐形成，枣潮的品牌文化得以传播，产品复购有了保障。

第四节　5V 品牌价值营销理论之形式价值

一、什么是形式价值

形式价值即 5V 品牌颜值价值，5V 的具体表现形式通过对产品包装、造型、符号等视觉要素的塑造，形成品牌的眼球吸引能力。

（一）形式价值的塑造

形式价值的打造即产品眼球吸引能力的放大。随着人们物质水平的提升，人们除了对物质自身的满足之外，对产品的形式价值即颜值的认同感越来越强，即产品包装、海报等物料道具的符号感、现代感和时尚感具有很明显的带入感。形式价值可以直接向消费者表达产品与品牌的特性，产品的形式价值不仅要满足人们审美观，更要符合时代的潮流。现代感主要是由人们的生活水平和消费审美观念来综合决定的。同时我们在接受新的事物时也不能忘掉传统的元素，比如具有民族代表性的图案以及民族特色的文字。这些元素在产品包装、造型、视觉符号中得以体现都会给消费者带来视觉上的美感与情感联系。

（二）形式价值与品牌颜值

在互联网信息化时代产品始于颜值终于品质的逻辑越发被证实，品牌颜值的消费特别是 2C 渠道所占渠道的比例在逐步上升，往往根据诸多产品包含产品包装在内的诸多形象表现形式与渠道的匹配性以及视觉冲击力进行综合分析和考量，形成新的产品形象及表现形式之后，让产品从纷繁复杂的竞品中跳出来，让品牌真正形成全新的眼球吸引能力，品牌颜值的提升直接让产品眼球吸引能力得以迅速提升，带来的是顾客的回头率和认购率。

（三）品牌颜值在各个渠道的重要性

这是一个看“脸”的时代，品牌与产品也不例外，当一款产品品质足以满足消费者第一痛点的时候，好的产品颜值就更能加持产品整体竞争力了！在同质化的时代，人们不仅仅满足于产品功能上的需求，更追求一种符合时代特征的产品体验，而品牌颜值往往是吸引消费者的第一步，不管是传统渠道还是专卖店，抑或是直播电商平台面对的消费者，尤其是现在的年轻人跟很多“60后”“70后”已经大有不同，显得更加坦率直接、个性分明，购买产品大多先看“脸”，产品越中看、档次越高、颜值够靓，越容易让客户获得更多优越感，就往往越容易吸引客户。

二、形式价值如何加持品牌

（一）形式价值对于品牌的作用

形式价值的品位源自产品的综合定位，形式价值不仅要考虑消费者对物质的需求，更要满足消费者深层次的心理要求。针对自己的消费群体，树立自己的品牌，扩大消费渠道，这样才能使商品的销路更广。品牌的形式价值必须具有一定的文化性、大众性、适用性、观赏性、引导性，这样才能引起消费者的购买欲望，更好地为消费群体提供增值服务，为品牌带来忠实的粉丝，为企业带来经济价值。

（二）形式价值如何赋能品牌眼球吸引能力

很明显，亮丽的产品包装设计、视觉效果好的品牌推广风格以其出众的视觉识别力所形成的感官高度评判，会帮助我们的商品从众多竞品中脱颖而出，使消费者留意、停顿、观察、赞赏并产生购买行为，这就是形式价值的作用力。而形式价值的形成需要有理智的思考与消费者精准诉求的判断，否则只靠外在的感官形式价值对品牌来讲形成不了有效的眼球吸引能力。因此，在塑造固定的形式价值之前有必要进行深入思考，只有弄清楚形式价值对产品与品牌的真实作用，并重点兼顾消费者的主流诉求，才能塑造出真实有效的形式价值，创造出风格鲜明的品牌眼球吸引能力。

三、形式价值的应用

（一）形式价值的应用场景

应用场景伴随着新零售概念的提出而被提及与重视，新零售概念超市、无人货柜、无人超市、智能超市等新的零售渠道不断涌现，在大数据的应用下，渠道裂变与有效应用场景双轮驱动成为新零售的关键词。在市场运营过程中我们深深地感到：无论是产品包装升级还是体验升级，我们总也绕不开“应用场景”这个魔性热词。“应用场景”到底有什么魔力？这几年成为热搜词。应用场景是一个有情景的空间，让顾客在特定的时间、场景、价值感下消费产品，对应的不再是大众必需品，而是与精准目标客户的情感连接。现在要满足消费者第一痛点的不再是商品品质本身，而是情感需要。基于新零售“产品升级、体验升级、服务升级”的背景，未来一定会有更丰富、更精细的消费场景与应用场景被同步开发出来，以满足消费者的个性化需求。如何推动场景和更多符合消费观的产品，即产品的形式价值如何出现和发挥作用，是新时代—新零售—新营销的基本功。随着盒马鲜生、苏鲜生、超级物种等参与者进入跨界超市场景，零售界逐渐出现了居然之家等跨界玩家，未来细分场景门店的参与者会越来越多。从形式价值形成的角度诠释即是：形式价值的定位与塑造者必须真正设身处地站在消费者的角度思考，在充分了解消费者特质的基础上，明白他们的痛点是什么？需求是什么？情感诉求是什么？再以视觉表达为他们来解决和实现产品的形式价值。一个品牌之所以有魅力，往往在于展现出的细节感，能把自己打造得很美、很有格调、很有故事，产生联想，这样的形式价值才会形成真正的品牌加持。形式价值的意义则在于：通过好的且恰当的包装、平面表现、视觉要素在应用场景的恰到好处地出现，让消费者走近产品、了解产品、购买产品。应用场景将让产品具备更多的社交属性，形式价值让品牌具备更多的观赏性、故事性、话题性。

（二）经典案例：环宇富硒——犟酱

形式价值作为品牌与产品化妆推手，在青海环宇富硒的犟酱产品中更加得以凸显。在2017年中国青海·海东平安高原富硒产业招商引资暨产品推介会上，环宇富硒的犟酱牦牛酱以惊艳的形式价值的展示方式，通过产品包装、形象展示、产品造型、主题 slogan 等核心元素的传递，让环宇富硒集团在这次招商会上脱颖而出，政府人员、全国媒体、全国渠道方代表、投行专家、消费者无不竖起大拇指。在后续的产品营销中把环宇富硒作为重点企业进行扶持，对犟酱牦牛酱产品进行快递补贴拉动整体销售，而消费者在被产品颜值深深吸引的同时，因为产品品质过硬，复购率居高不下，粉丝黏性得以强化，形式价值对品牌的加持充分凸显。

第五节　5V品牌价值营销理论之渠道价值

一、什么是渠道价值

渠道价值是5V品牌营销理论的市场博弈先手，通过对销售渠道与推广渠道的整合、优化、匹配，形成双渠合一即销售与推广的高度融合，让产品好卖、让企业值钱，形成品牌的溢价能力，渠道价值的彰显即溢价能力的提升。

（一）渠道价值的整合

渠道是企业经营系统的组成部分，是连接品牌与市场的桥梁，是沟通产品与顾客的载体，是企业开拓和占领消费市场的关键所在，对提高消费转化率起着关键作用，更是企业赖以生存的土壤，也是保持产品周转率、提升品牌竞争能力、强化经营安全等维度的重要参考指标。通过渠道价值链和渠道网格化分析，渠道价值就是渠道在企业的价值链和价值网中所创造的增值与溢价。具体而言，渠道价值是渠道功能和作用有效发挥之后给企业带来的未来现金流入增加额的现值，也是产品营销过程中实现导流、截流、回流与现金流的关键要素。渠道价值可以从三个维度进行考察：财务价值、经济价值和能力价值。财务价值是基于账面数字，对渠道的显性价值所做出的估算；经济价值是在会计账面价值估算的基础上，加入渠道隐性价值所做出的估算；能力价值则是通过一些效率指标的评估和测试，对渠道会计账面价值和经济价值的评估结果进行分析，以此为基础对渠道价值的提升提供策略和建议。从企业管理和价值创造的角度出发，我们应该更关注渠道的经济价值和能力价值。总之，渠道价值的整合就是通过集聚渠道功能和作用的有效发挥，给企业带来现金流入增量的现值，渠道价值会随着渠道功能和作用发挥状态的不同而发生重大变化，有效驾驭渠道价值的影响因素并进行合理调控与布局，有助于提升企业提质、增效、降本的运营水平。

（二）销售渠道与推广渠道

销售渠道即品牌与产品营销的抓手，推广渠道即品牌与产品营销的推手，产品对渠道的选择就像是鱼对水的选择，渠道对一切都对，渠道错全盘皆输。如果目标品牌的销售渠道为主流全渠道，那首先应根据产品综合数据分析选择匹配度高的渠道，以主流销售渠道背书，反哺其他渠道的销售；渠道销售的同时即刻形成形象传播与客户导流，这种渠道价值的凸显是中小型生产企业的高性价比的新品营销法则，这样一来，让产品好卖、让企业值钱，品牌溢价能力得以提升。

（三）主流推广渠道与媒体矩阵

产品渠道定位与适配后需要选择最高性价比的推广渠道与消费者交互，随着时代的发展，互联网思维越来越成为主流，因此主流媒体矩阵与推广渠道也随之发生变化，传统媒体和新兴媒体的地位正在发生一场攻守易势的大变革。通过精准的市场定位、产品定位、品牌定位、竞争定位、目标客户定位、价格定位后选择最适合的推广渠道组合是品牌市场推广成功的关键。推广渠道按属性可分为付费渠道、自媒体渠道、口碑渠道；按广告载体可分为线上推广渠道、媒体推广渠道、户外推广渠道、社会化推广渠道（微信：公众号、小程序、朋友圈；微博：微博大号、粉丝通、话题排行榜；社群：各类社群组织）、App 推广渠道（应用市场、联盟广告、预装、超级 App）、BD 联盟推广渠道（协会联盟、异业联盟、校园联盟、媒体联盟）。自媒体渠道又分为官方渠道，社群渠道；口碑渠道又分为名人渠道（大 V、明星、KOL、头部网红）、媒体渠道、粉丝渠道；推广渠道可分为传统媒介渠道、户外推广渠道等，如电视广告（央视、卫视，可以是硬广告、访谈、独家赞助或者公益植入）、报纸广告（《人民日报》《南方周末》《南方都市报》等）、杂志广告（汽车、财经、旅游杂志等）、户外广告（分众广告、地铁广告、公交广告、火车站、飞机场、电影院、高速路牌、广场液晶屏、T 类展示广告等）。

（四）新零售下的全渠道与供应链整合

新零售时代，全渠道供应链形成“产品 + 服务”供应链模式，产生供应链生态系统，并向产销一体化与智能化方向发展。由此，立足于线上线下渠道与各个供应链主体之间的场、货、人三个维度，构建新零售背景下全渠道供应链整合新型模式。新零售背景下全渠道供应链整合新型模式结构，主要包括商品供应方（采购）、企业内部商品流动（配送）与需求方（销售与顾客）三个部分。一条完整的供应链由相互联系的节点企业构成，从原材料供应商到满足客户需求，主要以制造商为核心，上游完成商品采购，下游对接商品销售。其中，下游供应链运转主要分为两个方面：一方面，制造商将商品交由分销商，分销商按照批零方式，对接零售商，零售商可通过对接其他零售企业配送中心，进行线上线下双渠道配送，也可直接进行商品售卖；另一方面，制造商与分销商直接将商品传递于供应商，商品经由零售企业配送中心，通过线上与线下渠道，完成商品销售。在新零售驱动作用下，通过全渠道供应链整合，形成供应商、制造商、分销商与零售商之间联动格局，线上线下双渠道互补，最终实现供应链一体化运营。

在全渠道供应链整合新型模式下，主要可以实现以下三个方面的整合。

第一，全渠道物流资源与零售终端整合。在新模式下，当零售终端接收到客户需求后，后台供应链直接做出相应反馈，及时将商品配送到客户手中，实现全渠道物流资源重组与整合。同时，新零售的出现，打破原有边界，促进线上线下渠道联动。在全渠道供应链整合新模式下，零售终端不再局限于商品陈列与售卖，更多的是以客户体验服务为核心，构建多元场景，以此提高客户满意度。在全渠道零售终端借助大数据、互联网、人工智能与移动支付等相关科技，实现线下与线上零售终端整合，消除零售服务中渠道壁垒，更好地契合客户需求。

第二，全渠道采购策略与数据资源整合。对于渠道商而言，全渠道供应链中的采购策略整合极具价值。在全渠道供应链整合新模式下，渠道商基于客户消费与生活方式，获取相应数据，实现商品采购 sku 精选化与精准化，有利于降低库存成本。通过整合采购策略，还可扩大商品采购规模。制造商与零售商可直接实现对话，大幅缩减中间环节，实现供应链扁平化管理。同时，该新模式通过全链条数字化运行，通过建立以客户为核心的数据资源体系，消除行业间数据产生、获取、存储、流转与分析等方面的壁垒，更好地帮助渠道成员获取客户需求数据，以需定产，柔性制造，有效满足客户多元化诉求。通过整合全渠道数字资源，形成线上、线下全渠道零售终端的信息化与数字化，打通商品流通信息，实现全渠道数据资源动态共享。

第三，全渠道营销策略与客户需求整合。新零售探求全渠道供应链无边界营销，且营销内容不仅局限于产品，更多的是关注客户体验与服务。随着粉丝经济与体验式营销时代的到来，全渠道供应链通过构建无边界营销网络，协同与整合线上线下双渠道营销策略。通过发挥互联网络与线下实体店的营销优势，为客户提供多维度、立体化式体验服务，实现由渠道营销逆向驱动供应链运营。同时，在全渠道供应链新模式中，围绕客户特征、消费行为与服务需求等信息，通过对全渠道服务资源进行动态布局与整合，将客户需求数据高度扁平化，促使零售商充分了解客户真实需求。进而能够进行精准采购与柔性生产，为客户提供个性化与定制化产品与服务。

二、渠道价值如何拉升品牌

（一）渠道价值对品牌的作用

在经济竞争中，人们越来越认识到渠道价值对品牌的重要性，销售渠道是企业最重要的资产之一，同时也是对品牌加持变数最大的资产，推广渠道是品牌的重要资产之一，品牌曝光率取决于推广渠道的适配与流量的交互密度，也就是流量入口的效率。因为只有在消费者的销售转化中才能树立起品牌良好的形象，同时，只有销售业绩好的品牌产品才能赢得更多营销渠道合作伙伴的支持，才能通过与渠道合作伙伴的共同努力使产品向更广泛的消费群体渗透。

（二）渠道价值如何优化

渠道如何发挥价值是一个需要综合考虑的问题，比如产品、消费者、资金等问题。渠道按属性可以分为销售渠道与推广渠道，按销售环节可以分为直接渠道和间接渠道。传统销售阶段在相对垂直的产品领域有能力的企业与品牌都会选择直接渠道去售卖，因为直接对接消费者，便于沟通过程中存在的问题和及时改进，也会省去一些渠道费用。但是，每种渠道也各有各的特点。直接渠道是企业直接面向消费者的渠道模式，可以通过自建相关的直接售卖渠道，比如线下的店面和商超、线上的网店等。间接渠道是企业不直接面向消费人群，而是通过渠道商或者平台与消费者交互，如何优化渠道价值是企业需要重点考量的问题。

①从品牌的市场定位入手，找准品牌的切入点，分析这种定位会有哪些渠道与之匹配，且能充分体现品牌的这种定位。定位走的是高端、中端还是低端产品，哪些渠道能更好地适应品牌定位，这是渠道价值优化的基础。

②产品的价格定位，决定了企业应该选择什么样的营销渠道来渗透，如何才能有效地贯彻执行价格杠杆，确保产品的价格执行力度，如何才能最大力度挖掘产品的价格优势，如何有效调节产品价格的竞争力，这取决于渠道的属性。如头部网红的带货，所考量的是引流，这样才能发挥头部网红给企业引流的效果。

③产品组合的特色与优质，也是确定选择何种营销渠道的关键。产品线的长短与特色，将决定营销渠道是否可以满足产品在该渠道的投放，是否完全能展示产品特色风格，是否可以体现产品自身的优势所在。

④品牌发展导入期，可以建立以宣传推广品牌为主体的营销渠道。这要求以能扩大品牌的知名度与市场占有率为前提。

⑤品牌发展提升期，即品牌相对稳定，市场份额也相对波动不大，营销渠道也相对稳定。这期间要求营销渠道以质量为首要标准。

⑥品牌在衰退期，市场正在萎缩中，营销网点相对数量降低，渠道应做相应的调整，以能获得最后的品牌利润的渠道为核心渠道。

（三）渠道价值如何形成品牌溢价能力

如何通过渠道价值创造出品牌溢价的能力？核心方法就是从消费者心智挖掘出发，先为品牌规划出一个独特区隔、能打动目标消费群内心的品牌核心价值，这种品牌核心价值就是建立在目标消费群心智中的独特区隔的能打动消费者内心的联想与认知，而这种联想是稀缺的联想。然后围绕这个品牌核心价值打造品牌识别体系，进行整合营销传播，找准目标消费群体的具有代表性的销售渠道，进行流量集中导入与转化，形成现象与话题，通过主流渠道打造成主流爆品，一旦形成之后，以主流渠道的流量与市场表现支撑产品的销售价格与持续的溢价能力。

三、渠道价值的应用

（一）渠道价值的应用场景

通过主流渠道销售的大数据分析有效凸显主流渠道价值，渠道价值通过大数据精细化的诠释，对企业内部流程化管理、产品矩阵梳理、目标客户画像、营销手段优化、供应链整合等具有强大的驱动与反哺作用。渠道价值在渠道拓展、产品招商等第三方合作谈判当中诸多应用场景中的作用都不可忽视。

（二）经典案例：江小白

江小白给小瓶酒带来一股清流，开创了白酒营销的新模式。江小白贵在突破传统行业的营销手段，重新审视行业、市场生态，从品牌价值、用户体验、传播手段、商业模式方面创新，以“互联网思维”来打造品牌，以销售即推广的双渠道合一思路运营品牌，用线上思维深耕线下餐饮渠道，以主流渠道的夯实反哺全渠道的经典手法。

①简单专注，专注于特定人群和市场，把简单做到极致。

②用户至上，互动连接，一切以消费者利益为上，提供让用户尖叫的产品，鼓励消费者参与表达，以此积累用户。

③充分利用社交化媒体进行传播，内容要围绕消费者生活方式，紧扣社会热点发掘传播点，让传播成为大众流行事件。江小白于 2012 年 12 月 21 日举办了第一届约酒大会，并将每年 12 月 21 日定为江小白粉丝的同城约酒日，这个活动是江小白最重视的常规活动，高管团队基本都会参与其中。2015 年作为国际调酒师大赛唯一高粱酒品牌入选鸡尾酒预调酒比赛用酒。2016 年在重庆、成都、长沙、武汉四地陆续举办江小白 YOLO 音乐现场。2017 年，参加各类鉴酒大赛，冠名体育赛事，等等。除了线下活动，江小白在创立之初主要利用新浪微博为主打媒体，结为战略合作伙伴，诙谐幽默的文案收获不少粉丝。后续也充分运用社交媒体，利用网络大 V、草根大号进行宣传。这种营销活动成本较低，更多的则是消费者自发主动地再传播。江小白还赞助过不少电影、电视剧，如电影《火锅英雄》《港囧》《匆匆那年》《致青春》，电视剧《北上广依然相信爱情》《好先生》

《小别离》《从你的全世界路过》等描述年轻人现代生活的作品，非常符合江小白文艺、时尚、青春的品牌定位。

第六节　5V 品牌价值营销理论之体验价值

一、什么是体验价值

体验价值是5V 品牌营销理论的客户链接器，关注顾客触点，解决客户痛点，营造现场仪式感，形成品牌的场景能力。体验，就是企业以服务为舞台，以商品为道具，围绕消费者创造出值得回忆的活动。具体地说，就是在消费全程中设置一些体验性细节，更加人性化、生动化、体贴化，使产品的概念得以充分地扩散，以在传播的强度和深度上感染目标人群。体验价值是指顾客从企业提供的产品或服务中所体味到的源于内心感受的价值。体验价值是服务价值的一种延伸，是一种发自内心的精神满足，并能形成深刻记忆或产生美好回味。

（一）如何提升产品的客户体验价值

首先，强化产品满足客户第一需求的社会价值，即通过消费行为让客户获得的归属感、关爱等心理需要体验价值。如周末或者假期与家人或亲戚朋友一起外出休闲度假，需要发生交通、饮食、住宿及景点门票等消费，这些消费的目的不单是到达目的地、吃饱、找个地方睡觉等，更多的是获得一种体验，获得一种与家人或亲戚朋友在一起的归属感、关爱或友情等心理需要的满足。其次，在产品消费过程中，让客户获得应有的尊重，也就是打造尊重需要价值。尊重需要价值是指顾客通过消费行为所获得的自我尊重、知名度、社会地位等心理需要体验价值。在基本的物质需要和关爱需要得到满足的情况下，人们都希望获得一定的社会地位、一定的知名度，以满足人们自我尊重的需要。自我尊重的需要也可以从消费行为得到满足和体现。如穿戴名牌服饰、拥有名牌手表、用名牌笔记本电脑、读 MBA、在高档写字楼办公、开高级轿车、到高级酒楼就餐、住豪华宾馆、打高尔夫球，等等，在很大程度上都是为了追求一种自我尊重的体验。这也是人们愿意为高档名牌产品支付非常高的溢价的原因。最后，要帮助客户在购买过程中体现自我实现需要价值，自我实现需要价值是指顾客通过消费行为所获得的自我发展与实现等心理需要体验价值。社会需要和尊重需要更多的是关注别人的看法，是为了获得别人的认同和注重，而自我实现需要更多的是满足人们内心的需要，是对自我的一种挑战，消费行为是实现自我需要的手段和工具。在用户角度，用户使用产品获得价值提升，包含但不限于获得好友、愉悦、知识、实惠、收入等，才会继续使用甚至召唤亲朋好友一起使用。一直以来，用户增长的底层逻辑没有改变：长期的价值提升带来持久、健康的用户规模和收入增长。

（二）体验价值与消费场景

在使用产品或享受服务时，用户都会有意无意地对产品或服务产生一个评价，而这个评价就是用户对产品或服务的体验感受，用户体验研究人员就是针对这些评价数据进行收集整理与分析，最终又把改良结果迭代到新的产品或服务当中，既改善用户的体验感受，又为企业本身带来珍贵的研究数据以及商业价值。尽管现在整个环境都在倡导用户体验，但通常企业还是比较犹豫的，毕竟用户体验的研究成本相当不菲，但如果能看到改善用户体验带来的商业价值的话，那这部分投入还是十分有必要的。对 to B 产品而言，良好的用户体验不仅能提升产品竞争力，给企业带来价值，产品本身也能够从用户体验出发，提高客户在使用产品过程中的工作效率，极大降低客户工作中投入的成本，从而实现企业和客户之间的共赢。而 to C 产品则更多以提高用户忠诚度、用户黏性角度的目标来改善用户体验，从而实现产品的核心竞争力。一方面可以扩大市场占有率，带来现有的利益；另一方面也能依靠已有的用户群为后续的战略发展指引方向，为未来的商业价值奠定有迹可循的坚实基础。

二、体验价值如何带动品牌成长

（一）体验价值对品牌的作用

体验价值是维系品牌关系的抓手，是品牌与消费者之间发生互动后的反映。它伴随品牌而成长，良好的客户体验价值是企业重要的无形资产。随着社会的进步与经济的发展，体验经济时代已经来临。品牌关系在很大程度上受到消费者对品牌感知认识的影响。因此，在体验价值对品牌作用的影响中需要提供客户的感知价值这个中介变量。客户体验价值对品牌关系有重大积极的影响。通过对客户服务的优化、产品的升级迭代、销售环境的改善等对消费者的品牌忠诚产生显著影响，进而影响品牌关系。

（二）线上微店如何提升体验价值，如何带来产品复购与粉丝黏性

企业通过向消费者提供产品和产品服务，创造出令消费者印象深刻的感受，从而提高消费者对商品的重复购买率和粉丝黏性。体验价值在企业的发展过程中起着越来越重要的作用，而服务体验作为体验营销与品牌管理的结合，在企业品牌关系中的地位也越来越重要。提升用户体验的前提是保证用户能够体验到好的产品，而好的产品首先就要质量过关、有保证，如果产品的质量都无法保证，用户体验也就无从谈起了；如果产品质量超出了消费者的预期，那么这样的用户体验不但能满足他们的物质需求，同时也能提升他们内心的愉悦感和满足感，为店铺带来复购率。所以，店铺要想提升用户体验，首先一定要保证产品的质量。除了产品质量外，微店卖家要想提升用户体验，让消费者喜欢上自己，还要保证商品的发货速度。否则，即便卖家的产品质量再好，如果买家已经下了订单，但好几天过去了，卖家迟迟没有发货，或者由于种种原因消费者迟迟没有收到货，那消费者也不会有好的体验。消费者之所以选择微店进行购物，一个很重要的原因就是微店购物方便快捷。试想，如果消费者母亲节前三天订了鲜花，本来预计送达日期正好是母亲节当天，但由于卖家自身的问题，母亲节当天一拖再拖、迟迟不能发货，导致顾客无法当天将鲜花送给母亲，那么即便卖家的鲜花质量再好，恐怕消费者都会一肚子不高兴。因此，店家需要随时关注货物的发货和运输情况，并及时告知买家，随时和买家进行沟通，让买家放心。如果店铺发现已经下了订单的产品还未发货，就要立刻敦促供应商发货，以免发生买家投诉的情况，这不仅会影响买家的消费心情，同时也是非常糟糕的用户体验。这样的事情一旦发生一次，买家就可能再也不会光顾。而且，如果用户体验差，长此以往，消费者的数量理所当然地会只减不增，后果将不堪设想。所以，店家一定要保证发货速度。喜欢关注新鲜事物是每一个人的共性，对于微店也不例外。如果微店上的商品及其信息能够定期进行更新，让广大买家随时保持新鲜

感，就能够一直吸引他们关注商品的最新动态。有关注就有购买，买家在保持新鲜感的情况下进行消费，这样一来，店铺不但为买家带来了更好的用户体验，同时也提高了店铺的销售额，一举两得。相反，如果店铺上的商品信息长期没有更新，永远还是那几样老套的商品，买家连看的欲望都没有，更别提消费了。

（三）“互联网 +”背景下的营销如何用体验价值倍增品牌场景能力

“互联网 +”背景下的品牌营销面临重构商业模式的挑战，通过实施服务场景化战略可以把握市场机遇。从变革传统消费需求入口的核心逻辑开始，基于场景时代的技术力量构建移动互联服务场景，以亚文化场景和社群分享机制来创新顾客互动模式，基于体验价值驱动品牌场景能力的过程，塑造顾客感官印记，实现顾客体验价值的创新是倍增场景能力的有效途径。

三、体验价值的应用

（一）体验价值如何服务与场景

在这个信息爆炸的时代，一方面，客户端的需求正在变得愈加繁复、多样，细分维度下用户体验也正在日渐变得匮乏；另一方面，单一商品所起到的效用正在逐渐弱化。这或许是一个不太令人舒服的负循环，然而从长期来看，场景革新下的“体验升级”仍然是身处这一负循环中企业为数不多的破局思路。面向未来，正如海尔集团董事局主席、首席执行官张瑞敏所阐述的那样：“产品将被场景替代，行业将被生态覆盖。”这是市场不变的趋势，也是行业冉冉升起的新机遇。面对这一机遇，海尔生物成熟的物联网思维，就成了他们发挥自身优势组建场景生态网络，从而为用户升级体验的核心所在。

（二）经典案例：环宇富硒——雀麦轻饮

雀麦轻饮是以燕麦为原料，同时加入牛奶、果蔬、蜂蜜等，可以强化各种营养素，使其具有营养全面、均衡的特点，适合年轻一族等都市白领人群饮用、食用。燕麦饮料的出现，是顺应人们对健康的需求，随着人们饮食结构中高脂肪和高蛋白食品的出现，亚健康者越来越多，不少市民期望健康食品浮出水面，而燕麦谷物饮料的出现，恰好满足了人们的需要。于是，传统饮食资源、农业初级产品、食品工业化三者相结合，增加新品种、扩大内需，利用燕麦等五谷杂粮生产谷物饮料作为科技创新重点被提出来。燕麦谷物饮料作为未来饮料发展的趋势之一，通过现代工艺，做成可直接饮用、食用的产品，如冲泡杯等，不仅能够充分保留燕麦中对人体健康有益的营养成分，食用更方便，吸收更容易，而且也是解决现代快节奏生活中城市居民膳食营养失衡的途径之一，雀麦轻饮强调的体验价值就是无添加，原汁原味，让顾客在使用产品过程中被自然的味道所吸引。

第七章 新零售与供应链保障

第一节 新零售电商与供应链导论

一、新零售动因及形成的概念

（一）技术的发展

基于互联网而产生的电子商务，经过近年来的全速发展，逐渐成熟。掀起新零售革命的第一个原因就是技术的发展。发展是新零售革命产生的沃土。电子商务高速发展的十余年中，外部技术环境快速升级，含云计算的互联网金融、智能物流在内的数字化商业平台的基础设施已经初步建成。从移动支付和信用体系的建设，到大数据平台的发展，都推动着零售和商业出现新的发展。

互联网不只是渠道，也是推动零售发展的生产力和驱动力。然而传统电商出现发展瓶颈，原因在于目前互联网及移动互联网普遍存在用户增长及流量利润增速减缓并趋向平稳，中国传统零售业的发展存在不足。

（二）消费者需求的驱动

除了技术，人的需求也是零售业发展的驱动力。新零售产生的第二个重要原因是市场主导权发生转移，消费者开始处于商业活动的中心。

传统电子商务在消费体验方面不及线下实体店，传统电子商务交易使消费者与所购商品存在空间上的分离，消费者无法准确衡量线上企业提供信息的真实性。而线下实体店在向消费者提供产品及服务时，能够使整个消费过程可视化、可感化。从前，传统电子商务蓬勃发展的原因在于消费者聚焦在线上及产品价格低廉上，可是，随着人们可支配收入的增多，消费者消费升级，越来越注意对高品质体验式产品的关注，这成为传统电子商务继续发展的“短板”。

在“技术+消费需求”的双重动机驱动下，新零售将改变零售业的旧格局，迎来购物方式和体验式营销的全面升级和革新。马云在云栖大会上提出了“新零售”，也点燃了零售领域对这个话题的讨论和推进的热情。

二、新零售的特征

（一）经营数字化

企业在经营过程中建立基于模块的统一源代码的数字平台，是多个销售渠道共享数据，提升管理效率，借助人工智能和IP系统，实现经营的数字化，构筑多种零售场景，获取商品、顾客、营销、交易、服务、管理等所有场景和行为中的数据，并对这些海量真实的数据进行分析，企业不仅可以从用户画像、消费者行为偏好、地理位置、设备等基础维度深入了解受众、了解消费者与垂直行业相关的特征和行为，还可以结合个性化推荐算法，全面立体解读消费者的需求和特征。

（二）系统智能化

智能化既可以提升顾客互动体验和购物效率，也可以多维度地增加零售数据，还可以把大数据分析结果应用到实际零售场景中。系统的智能化，包括门店、平台、物流等多维系统的智能化。

在门店里可以摆放智能触屏、智能货架、电子价签、智能收银系统等物联设备，让消费者体验自助结账、VR逛街、拍照搜索等购物方式，提升购物的娱乐性和便捷性。

对平台来说，需要对设备、消费者和商家进行精细化管理，为消费者、商家建立沟通渠道，实现用户与企业的高效对接；对设备运行情况进行监测、快速响应，促成资金、信息、技术、商品等的合理顺畅流动；在商品展示上，应用物联网嗅觉交互的新模式，实现商品与消费者之间隔空的多感虚拟现实交流；在物理系统中，利用集成智能化技术，构建智能化仓储管理与调度系统，使企业不仅达到去库存的目的，还能缩短配送周期，全天候、全渠道、全时段的满足消费者的购物需求。

（三）渠道一体化

要打造多渠道的有机结合，以“全渠道”方式清除各零售渠道间的壁垒，形成协同统一高效的生态运营系统。具体来说，这是一体化的运营生态系统，不仅要包含线上线下，还要将娱乐、购物、学习等模块融入其中，在信息捕捉、营销渠道、支付体系等环节的辅助下，满足消费者购物过程的便利性与舒适性的要求，增加用户黏性。

（四）商品社会化

基于消费者需求，可以个性化小批量的进行产品定制，同时借助全渠道生态系统，企业需要组建商品共享联盟，模糊经营过程中各个主体的界限，高效整合有形与无形资源。可以实现将现货、预售货和库存的货源整合，保证产品充足供应的同时，达到去库存的目的。

（五）营销社交化

从认知到理解、认可、信服、最终购买，是传统零售中消费者的购买过程。在移动互联网技术重塑场景，以及信息获取方式碎片化的背景下，这种过程正在被折叠、重构。

社交营销是以微信、微博、论坛、QQ 群，甚至线下的社区等多种社交媒体作为载体，聚集人气并形成粉丝的传播效应。用产品或服务满足群体需求而产生的商业形态。因社交媒体而聚集的粉丝群体，是围绕一个价值共同点而凝聚起来的组织，强调的是能让大家连接到一起的价值共同点。这个价值共同点，既可以是某个明星偶像、行业大咖，也可以是某个产品、某个场所或者兴趣爱好。因此，借助社交媒体的社交互动等辅助手段，加强对品牌、商品的推送使消费者对产品产生兴趣。例如，早晨或上午在星巴克喝咖啡，随手更新一条朋友圈状态，下午微信朋友圈的广告一下子勾起你的兴致。附近星巴克店，持星享卡有机会兑换新年随行杯，于是欣然前往。这就是利用社交软件，准确地将对的信息传递给对的人，投其所好，体现的是新零售的营销社交化。

三、新零售关键问题分析

新零售并没有改变零售的本质，只是借助技术的支持与模式的创新，为提升消费者体验和供应链效率提供了沃土，但新零售也将面临以下 5 个关键问题。

（一）重塑体验

在消费升级大环境下，高质量商品和线下优质服务体验，成为消费者的第一需求。体验的重塑，主要源于新技术的出现。比如智能导购技术、智能物流、虚拟试衣间、VR、AR 等。从市场营销到医疗服务，人工智能等新技术正在理解、连接消费者，并为他们创造更好的消费体验。

在新零售营销趋势下，行业如何借助人工智能等新技术将动态的消费者的需求、偏好、行为、社交等预测挖掘出来，并设计具有针对性的营销计划，为消费者搭建一个具备便捷、舒适、娱乐等全新消费体验的新生态消费形式，是企业能够长久立足于新零售竞争市场中的重要支撑。

（二）重新定义制造

随着技术的变革和新零售的崛起，企业要建立新的生产关系，去适应新的生产力的发展，重新定义制造是新零售趋势下尤为重要的问题。

重新定义制造，首先引入新技术实现智能化。让传统的制造生产转变，关键在于要真正实现智能化，准确获取数据、利用数据是制造转型的核心。其次借助数据改变供应模式。新制造将是制造业和服务业的结合，是实体经济和虚拟经济的结合。借助互联网，围绕市场和消费者需求，个性化、小批量的进行产品定制，让传统的制造企业主导的 B to C 模式，转向按消费者需求定制的 C to B 模式。

（三）重塑品牌和营销

在新零售环境中，消费者更关注营销活动带来的互动参与感或营销活动提供的信息反馈交流感。技术和数据恰恰赋予了企业营销前所未有的能力和效率，使营销变得更智能化、人性化，通过精准洞察实现打动人心、驱动业务的目的。所以无论是企业，还是各大电商平台的营销模式，都亟须创新，融合多方面资源，深化技术，精细化运营流量，重塑企业营销新生态。

（四）渠道变革

实体店面临经营成本高、客流量低的困境，线上电商不能实现用户体验的需求，所以新零售强调两者的融合。线上线下需要相互融合、取长补短、数据传递，依靠支付、物流、仓储、售后等管理系统和大数据服务的支持，高效地整合渠道成为企业的核心。

在进行渠道变革时，可以从两个方面做出突破：一方面是基于大数据技术进行数据化管理，实现线上线下全域数据融合；另一方面是涉及智能的仓储系统及分销网络，完成选址、存货、补货、销售、配送等全链路柔性决策过程。

（五）重构供应链

供应链的成熟与否，决定社会生产制造的运营成本，是实现制造及流通产业增效降本的一个重点。进入新零售时代，对供应链进行升级重构，重构后的新零售供应链连接消费者、供给、物流和场景，形成一个多场景的、端到端的完整的网链，实现供应链效能。

重构后的供应链，应具备以下六个方面的能力：

第一，能够提前预测消费者未来的需求，并定制前瞻性的生产计划。

第二，能够安排合理的货品结构，精准匹配消费者的需求，并满足消费者的购物体验。

第三，能够定制精准的销售计划，实现销售目标，解决卖什么、卖多少、怎么卖的问题。

第四，具有高效的库存周转和商品流通能力，对商品的发货、配送、追踪进行智能优化。

第五，具有柔性快速的履约能力，对订单履约进行智能决策。

第六，具有成本优势。

第二节　新零售供应链基础

一、新零售供应链概述

早期的观点，将供应链局限在上下游业务流程上，将供应链作为制造企业的内部过程，即企业从外部获取资源，在经过生产制造，运输批发到零售等活动，最终传到用户。

之后的发展，关注到供应链的完整性和成员企业的操作一致性，将企业间的内部联系和外部环境相结合，定义供应链为“通过链中不同企业的制造、组装、分销、零售等过程将原材料转换成产品，再到最终用户的转换过程”，这较早期的供应链概念更为全面和系统。

随即供应链的概念越发关注以核心企业为主的网链关系。例如，核心企业和供应商、供应商的供应商，甚至一切上游的关系；核心企业和用户，用户的用户甚至一切下游的关系。湖北经济学院工商管理学院院长马士华将供应链定义为“供应链是围绕核心企业，通过对信息流物流资金流的控制，从采购原材料开始，形成中间产品以及最终产品，最后由销售网络把产品送到消费者手中，整个过程将供应商、制造商、分销商、零售商，直到最终用户连成一个整体的功能网链结构”。这些定义的提出也指明了一个新方向，即建立供应链战略合作伙伴，这个方向能优中选优，强强联合，提高整个供应链活性和效率。

在新零售背景下，供应链的本质并没有改变，依旧要做到各节点企业协同合作，以最快的速度、最准确的数量、最可靠的质量，把商品交到消费者手中，保证服务质量的同时，实现整个系统的成本最优。但供应链的形式需要结合新时代的特征，通过运用新技术和管理理念进行升级改造。

因此新零售供应链的定义为：以客户需求为导向，以降本提效、服务创新为目标，整合先进产业链资源，以大数据、人工智能、流程再造、供应链金融等为技术方法，实现生产制造和物流的智能化、全渠道销售、全场景体验、可追溯售后等全程高效协同的网络组织形态。

二、新零售供应链的特征

（一）协同化

传统供应链的发力点在采购、制造、运输等前端环节，对渠道和消费者体验的重视程度不够，致使供应链系统会遭受到“牛鞭效应”和“孤岛效应”等负面影响，供应链的运作会处于滞后的状态。

在新零售时代，供应链上所有的职能必须以消费者体验为中心，及时响应消费者的需求变化，在此过程中所产生的大量信息使供应链的参与者不能被动地等待信息的传递。由各节点企业主动投身到服务消费者的行列中。近几年得益于互联网和大数据等技术的快速发展，信息传递性不断增强，这使供应链各参与企业之间信息公开，能及时准确地掌握合作企业的内外部信息，如果信息发生改变，能随机调整供应链管理的过程、环节和内容，加快和供应链的协同化进程。

（二）智能化

随着新零售业态的出现和快速发展，对新零售供应链管理有了更高的要求。新零售供应链的智能化，主要来自新技术的支持，如互联网大数据、5G、区块链、人工智能等，这些技术的兴起能够使供应链各参与企业的需求得以更好地满足。

数据智能化和决策智能化是新零售供应链智能化的主要表现形式。数据智能化指的是利用智能化设备，例如，传感器 PS 等其他设备搭建出一个先进的系统，这个系统可以起到收集和反馈信息的作用。决策智能化指的是决策者能够借助智能系统收集的信息和数据全面衡量、约束和选择条件，并开展行动。在某些情景下，系统能够完全脱离人工干预，自行学习和决策。

（三）实时化

新零售供应链实现数据的实时化，计划与执行连接体系的实时化，要依托大数据物联网等新技术。

关于数据的实时化，应用范围较广，供应链参与者可以从供应链云平台上实时获取自己需要的真实信息，例如，以往的供应链无法对流动的商品进行实时追踪，但由于物联网技术的出现，能够随时向参与企业传递数据信息，极大地减少信息失真的现象出现。

计划与执行连接体系的实时化指的是供应链计划与执行体系的连接，可以在数据和流程两个方面一起实现。计划层面和执行层面都要求信息是全面的，包括以往，也包括正在进行和即将发生的。两个层面运作的有效性在于能否实现数据和信息的同步化，对于计划层面来讲，同步化指的是供应链在计划时能否获取全面的信息和数据，对供应链规划加以指导；对于执行层来讲，要对正在进行的活动和即将进行的活动进行合理估计，及时准确地配备所需资料的能力，以保证供应链在执行时平稳、有效。

盒马鲜生的出现是新零售的典范，它将商品统一归类，并配有电子标签，能够实现线上下单，线下有货，保证线上线下数据同步，并由后台统一规定价格及营销策略。

（四）全程可视化

可视化是利用信息技术，将供应链信息以图形化的方式展现出来。全程可视化指的是在任何一个环节的任意时间段，都可以对整个供应链实施追踪，保证及时了解供应链的运行情况。全程可视化可以有效提高整条供应链的透明度和可控性，降低供应链风险。研究表明需求可视化 5% 的改进，能够带来订单执行 10% 的改善。

新零售供应链可视化以后会继续朝着顾客、sku、店员延伸。从传统网络逐步向云计算转化。借助可视化集成系统，实现战略计划和业务密切关联、需求和供应的平衡、订单交付策略的执行、库存和服务水平的调整等规划高效运作。

（五）柔性化

在消费者需求多样及变动快速的今天，为了提升消费者的体验，新零售供应链比传统供应链更具有柔性，或者说更具有弹性。新零售供应链柔性化指的是生产线和供应体系能够根据需求的变化在个性化、小批量、大批量之间自由切换，同时交货期、成本不会变化很大。柔性化的主要目的是实现供应链随需而动，实现供需和谐。

（六）以消费者体验为中心

新零售业态和新零售供应链都要把消费者的体验作为核心，凡事要做精，精细的分析每一个消费者的需求，满足他们对个性化的追求，精准的预测时尚潮流趋势，向消费者提供符合时尚潮流的商品，让他们满意。这所有的一切都是以打造优秀的客户体验为始，并以打造更加优秀的客户体验为终。

三、传统企业转型新零售的四个痛点和五大优势

伴随着互联网的发展和冲击，传统企业越来越显示出“窘态”，并面临四个痛点。

一是经营思维。营销方式与互联网企业相差较大。

二是资源投入。电子商务业务与原有销售资源存在匹配问题，初期可能亏本，但从业人员的薪酬却相对较高。

三是价格体系。营销活动中线上、线下产品价格的差异形成矛盾。

四是组织构架。互联网企业越来越强调规划小经营单元，推行阿米巴经营模式，而传统企业还在采取生产、研发、销售等环节组成的独立式企业构架。

传统企业转型新零售，具备以下五大优势。

（一）线上可带动线下销售，使线上盈利路径更短，效率更高

往往 20% 的线上电子商务销售额，可以带动 80% 的线下实体店销售额，电子商务让消费者更容易接触到产品，这也是产品知名度和影响力提升的渠道。

（二）方便企业做社群打造

电子商务可吸引更多消费者追捧产品、了解产品，提高消费者对产品的忠诚度。

（三）生产企业的优势，激发客户对产品设计的参与感

客户需求不断被挖掘，客户参与生产将改变原有的产品呈现形式。以电子商务渠道网红白酒江小白为例，客户发送相关信息到指定微信平台，厂家从中选出印制酒水包装的格言创作者，并免费赠送两箱白酒。客户充分参与产品生产过程，可以让产品更具话题感、参与感和媒体感。

（四）通过线下渠道数据，支持线上客户的消费分析，快速获客

对于实体零售企业，客户行为数据非常有价值。比如良品铺子在深圳新开门店时，通过分析客户行为数据，可知什么位置最适合开店，最适合销售的品种有哪些。互联网不仅发展快，而且改变了企业的决策效率和精准度，降低了沟通成本。

（五）企业的优势是全渠道

多渠道、全渠道是企业未来发展的趋势。

四、新零售引爆的是融合发展

新零售全渠道融合有以下七大优势。

（一）全渠道融合发展

降低获客成本，实现全渠道联动。线上的流量价格和运营成本正在日

益走高，红利逐渐消失，互联网经营者也被高昂的流量成本压得喘不过气来，于是一批领先企业开始尝试并力推“线上线下同步发展”的全渠道新零售模式，让“更好地满足客户对美好生活的向往”成为互联网从业者们的共识。线下的获客成本远低于线上，并且有低成本的自然流量。

（二）全渠道融合可赋能共振发展

线上业务与线下业务，不应该是对立和竞争的关系，而是赋能和共振的关系。原来企业的线上业务和线下业务是竞争关系，内部竞争激烈，新零售模式实施后有效改变了这一状态。企业应在内部成立新零售事业部，新零售事业部不是电子商务部门，而是进行门店智能化改造的部门，其职责包括品牌内容运营 CRM 客户关系管理、新习惯建立督导、培训考核和数据分析等，实现品牌企业线上和线下的多业态、全渠道销售。2018 年，阿里巴巴商家事业部与淘宝、天猫全面融合，成立天猫新零售平台事业部，整合阿里巴巴的云端基础设施、数字化能力和大数据资源，推动商家新零售全面升级，实现合作企业的线上、线下资源全面对接。

（三）全渠道同价、同质，便于统筹

以智慧门店为突破口，打通线上线下供应链。良品铺子、林清轩、百丽等一大批知名企业，纷纷根据客户的购物习惯，实现线上、线下“同价、同质、同款、同服务”。客户可以根据意愿自主选择消费场景，也无须考虑不同渠道的价格、服务、售后等方面的差异，因为线上和线下全部服务均保持一致。

（四）线下导购体验激发复购

打通线上跟线下渠道，线下实体店的导购积极性也被进一步调动，客户通过手淘等软件添加店铺导购好友，之后该客户的线上跟线下销售额均被纳入该导购名下，这一措施的效果，在良品铺子 2018 年的“6·18”销售数据中得到了充分的验证。良品铺子智慧门店的累计销售额环比增长超过 100%，订单突破 100 万笔，成为天猫“6·18”首个线下“百万订单品牌”。线下导购可以实现会员的长期深度维护，持续提升客户到店的消费频次。

（五）有效提升客单价

新零售的另一个变化是，经过线下购物的客户返回线上，消费的客单价会大幅提高。相关的案例测试发现，由于线下产品和购物氛围具有更好的消费体验，会提升客户对所购品牌的忠诚度和美誉度，当客户再次回到线上购买时，往往单次消费金额会提升，如护肤品牌林清轩，2018 年天猫旗舰店平均客单价就从原来的 200 余元提高到 600 元左右。

（六）社交电商促进客户价值最大化

通过实现线上线下融合，可以对品牌商家的粉丝进行精准维护，线上有“红包”，线下有“促销”，客户现场体验好，可自主决定购物路径，商家就近实现限时派送，充分体现了与客户互动，增强了客户的黏性。

（七）线下的良好体验可提升企业品牌形象

线下产品可触摸、品尝或试用，这是线上销售所无法比拟的，同时线下设计了专门的消费场景，可更好地诱导客户进行体验和消费，例如，小米之家通过测试数据发现，鉴于现代的购物环境、时尚的产品和超高的性价比，客户到店购物成交率大幅提升。

第三节　全渠道下的新零售电商

一、新零售内容电商

（一）内容电商的发展路径

BBS 社区（初始）→电视购物（前身）→蘑菇街（起步）→小红书（扩散）→社交电商（新阶段）→自媒体电商（在发展）→直播电商（内容 + 卖货）。

内容电商的核心，并不是直接卖货，而是基于所传播内容的扩散，直接或间接影响消费者的购买决策和购买行为。内容电商，基于消费环境变化以及消费者内心需求变化而拓展。内容电商的形式也呈现生态化，多样化、时尚化特征。内容电商的渠道，也将不局限于第三方平台，内容电商将更加垂直于细分领域。总体来说，内容电商将实现以内容为导向，独立引导客户，完成发现、吸引、成交整个操作流程的闭环。内容电商的出现，导致知名企业纷纷建立“消费内容生产工厂”，将企业内部活动社会化。不再生硬销售，而是思考更能打动消费者的叙事方法。

（二）不同时代客户的选择分析

第一个时代——线下时代。在这个时代，营销以渠道为主，方式主要是天价广告、货架竞争、促销回扣，产品没上货架，再好的产品，再高的广告投入都是白费。

第二个时代——交易型电商时代。以淘宝、京东等电子商务平台为对象，营销关键词是流量、爆品战略、销量领先、性价比、好评页面设计、活动运营等。在这个时代，线上碾压线下，线下渠道变得不再那么重要，理论上所有商品都有机会卖出，性价比成为消费者最看重的标准。

第三个时代——电商时代。在内容电商时代，购物行为变得更加随机。坐一次地铁，看一篇推送文章，可能就把产品买了。消费者为买东西而逛街，目的是买到心仪的产品，而在内容电商时代，消费者并没有刻意在“我要逛街”“我要购物”的心态下购买产品，而是看网红直播或自媒体文章时，被悄然打动而消费，选择标准和决策方式都发生巨大变化。

（三）内容电商与交易型电商的五大区别

一是主动搜索与被动搜索。在交易型电商环境下，消费者处于主动搜索状态，对要购买的产品信息更敏感；而在内容电商环境下，消费者处于被动接受状态，由于被内容打动而产生购买的行为，内容电商易产生引导消费，比交易型电商更适合销售“新奇特”产品。

二是单独评估与联合评估。内容电商是单独评估，交易型电商是联合评估，更擅长对比其他因素，所以在内容电商环境下购物时，消费者会比较感性；而在交易型电商环境下购物时，消费者则比较理性，注重各种数据的比较，在意比较分值。在内容电商环境下，性价比的作用日益降低，感性因素影响程度会逐步加大。产品设计、情怀、历史、故事、泪点等，主观感受对选择的影响很大，这也是好产品在专卖店买、高性价比产品在商超卖的原因，单独评估胜于联合评估。

三是对渠道电商属性的感知。面对琳琅满目的产品，在交易型电商环境下购物时，消费者怀着“挑刺”的心理，更容易选择无缺点、无风险的产品。所以淘宝等平台会出现“一句差评可以抵消1000句好评”的现象；而在内容电商环境下购物时，消费者更加注重产品的优点，容易选择有亮点、有独特属性的产品，即“找亮点”心理。消费者看直播时，防范心理、挑刺心理并未被激活，产品不会因为单一缺陷而丧失客户的青睐，客户更关注“总分”。

四是认知闭合需求。在交易型电商平台，消费者若无法迅速对比产品好坏，就不太可能购买店铺推荐的产品，但在内容电商平台，产品多种多样，各具特色，消费者各取所需，由于降低认知闭合需求，从而更容易接受相对复杂的决策信息，一些难以比较参数的产品，也相对容易卖出去。比如书籍等知识产品，消费者也觉得不错，不会与同类产品比较，而是直接被产品打动，快速成交，一睹为快。

五是内容将大于“搜索+流量”。近几年，随着5G通信和移动互联网的高速发展，移动互联网人口红利期已经悄然结束。对于电子商务而言，平台企业从流量驱动逐步转向客户驱动，布局和生产内容成为所有电子商务平台企业当前的共同选择。

二、新零售社交电商

（一）微商

微商是社交电商的一种展现形式。兴起于2013年，经历了2015年的洗牌转型，目前以正规军的面貌重新出现在公众视野里。随着社交电商的渗透率越来越高，围绕微商的新商机不断涌现。据中国互联网协会微商工作组估算，2017年全国微商从业人员约有2019万人。2019年上半年以来，中国微商平台热度回升。伴随着微商行业相关法律法规的成熟，以及传统电子商务企业、传统品牌纷纷入局微商，微商行业迎来产业升级的机遇，规范化和品牌化是行业发展的重要趋势。在消费升级的大背景下，商家获客边际成本日益增加，营销推广活动越来越困难，而消费者的消费目的却在弱化，这时就产生了一种商机，社交网络成为产品、消费者和服务的重要连接器。新技术的应用，社交与电子商务的充分融合，将为电子商务行业带来新发展、新机遇。

微商是近几年伴随移动互联网技术的发展而发展起来的销售方式，并越来越成为企业的零售选项之一。微商本质上是一种社会化的线上分销方式，不同于传统电子商务渠道代理和线下代理的高门槛，微商代理的门槛相对较低，多为个人。个人代理微商通过社交渠道，将渠道产品分享到微信等移动社交网络，赚取产品差价或佣金。

目前，企业参与微商的方式有以下两种：

一是自己生产产品，通过招募自己的微商团队进行产品销售，称为品牌微商。

二是企业不参与产品生产，将重点放在渠道建设上，具体方式一般是开设平台，招募供应商和下游代理，称为平台微商，代理在平台开设微店，分享产品至微信，获得差价或佣金。阿里巴巴、网易考拉等传统电子商务企业，也纷纷涉足微商行业，将电子商务领域成熟的线上运营管理经验带入微商领域；小米也在积极尝试微商，构建社会化的分销渠道。未来伴随着更多电子商务、品牌商家的涉足，微商行业的产品品质将得到更好的保障，营销方式也得到规范，不囤货、不押款、销售即提成的模式必将改变行业。在农业领域，微商也已成为重要的电子商务补充力量，并有望成为中流砥柱。

微商早已引起各大品牌商的注意，并吸引它们试水，其中不乏蒙牛、韩束、洋河、格力、立白、贝因美、中粮、同仁堂等大品牌参与。

（二）社交电商平台

近几年逐步形成了一批发展较好的社交电商平台，如微店、云集、小红书、拼多多，等等。

微店：是帮助卖家在手机上开店的电商创业微平台，作为移动端持续领跑平台微商市场，零手续费，回款时间为 1～2 个工作日，上线时间为 2013 年。

云集：是目前社交电商领域规模较大的企业之一。云集由集商网络科技有限公司董事长肖尚略先生 2015 年创立，注册地是浙江杭州，是一家从事移动电子商务平台研发和运营的移动互联网公司。云集主要有以下特点：一是产品丰富且为正品。有上千个品牌产品供客户挑选，有 10 亿元以上的共享库存。包括中国、日本、韩国、美国及欧洲的 1～4 线品牌（化妆品、健康食品、母婴用品），正品品牌授权直采。二是无任何经营负担。所有产品无须店主打款，打包发货，也不会压货；所有产品全国包邮，中央仓库统一发货，30 天内可无理由退货。店主卖出产品后，即可得到相应的返利报酬，同时平台配备了专属客服，解决产品售前售后和咨询问题。三是云集微店官方统一设定产品的零售价格。四是建立手把手培训机制，解决从卖货到组建团队的所有问题。通过培训让小白也能快速成长为微商销售达人，明星店主可获得成长的快乐和经济效益。五是云集微店官方投放补贴促销，帮店主拓展销路。六是提供简单的标准宣传资料。云集微店专业营销团队会出台中央文案，为每件产品提供文案的图文介绍，让店主的工作更便捷。推出一款产品的中文文案，让小白也可以一键分享至微信好友、朋友圈，进行简单的营销。

小红书：2013 年成立的全球购物分享社区小红书，截至 2019 年 6 月已成立 6 周年，现已成为全球最大的社区电子商务平台之一。消费者在小红书社区分享他们购物的经历，并通过逛社区去发现全球的好东西，然后在电子商务页面完成购买，2018 年 5 月，小红书用户已超过 1 亿人，公司估值超过 30 亿元。

小红书的特别模式：

①口碑营销。帮助客户解决“面对琳琅满目的产品，应该先买哪一个”的问题。比如在化妆品行业，留言区大量真实的购买、使用心得，成为消费者的“教育栏”。分享购买，是从分享到发现购买，然后再回到分享的商业闭环。6 年来，小红书已向很多新品牌提供帮助，深受消费者的青睐。小红书根据其累积的海外购物数据，分析最受欢迎的产品和全球购物趋势，并将最好的产品、最短的购物路径、最简捷的购物方式提供给消费者。整个社区就是一个巨大的口碑库。

②社区成为其堡垒。2016 年，小红书将人工运营内容优化为机器分发。通过大数据及人工智能，将社区内容精准匹配给感兴趣的消费者，提升了客户体验。小红书的成功是将消费者“晒日常，能聚粉”的举动，形成开放社区平台，将分享的价值实现最大化。

③正品运营。小红书采取以品牌授权及品牌直营并行的方式，在 29 个国家建立了海外仓，郑州和深圳保税仓面积超过 5 万平方米，物流信息极其详尽，甚至可以追查产品在哪次航班运抵中国。

④用户专属。小红书 54% 的消费者是 30 ~ 39 岁的女性，以一线城市的白领、公务员和留学生为主。

⑤网红带货。林允等明星入驻“优质内容 + 明星推荐 + KOL 孵化 + 解

决方案”是其运营的商业逻辑。

⑥小红书分类数据库。小红书电子商务平台建立了分类客户数据库，便于开展大数据营销。大数据营销主要包括七类。一是小红书的产品类型：电子商务平台、购物笔记分享社区、生活日常分享社区数据；二是小红书的用户画像：一二线城市，30～39岁，女性；三是小红书的设计栏目：包括关注、发现、附近商城、消息通知及用户中心等；四是小红书的用户类型：明星、博主、普通客户等；五是小红书的内容类型：美妆、时尚、旅行、家具、健身等；六是小红书的用户需求：展示自我、获取粉丝、赚钱；七是小红书的特点优势：社交电商、带货销售模式、消费行业信息。

拼多多发展历程：拼多多成立于2015年9月，其App已成国内主流手机购物App之一。客户通过发起和朋友、家人、邻居、同事等的拼团活动，以更低的价格拼团，购买更好品质的产品。拼多多发展迅猛，是中国社交电商的典型样板，在美国纳斯达克上市，上市后估值约为288亿美元。

拼多多是专注于C2M拼团购物的第三方社交电商平台，成立于2015年9月。

拼多多发展速度：从创业到成功上市，京东用了10年，唯品会用了8年，淘宝用了5年，而拼多多仅用了2年零3个月。根据招股书资料，截至2018年6月30日，拼多多的GMV达2621亿元，活跃客户数为3.44亿人，是一家极具创新意识并快速发展的新电商、新零售平台企业。

拼多多未来展望：拼多多由分布式智能代理网络驱动，集高性价比产品和娱乐为一体。

拼多多模式解析：一是低价。低价或者说性价比高，依然是拼多多的重要法宝。二是品牌产品不作为主流。数以百万计的产品里，品牌产品，尤其是国际大牌产品，不是拼多多的重点，几乎没有，而以在老百姓眼中最实用的家居、服装、生鲜类目等品类为主打产品。三是产品功能驱动。以产品功能和品质为卖点，而不是由品牌知名度来驱动。四是拼团模式大行其道。通过多人拼团达到一个定向折扣价格，解决“客户在哪里”和“产品低价”的问题，形成客户自发促销、自发推广的局面。“好东西一定要分享”，往往一个单位、一个部门的某个人购买，便立即形成群体购买效应。五是“爆款”思维。款款产品皆爆款，降低了 sku 数量，方便对产品进行品质管控。比如，反向定制，万件特价营销策略，可迅速形成一款被追捧的爆款产品。六是市场下沉。拼多多客户群都在四五线城市，回避了与电子商务巨头的正面交锋，获得了企业早期的成长空间。

三、新零售直播电商

传统企业转型电子商务，一定要借用最新的营销工具。2016 年是网络直播元年，2019 年被称为电商直播元年。电商网络直播产生了爆发效应，借助移动互联网迎来电商直播时代。2019 年直播向更专业、更成熟、更正能量的方向发展，一批直播平台开始更加关注公益活动，用正能量驱动企业长远发展，在直播论坛会议、直播精准脱贫、直播政府的相关活动中发挥了重要的作用。

（一）直播电商的发展

直播电商与“网红”经济密切相关。随着市场逐步趋于成熟，直播行业不再是站在风口就能飞的宠儿，平台数量和头部主播都在减少，靠颜值、跳舞、聊天引来打赏的日子一去不复返。同质竞争的内容倒逼直播行业升级。有价值、有温度的内容，一定是优质、绿色、健康、正能量的内容。为了扶植直播内容多元化，直播平台提出“直播 +”模式。暨直播行业与其他板块相结合，“直播 + 民生”“直播 + 非遗”“直播 + 文化传承”“直播 + 公益”“直播 + 电子商务”等系列，生产对社会具有深远影响的内容。

（二）知名直播平台分析

据不完全统计，截至 2020 年 6 月，全国在线直播平台达 270 多家。北京、上海、杭州、深圳、广州是中国直播平台最多的 5 个主要城市，成为“全国网红孵化基地”。2018 年年底，全国网络直播用户达 6 亿人，占全国网民总数的近一半，2019 年直播市场开始回归理性，对内容产生和主播培养都提出了更高的要求。

（三）如何借力直播电商

一是开展“网红”直播电商。目前电子商务类网红都以销售美妆、服装为主营业务。天猫“双十一”大促活动，女装类目销售额，排名前 10 的店铺中，“网红店”占据七席。

二是借力“网红”优化供应链。服装类“网红”店铺运营模式：网红拍照—粉丝反馈—打版生产—上架，这种模式既缩短了传统服装的制造供应链，又能根据粉丝反馈调整货品及货量，提高周转率，减少库存。

（四）中国网红的三阶段分析

1.0 时代：文字时代的网红。1997 年开始出现，主要活跃在天涯、猫扑及一些文字网站中。

2.0 时代：图文时代的网红，2005 年开始出现，他们拼颜值、拼特点、拼团队。

3.0 时代：视频时代的网红，2014 年开始出现，他们依靠资本，通过广告、创立公司及电子商务等渠道，实现价值变现。

第四节　新零售电商与新消费

一、新消费特点

（一）新的推广方式：融合与引流

①融合。想要做到线上线下的融合，首先要做到线上的融合。与线下的物理屏障相比，线上的屏障更容易打破。目前的网络终端包括移动手机、PC 端、平板电脑等。不同的操作系统和不同的终端设备之间，信息数据并不完全相通，打破这些屏障，是线上、线下融合的第一步。

仅仅是线上终端的融合，就已经可以为企业提供多种好处。线上终端融合的第一个优点是降低成本，随着各平台补贴大战的持续，移动端支付成为消费者必不可少的工具，这是消费变革的转折点。目前银行和移动厅排队人潮大幅减少，生活中的水、电、煤、网络、有线电视、电话交费等项目皆被支付宝和微信钱包大量取代，消费者不需要再花时间排队交费，只要在 App 上面就可以解决去营业厅排队的困扰，也养成了消费者移动端支付的习惯。第二个优点是线上终端可以相互作用，彼此增值，强化内容推送的相互关联，强化终端各市场的相互衔接。例如，跨平台、跨应用的内容推送和优惠活动，会员的相互认证和管理，积分的互通。在多终端间统一调配，在市场中统一口径和价格，避免复杂和矛盾的推广活动引发意想不到的问题。

线上终端的互通互推可以打破一直困扰零售行业的“天花板效应”。以线下店为例，每个店的辐射范围有限，附近区域的渗透率达到一定程度，以后很难增长，线上终端同样面临这个问题。线上终端的渗透，以群体为单位，当某个群体渗透率达到一定程度后很难再提升，最好的方法是更换群体，通过其他终端的互推互通，可以快速扩散到其他群体，打破“天花板效应”，因此不同终端间的互推对双方有利。

②引流。与打破线上的隔阂相比，线上线下的融合更难，也更重要。O to O 涉及新零售的各个方面，以推广为例，O to O 的发展不会削减“传统零售终端”，而是为“零售终端赋能”，放大线下零售的优势，提供传统线下零售所没有的功能。

O to O 一个最直接的好处就是引流。例如，刚才提到的实体店的覆盖范围有上限，附近区域的渗透率达到一定程度后很难增长，如果通过线上推广实体店，可以打破物理屏障，突破实体店的天花板，大大拓展销售覆盖范围，同时又帮助电商优化物流，减少配送时间。

（二）新的管理方式：聚焦与挖掘

①聚焦。海量数据的积累更容易掌握用户行为，用户在新零售系统中的痕迹沉淀了海量交易数据、互动数据，这些对于企业进行社群管理、粉丝维护都是至关重要的，也是目前新零售推进中的重点难点，数据在很大程度上已经成为新零售运作的核心之一，也是一大难关。新零售的到来，使会员互通成为可能，企业对会员运作有了更深的理解，会员价值需要更多的挖掘。会员互通，就是打通会员交易的各种数据，连接会员教育的各种资讯，对接会员的各项服务，推动线上线下会员资讯的互通共用。线上数据依靠线下应用盈利，数据互通的实现需要多方面的共同推进。不仅依赖于系统内数据中心、会员数据管理等技术模块的落地实现，更依赖于线下实体店的场景对接、活动和销售对接，以及用户数据同步等。前期不再凭感觉投入，而是可提前通过消费者的数据、通过数学模型进行更准确的预测。

②挖掘。采用分布式的系统，针对不同区域的生活形态对客户画像进行数据记录，并且要有匹配的作业流程，达到灵活的批次配送、智能选货、较具弹性的采购。比如附近住户更多的是上班族，就以餐饮外送与包

装食材作为主力商品；如果附近新生儿多，就以生活用品和副食品作为主力商品；如果明天下雨，就以热饮和盒饭作为主力商品。根据对本地生活情况的观察，灵活进行采购和推销。当然补货配送流程也需要配套，利用系统匹配最优路线是未来重要的运营计算。另外比如丰巢，门店自提等手段，既能让消费者合理安排取货时间，也能让零售企业实现降低配送成本与优化配送流程的目的。

（三）新的供应链管理：整合与优化

整合。新零售的发展，在前端提供了企业强大的商品销售能力，在后端也提供了适时的产品库存同步、sku 上架同步，无论是传统零售的升级换代，还是新零售的快速发展，都需要强化商品的分销同步、活动同步、库存同步，这样线上线下的商品销售才能并驾齐驱。进行各品类的销售数据分析，进行上下游整合，目的是确保新鲜送达、库存充足、生产更有效率。供应链的采购环节上，每增加一个节点，就会增加很大的采购成本比例，再加上营销费用，有限的利润也就不足以支撑运营的成本。如果不明白终端消费数据的情况，就很难在这些采购节点上采取合理有效的整合办法。

借助线上销售积累的海量数据。零售时代在供应链整合会有质的变化，整合上下游，提前挑选出更优的产地，进行更优化的品质掌控和最佳销售组合的预包装，大宗采购带来的优势是成本降低，并且能打造优质的自营品牌，这是新零售提高采购优势和提高利润率的展现之一。

优化。优化销售预测数据，并与实际销售情况进行对比，针对线上线下全渠道的不同销售情况进行数据化分析，可以提供消费者丰富的选择，这样虽然会产生部分损耗，但是需要审视损耗的比例和销售的比例孰轻孰重。通过比较报废的损耗和销售的利润，找到能带来持续性更好的效益。一方面需要提供新鲜充足的商品；另一方面又必须减少损耗，未来新零售会提供更好的数据平衡两者。通过更极致化的数据分析，显示每一种品类的消费周期，持续对比，从而形成未来最优化的策略。

二、新消费的六个维度分析

（一）消费者购买路径分析

线上消费者早期购买路径：搜寻→比较产品→下单购买→评论和反

馈。在新零售环境下，营销触点、资讯来源、收费渠道等都在急速增加，呈现出更加复杂化、碎片化、多样化的特点。

（二）消费者自身素质分析

相对而言，线上消费者往往更富裕、更年轻、受教育水平更高，男性占线上消费者的比例约为44%，但其在线下（传统实体店）消费者中的比例仅为20%左右；约58%的线上消费者的家庭综合收入高于1万元，而在线下渠道，只有约21%的消费者能够达到这个收入标准。同时约64%的线上消费者年龄在18～35岁，而线下消费者中，只有45%属于这一年龄区间。另外，线上消费者中约77%拥有大学学历及以上的受教育经历，远高于线下消费者47%的比例。线上消费者更容易接受新鲜事物。

（三）消费者选择渠道分析

大部分消费者偏好通过实体渠道进行日常补货或紧急购物，约24%的线上消费者属于休闲购物，没有很强的目标。在一项调查中，约11%的受访者在商家开展特价或促销时，才会选择紧急上线抢购物品，只为能够享受特价服务。

（四）消费者比价方法分析

线上消费者经常会访问多个电子商务平台。线下消费者一般固定到两家左右的实体零售商店购物。所以不管电子商务经济怎样增长，线上消费者一般不会舍弃实体购物渠道。在店内购物时，越来越多的消费者会使用网络比价工具，寻找最划算、最精明的消费方案，这就是常见的“服装店成线上产品展厅”，消费者越来越精明。数据表明，大卖场的利润正严重下滑，由正转负；小超市保持一定的发展势头；便利店也能微幅增长。例如，在武汉某零售集团的集团会议上，以前是仓储分公司高管排位靠前，而现在超市分公司由于业务生态更灵活，增长更迅猛，其高管在企业内部排位不断前移。

（五）消费者受包装影响情况分析

小规格包装、实惠感的包装更受线上消费者的青睐。某知名企业线上销售数据显示，同一品牌的带气饮料，24瓶330ml组合装的销量，远高于6瓶330ml组合装。“越小越好卖”成为线上销售现状。而在线下实体店的销售数据中，单瓶600ml装最受欢迎。线上快消品有效带动了整体产品销售额的增长，但是线下渠道目前仍是消费的主流市场。

（六）消费者关注点分析

线上消费者在意商品是否物美价廉，价格实惠是关键，也是他们选择线上交易的最大原因，另外“送货上门”“销售独特的产品”“节省购物时间等因素”也可助推线上产品销售。所以不论是在线上还是在线下，“消费者能否获得最大的价值感”是成交的关键。线下能最大程度的满足消费者的体验需求，“即买即走”是首要原因，“现场体验好”“质量更可靠”“现场服务好”等也是成交的原因。

三、线上线下营销

（一）线上营销

线上营销指的是在电子信息技术的辅助下，通过互联网进行的各种营销活动。线上营销日益丰富，有各式各样的形式，主网络广告、邮件列表个性化推荐及论坛营销，等等。线上营销有以下三个方面的优势。

第一，网络是自由开放的，任何规模的企业都可以享用。互联网已经走进千家万户，变成人们生活的一部分，衣食住行都离不开互联网，人们也在享受着它带给生活的便利。企业也可以通过互联网建立属于自己的域名，从而开展线上销售商品，这不仅降低了企业的销售成本，还有可能与消费者建立长期互动的关系。

第二，线上营销在产品、价格、渠道和服务方面更具优势。对产品来说，企业通过分析消费者购买产品的数据信息，准确分析消费者的产品需求；对价格来说，线上营销省去企业租赁房租等费用，可以将省下的钱转到产品价格的降低上，形成良好的价格优势；对渠道来说，也减少了许多中间环节，不但降低费用，还能让企业和消费者之间拉近距离；对服务来说，因为企业和消费者之间拉近距离，企业可以快速准确地获取消费者的需求，进而提供个性化服务。

第三，线上营销具有交互性和时域性。互联网是实现产品测试和消费者满意度调查等活动的媒介，可实现供需互动和双向交流。营销的终极目标就是抢占市场、提高市场占有率，线上营销可以做到一年365天，一天

24 小时不间断地提供全球化营销服务。但是线上营销也有一定的劣势，如消费者体验感不强、缺少购物乐趣等。

（二）线下营销

线下营销是借助促销活动、终端销售团队管理、会议会展、试用品展销等形式，为消费者提供一对一的品牌宣传、产品促销服务。线下营销有以下三个方面的优势。

第一，更加贴近消费者，进而提升品牌形象。企业采取线下营销，能够与消费者近距离接触，实现面对面，甚至是一对一的互动沟通，更容易了解消费者的各方面需求。同时在交流过程中，企业营销人员要保持良好的个人形象和企业形象，可以让消费者提升对品牌的信任程度。

第二，见效快，有效拓宽消费群体。消费者通过线下体验，效果好的话会促使其直接消费，通过线下营销积攒口碑，也能拓展企业的消费群体。

第三，增加营销利润。线下营销能够使消费者直接接触商品，增强他们的感官认知，更加贴近企业的体验产品功效，这样的营销形式对于企业来说性价比很高。但是线下营销也存在着一些不足之处，如渠道周转导致成本增加，价格也随之升高等。

（三）线下、线上营销

从线下到线上营销。企业不能再继续忽视或排斥网络带给人们生活的改变，在新零售的背景下，传统企业一定不要因为现有的市场占有率高而沾沾自喜，如果没有采取线上营销模式，就会慢慢被市场淘汰。

从线下吸引到线上。传统企业要将线下消费者吸引到线上，可以在实体店中对线上店铺进行宣传，如在店铺中张贴海报，发放宣传手册，向消费者传达线上网店的好处和各种促销优惠，让消费者从注册、了解、使用到成为习惯。企业也可以在人群集中的区域进行网站宣传，在制作宣传卡片方面要投入一定的精力和费用，要尽力让消费者对宣传卡片感兴趣，进而对宣传卡片上面的内容感兴趣，这才是有效的线下推广活动。

线上线下渠道有效互动。经营好线上渠道的前提是企业拥有合理规范的线下产品流通渠道。众所周知，如果线上和线下价格相同，在线销售将很困难，这也是其他传统企业在发展电子商务时必须面对和跨越的障碍之一。

李宁在经营网店时，线上的产品价格要比实体店的同种产品价格低，同时为了营造良好的互联网零售环境，清理了多家网店和线下渠道，消除线下经销商和厂家违规出货的现象，同时在线上渠道与公司渠道管理中，实施线上和线下协同管理的策略。

线上线下共赢。要想实现产品销售，线上与线下的协调共赢，就一定要制定不同的营销策略和产品服务，要将线上和线下有效地区别开，比如线上的和线下的产品价格、打折力度等。苏宁易购线下起家，后期增加线上营销，是目前把线上与线下关系处理得不错的一家企业。

成功的线下活动还取决于线上积攒的品牌和影响力，若线上网站在消费者心中有一定的影响力，为了有效策划和开展线下活动，企业就能够借助线上获得优势，如品牌优势、与用户密切接触的优势及了解市场行情的优势等，辅助宣传线下活动。如果线上网店在短期内无法实现盈利也没有关系，线上赋予企业的竞争力是无穷的，可以化为企业的无形资产，帮助企业提升知名度，增强消费者黏性，为线下带来可观的收益和长久发展的动力。

新零售的最终目标，就是线上线下一体，而这个目标的最终实现，需要大数据的支持，进行大数据分析，并根据数据将人群进行划分。以亚马逊为例，比如客户浏览了两本畅销的科幻类作品，并最终做出购买行为，那么网站就会根据客户的购买和浏览行为，结合大数据分析，看看客户的同兴趣人群，除了本人购买的书之外，还会买哪些书，然后把这些书做个排行向客户推荐。

四、消费者屏幕决策

在互联网时代，消费者的决策路径也与传统形式有所不同。消费者在网络上浏览商品，并能快速地在网页上获取到商品的相关属性信息，再结合自身需要，短时间内就能促成购买。因此对消费者来说，决策过程变得更加简捷快速。但是随着互联网的不断发展，商品同质化严重，价格有高有低，消费者在选择商品时又变得犹豫。在面对无限的商品和信息时，消费者往往眼花缭乱，即使拥有需求，但也要经过较长时间的对比，所以消费者的工作量和难度都有所增加，决策过程变得复杂、纠结。

企业营销的关注点应聚焦在如何帮助消费者更加快速准确的进行决策，也兴起许多新工具，如个性化推荐系统和产品性能比较工具等。但要明确的是，在互联网时代，消费者的决策阶段并没有发生改变，依旧是兴趣、信息、需求、行动和反馈五个阶段。改变的是各环节之间的紧密度，变得更加跳跃和衔接。

（一）消费者屏幕决策的特点

“第一印象冲动”：进入多屏时代，面临着更庞杂的信息，更依赖于第一印象来进行判断，这就让决策失去理性。吸引消费者的第一要素并不是文字内容，而是舒服的颜色和简单的结构，做到这一点，由于光环效应，即使内容一般也会给人专业、可信赖的好印象。

“中区偏见”：中区向来最有价值，即使在现实生活中，供货商也愿意把货品放在货架中间，在认知负荷比较大的时候，更容易关注中间的位置，而忽略周围的盲区，从而做出一些事与愿违的选择。

“不会太多”：屏幕上的信息也是一种反馈。有效的反馈具有两个要素，第一，有条理；第二，可以指导或者帮助做下一步的行动。

（二）消费者屏幕决策方法

如何在屏幕上帮助消费者缩小选择范围，精简到最好的考虑及做到挑选出的商品让消费者满意，这需要屏幕内容提供者掌握一些消费者屏幕决策方法。

①分类法：分类法让消费者能够花最少的力气排除大部分选项。分类法有效，是因为它增加了“对类别的感知”，让消费者更确定自己找到了最好的选项，他们没有因为不相关的选择而烦恼；相反，能有效地把注意力集中在理性的考虑集上。

②三次无效点击法：这是交互设计领域最重要的基础理论之一，意思是：如果用户三次点击中无法找到信息和完成网站功能，就会停止使用这个网站，但对于设计者来说，目标不应该是减少点击次数，应该力图让每一次点击有用。点击类别能帮助我们分解许多选项，得到便于管理的考虑及选项，然后找到最符合我们需求的产品。

③淘汰晋级法：体育赛事，如网球比赛、篮球比赛等，都采取了这种“连续淘汰赛制”，根据名字就能够知道这是一种淘汰竞争对手的理想机

制。把一大群候选人渐渐缩减到一个最终赢家，这种决策办法虽然不会减少消费者的任何选项，但能帮助人们找到最优的一个，不过值得注意的是，淘汰赛晋级法不能解决所有选项过窄的相关问题，但更多选项通常会带来更低的总体满意度。

④选择结束法：意思是做决定的人认为一个决定已经完成、问题得到解决的心理过程。内容提供者可以在屏幕上，只需通过简单的视觉暗示，比如在放弃的选项上标记“已排除”，或是在选中的选项和其他没有被选中的选项之间画一条线，就能触发相似的选择结束的感受。采用这样的视觉暗示，可以让人们对没有选到的选项就此释怀。

第五节　新零售供应链采购

一、新零售供应链采购概述

供应链采购是指供应链内部企业之间的采购。供应链内部的需求，企业向供应商企业采购订货，供应商企业将货物供给需求企业。供应链采购与传统采购相比，物资供需关系没变，采购的概念没变，但是由于供应链各个企业之间是一种战略伙伴关系，采购是在一种非常友好合作的环境中进行，所以采购的观念和采购的操作都发生了很大的变化。随着新零售的发展，线上线下融合，全渠道的发展模式更加要求线上线下采购信息共享，企业的需求线上传递，电子采购订单通过数据方式进入数据库，智能化的数据分析系统精确测算供需关系，为线下采购提供足够的信息，并通过智能算法对未来采购量进行估算，闭环的信息传递，全渠道的融合，都为新零售供应链采购提出新的要求。

（一）采购性质

传统采购模式一般是“有多少要多少”，基于库存量考虑，不考虑需求关系。在这种采购模式下，确实不会在某一种产品中出现缺少库存的情况，但是容易造成需求方大面积库存积压，同时库存成本太高，资金周转容易出问题。而供应链采购是供应商按照需求方提出的采购订单，向需求方送货，按需供给，不会造成很大的库存，大大地节省了双方的成本。新零售采购是基于线上线下全渠道的采购体系，线上与线下订单结合，多个供应商与多个需求方直接根据实施的订单系统，准确了解供需情况，需求商通过订单数据分析所需供应量，科学安排进货情况，在新零售的体系下，供应商与需求方的界限变得很模糊，原有的零售角色界限被打破，原有的一对多变成了多对多，不仅渠道得到拓宽，也得到下沉，一切都源于数据平台的信息共享模式。

（二）采购环境

新零售下供应链的采购，主要基于渠道实施的信息反馈与大数据分析下的消费者偏好。与传统零售采购直接前往市场进行采购不同，新零售下消费者对产品的质量与服务要求均有所提高，所以采购基本要做到模块化与实施化，根据季节需要分别前往不同的位置进行采购。能够自产自销最好，如果不可以一定要做到实采实销，各门店之间要做好沟通，根据不同区域消费者偏好的不同，采取不同的采购方案。

（三）采购方式

订单采购是指企业依据生产需要而进行采购的方式，适用于高价值、多品种、少数量、特殊规格的物料采购，它是集中采购的一种形式。所谓集中采购，是指企业在核心管理层建立专门的采购机构，统一组织企业所需物品的采购业务，以组建内部采购部门的方式来统一其分布于世界各地的分支机构的采购业务，减少采购渠道，通过批量采购获得价格优惠。集中采购模式有利于稳定企业与供应商之间的关系，是经营主体降低进货及物流成本，赢得市场控制节奏，保护产权、技术和商业秘密，提高效益，取得最大利益的战略手段。集中采购，把采购工作集中到一个部门进行管理，其余部门和分公司均无采购权。

新零售时代的订单采购从业务流程上看并没有大的不同，唯一与传统零售不同的是多个数据的驱动作用。传统的订单采购是由物控员、采购员与采购主管三方通过手动统计，人工完成统计到采购过程。新零售时代各阶段仓库的库存，各原材料的销量，通过数据分析的方法，科学地规划采购的数量与频率，通过数据驱动的方法对采购流程进行优化。

二、新零售供应链采购战略

（一）建立采购类别

新零售时代的产品品类较多，随着渠道的下沉与线上线下结合，每一个零售商的品类都会增加，这就要求每一个零售商或者公司要准确定义公司或部门物资的使用情况，在分析供应市场与自身优劣势的基础上，确定采购类别的分类。

（二）设计采购方案

新零售时代的市场动态是实时变化的，要充分利用数据分析的方法，科学分析供应商的成本结构，线上线下既要结合又要相互作为备选采购方案，并根据不同的品牌，选择不同的采购类别，设计不同的采购方案。

（三）建立供应商名单

充分利用互联网技术，对相关供应商的信息进行抓取，结合所要采购产品的特点，完善供应商的特征地图，根据特征地图并结合人工智能技术，列出供应商的名单，根据标准进行筛选，最后形成可供选择的供应商名单。

（四）选择实施方式

确定符合各采购类别的采购实施方法。

（五）选择供应商

通过线上平台的软件沟通进行线上询价，得到设计完整的谈判策略，分析供应商的反应与谈判的结果。

（六）与供应商运营整合

与供应商进行整合是战略采购的重点环节，由于新零售的供应链与传统供应链相比发生了变化，从原来的单纯线下采购变为线上与线下结合，要充分考虑供应链线上线下的整合问题，尤其是在供应链的两端，监督整合的结果，通过实时的数据分析，不断进行动态调整。

（七）不断与市场基准比较

通过分析同行的供应商情况，确定采购人员的职责、时间与范围，跟踪分析市场主要成本驱动原因的发展动态，定期或不定期进行采购信息反馈。

第六节　生鲜新零售供应链

一、生鲜品新零售概述

生鲜品新零售行业分析：生鲜主要包括果蔬（水果蔬菜）、肉类、水产品，这三类为深加工的初级产品，以及面包、熟食这两类加工制品，它们统称为“生鲜五品”。

鲜食一般包括日配乳制品、冷冻和冷藏食品、散装杂粮、蜜饯、糖果等，它们与生鲜的保存条件基本相同，保质期较短，通常会与生鲜统一管理和售卖。

与其他商品相比，生鲜食品具有保鲜和加工两大特性，保鲜即用保鲜设备进行保鲜，实现保值；加工即用加工设备加工食品，实现增值。

生鲜品行业现状及其特点：生鲜品行业具有高需求、高价格、高利润的特点。生鲜产品属于高频刚需类，日常生活、消费刚需，易损耗，支出稳定可预测，但是因为消费刚需，用户潜力巨大，加上因为生鲜产品被大型商超垄断，且多为半成品和成品，导致价格高昂，高价格必然伴随着高利润，同时因为生鲜产品的高频与刚需，使生鲜产品的利润更高。

生鲜新零售是指基于智能技术实现的线上线下一体化融合的生鲜新零售服务，截至2017年年底，国内的生鲜零售行业，已经尝试过多种模式，包括传统商超、综合平台、垂直电商、O2O等。“80后”“90后”成为家庭消费的主力人群，更注重购买体验与产品品质，有别于年长用户去早市、夜市购买生鲜产品的习惯。“80后”“90后”的工作节奏更快，消费能力更强，对生鲜消费的品质要求也更高，对生鲜的品种、质量规格、服务形式、服务的要求也都在改变。目前国内企业主要涉及的业态有：写字楼及办公室便利货架和货柜、自助售卖机、社区生鲜便利店、生鲜超市、生鲜配送平台等。

生鲜配送电商每日优鲜和易果生鲜，O2O生鲜配送企业京东到家，等等，以便利货架与货柜入局办公室无人零售，是从线上拓展线下的典型。

“餐饮+超市”企业，腾讯投资的永辉旗下超级物种，阿里旗下的盒马鲜生和京东旗下的7fresh，则是依托线下场景诞生的“餐饮+超市”，以线下流量为中心，同时提供配送服务，覆盖周边线上用户，属于线下线上联动模式。

二、生鲜新零售模式

因为生产企业的新零售布局涉及办公室便利货架和货柜、自助售卖机、社区生鲜便利店、生鲜超市、生鲜配送平台等多业态，甚至很多企业本身成立之初就具有多业态，且很多企业属于基于线下供线上或从线上开拓到线下，因此很难去明确生鲜新零售企业的具体界限，所以以各生鲜企业的本身形态来进行划分。目前这些新零售的典型模式大致可分为两类，一类是传统的网购模式，包括平台型电商和垂直型电商，另一类是线上线下紧密融合的创新模式。

（一）传统网购模式

传统的网购模式可分为两类，一类是平台型电商模式；另一类是垂直型电商模式。平台型电商的商流、信息流、聚合平台、资金流、物流归于供应商；垂直型电商的商流、物流、资金流、信息流全部聚集平台。传统的B to C网购模式，覆盖范围约为10公里以上，前置仓覆盖范围为3~5公里，配送时间为1~2天，部分可两小时送达。

平台型电商模式是吸引生鲜农产品生产组织、销售组织以及加工企业入驻平台，为供需双方提供线上交易撮合，如天猫生鲜、京东生鲜等。平台型电商开设生鲜频道、传统网购的点对点模式，通常采用“第三方商家入驻+平台自营”的方式。其品类很全，sku能够达到万数量级。其优势在于流量比较丰富，平台已经积累了大量的流量，对于入驻商家而言，平均获客成本相对较小，但其同时也面临一些挑战：首先，如何将平台的流量转化成购买力，增加日活和用户复购是挑战之一；其次，商家入驻模式下，无法对客户体验进行全程监控，只能对商家进行资质审核，无法对其商品质量、物流体验进行全程监控；最后，受到身兼专业电商和玩法平台的挑战，如何引导商家持续运营也是未来发展的重点和难点。

（二）垂直型电商模式

垂直型电商模式是指企业采购或自产生鲜农产品，通过线上渠道销售，如天天果园、易果生鲜等。由于生鲜产品的非标、保鲜期短、不易存储等特点，从采购到配送，任何一个环节出现问题都会影响用户体验，垂直生鲜电商一般会从源头开始介入生产链的各个环节。其优势在于能够全程把控供应链，获得价格优势，保证商品品质和用户体验。但同时也面临一些挑战：首先是这种模式“过重”叠加，从原产地供货开始，到原产地加工仓，城市分仓，落地配送，全产业链介入，成本过高；其次是获客成本高，一个新的垂直生鲜电商目前平均获客成本高达200元；最后是由于模式“过重”叠加、获客成本高，导致对资金链的依赖度强。一旦资金链断裂，就容易遇到危机。

三、生鲜新零售供应链战略

（一）货源组织

从以下四个方面对生鲜品新零售的货源组织进行全面分析，分别是生鲜品品类、生鲜品来源，生鲜品加工及生鲜品仓储。

关于生鲜品品类，由于受到即时消费及挑拣购物的传统习惯所致，现阶段消费者在生鲜电商的购物属于典型的“发现式购物”。也正因如此，先期发展的生鲜电商均将所售产品定位在高档水果、海鲜、有机蔬菜上。从长远来看，生鲜品市场消费总要经历“发现式购物—探索式购物—仓储式购物”的发展脉络。特别是中国电子商务基础设施已经改善，消费者网络购物习惯也已经形成，生鲜品新零售消费各个发展阶段的顺次迁移时间将远远低于传统电商市场。因此，市场将很快进入“仓储式购物”。为了迎合这种市场变化，生鲜品零售企业应当扩充生鲜品类，通过多样化产品满足广大消费者的一站式购物需求，追求“大而全”的发展方向。同时一些垂直型电商企业还应加强自营生产基地建设，强化生产联盟的纵深化发展，降低生鲜成本，通过低价高质的品牌产品满足区域消费者的专业化需求，追求“小而美”的发展方式。无论是从单品营销走向品类营销，还是从最初的荔枝大战，准备优化整条生鲜产品线，发展导向的实质均是将常规生鲜品作为重点发展品类。

关于生鲜品来源，由于受地理、气候的影响较大，生鲜产品生产具有明显的地域性、季节性、周期性，直接导致生鲜供给的时空非均衡性。这与具备时空无限极刚性特征的生鲜需求，产生了不可调和的矛盾，如何确保商品来源稳定成为关键。采取外延式发展道路的天猫生鲜主要依靠制度安排及卖家数量不断增长，凭借平台规模经济引导，平台卖家无限集聚，以平台卖家规模化确保商品来源稳定性。一些平台为卖家开通固定频道，展示入口专业导购，引导大量生鲜卖家集聚，同时一些企业依靠制度安排加强农业生产基地规模扩张与合作伙伴规模扩大，以供应链逆向整合确保商品来源的稳定性，与国内外知名生鲜供应商开展合作，且不断拓展合作伙伴。由于生产过程的规范性较低、复杂程度高、风险程度大，生鲜农产品生产组织的规模经济边界较为有限，新品新零售企业难以依靠自身力量确保商品来源稳定性，使一些企业增设采购功能。考虑到直接对接农户存在规模不经济以及范围不经济双重困局，一些生鲜品新零售企业均选择直接对接实体批发市场，充分利用传统生鲜流通渠道确保供应链稳定性。

关于生鲜品加工，由于生长过程对自然条件异常敏感，生鲜农产品很难实现标准化，并不具备工业品的质量无限特性，很难实现以“标准产品、统一价格”为基础的商业化运作。生鲜品新零售企业在自营农业生产基地加强规范化生产、标准化加工，同时对采购的生鲜农产品进行深度加工，通过将工业化流程导入生鲜产品生产，在很大程度上确保了产品品质的无偏性。

关于生鲜品仓储，由于生鲜农产品所具备的易腐性、变质性，对仓储设施提出了更高的要求。天猫卖家的传统冷冻仓储中心仅具备低温存储功能，只能实现少量短期仓储，不得不依赖平台规模客户实现快速分发，依靠贴近货源优势实现快速补货，为消费者提供更加符合需求的品类，实现自身的快速发展。一些生鲜品新零售企业建有集冷藏冷冻库于一体的现代化仓储配送中心，可进行多温区存储，并设有低温加工车间以及对应的分拨中心与配送站点，可以满足大量长期仓储，以此强化仓储规模、降低成本、延长生命周期，尽可能持续供应，为消费者提供更加价廉的产品，实现自身的快速发展。

（二）零售交易

生鲜品新零售将零售环节分解为零售交易与零售配送，并实现了时空分离，改变了传统的交易方式。将零售交易前置由传统的“货源组织—物流环节—配送环节—零售环节”更改为“货源组织—零售交易—物流运输—零售配送”，甚至是“零售交易—货源组织—物流运输—零售配送”，还实现了零售交易的线上虚拟操作，消费者完全可以线上查询、线上下单、线上支付，既降低了消费者购买成本，也为生鲜农产品按需配送提供了可能。

传统生鲜流通体系下，零售交易处于流通链条末端，只能被预测，难以被操纵，相对简单且包含在其他流通环节，这也是供需失衡、滞销耗损等流通困局迟迟无法得到解决的关键原因。但在生鲜品新零售体系下，零售交易实现了环节前置，使信息流为引导物流、资金流、商流的原动力，提高流通的目的性、主动性成为引导流通模式变革的关键一环。

（三）物流配送

生鲜新零售模式直接面向消费者销售，生鲜产品直接进入物流配送，不再经历加工企业、批发市场、零售市场的中转。面对国内冷链物流发展较为滞后的现状，一些生鲜品新零售模式采用了不同的物流组织。例如，天猫卖家采用行商模式，主要追求平台买家规模，需要与全国各地区的消费者进行交易，单次运输数量小，整体运输路线多，存在运输分散化的问题。因此天猫生鲜组建菜鸟物流，集成不同平台卖家的订单，解决单次运输数量少的问题，满足整体运输路线多的需求，实现社会化配送的规模经济；再如沱沱工社采用的坐商模式，主要追求区域买家规模，目前业务范围主要限于北京、上海目标市场的消费者基数，用户数量增长较为缓慢，存在客户数量不足的问题。因此沱沱工社采用建设成本相对较低的自营物流适应运输半径较小、配送区域集中的特点，并且全程冷链配送的高品质生鲜还可以吸引更多忠实客户，解决单次运输数量少的问题，实现自营配送的规模经济。

生鲜品新零售，要么采用“集中采购、分散供应”，要么采用“分散采购、集中供应”的方式，尽可能降低成本，对整个物流环节进行整合。企业自建物流，应对采购过程的短距离集中运输，其规模经济可以保证采购低成本；社会化物流，应对供应过程的长距离分散运输，其规模经济可以保障供应低成本。生鲜农产品由于易变质以及易损性，要求运输过程中必须加强外部防护与内部控温，这就提高了物流成本，也对配送时效以及配送半径提出更为严格的要求。

为此，生鲜品新零售企业要求消费者提前下单，汇总整合订单，合理安排物流，实现运输规模经济，同时加强运输路线优化，实现物流运输的快捷化、运输成本的最优化。

传统生鲜零售以现场直接交易为主，消费者前往实体卖场购买并携带回家，卖家一般不承担零售配送；而生鲜品新零售实现了线上虚拟交易，线下实体交割，需要依靠零售配送解决生鲜产品流通最后1公里。生鲜产品易损伤，降低了携带便利性，消费者更加偏好接近居住地的交付地点；生鲜产品易变质，决定了消费即时性，消费者更加偏好及时寄送生鲜。零售配送需要克服需求、时空离散导致的规模不经济，配送地点的集聚与配送时间的集中，成为生鲜卖家的偏好，因此卖家期望交付地点与买家期望交付地点，以及卖家期望配送时间与买家期望配送时间存在冲突。一些物流与社区便利店开展全面合作，允许消费者在便利店正规运营时间前往自提货物，还设置了社区自提柜，允许消费者随时去楼下自取货物；甚至一些生鲜企业还为消费者暂时无法接收的生鲜配送提供“二次配送”以至“三次配送”等精准化配送，或者采取合作社区店与社区自提柜策略，允许消费者自行前往取货。

综上所述，对生鲜品新零售供应链的分析，可以发现如下优点：首先，生鲜品新零售供应链形成了“供应—交易—配送”三阶段模式。其中供应环节实现了生产、采购、加工、销售的一体化，零售交易转移到线上虚拟市场并实现了环节前置，配送环节集成了物流运输与零售配送。可见，生鲜品新零售供应链减少了流通环节，实现了供应链的一体化。其次，生鲜品新零售供应链模式将零售交易前置，突破了传统上不得不依靠预测信息流的局限，真实供需状况的零售交易在生鲜品供应链的位置越靠前，越有利于整条供应链的效率，使基于实际信息流推动商流、物流、资金流的协同流转成为可能，有效抑制了“牛鞭效应”。时空限制的突破促成了规模化订购与分散化配送并存，改变了传统的“小生产、大市场”格局，形成了全新的“大供应、大市场、小配送”格局。

第七节　农业新零售供应链

一、农业新零售供应链概述

农业电商是新零售重点布局的领域，2018 年全国农村网络零售额约为 1.73 万亿元，同比增长 30.4% 。其中，网络零售额约为 2305 亿元，同比增长 33.8% ，网络销售额排名前三的产品为水果、茶叶、坚果，网络零售额增速排名前三的产品为水产品、蔬菜、奶制品。

二、发展农业新零售电商的八个关键点

在农业新零售电商发展过程中，企业需要着重关注八个关键点，即产品标准化、包装人格化、制造深加工化、价值附加化、特色原产地化、营销娱乐化、渠道多元化、管理数据化。

（一）产品标准化

标准化是批量流通的前提和关键，也是目前农产品电商最大的痛点，必须对产品进行标准化，统一包装，统一规格，统一品质，统一定价。

（二）包装人格化

包装人格化是为了满足互联网客户的需求，这类包装更容易打动客户。从超市及热销的产品来看，卡通化包装在很多产品领域成为趋势。包装会说话，人格化的品牌及包装，自带消费流量，更有话题感，传播性更强。

（三）制造深加工化

只有经过深加工的产品，才有更高的产品附加值，并能区别于原来的产品。现有产品经过深加工，既方便保存，又方便客户使用。例如，小龙虾深加工成熟制品，在冷冻至 -18℃后，便可通过全国冷链运输，全年销售，从而大大提高产品的销售附加值，其独特口味又解决了消费差异化的问题。

（四）价值附加化

要采取措施来增加产品的附加值，如关联跨界、关注抽奖、功能提升等。

（五）特色原产地化

原产地化，是当前客户一直追求的。国家出台的地理标志产品认证，有效解决了地理产品的规范问题。地标产品，是一个地方农产品的精华，具有较高的商业价值。好产品一定要努力打造成当地的地标产品。

（六）营销娱乐化

互联网的主要消费人群为“80后”和“90后”，他们大多看着动漫娱乐节目长大。娱乐化做得好，可增进企业与客户的互动，提升消费力。周黑鸭、良品铺子、三只松鼠都是娱乐营销方面的高手。

（七）渠道多元化

移动互联网时代，消费路径更加多元化，昔日的阿里巴巴、京东在台式电脑时代独揽天下的辉煌已经过去，客户的消费场景更加碎片化，可能坐个地铁就把产品买了。为应对这一变化，良品铺子将30余个电子商务的销售渠道，整合到集团ERP中，统一管控。

（八）管理数据化

所有的生产及销售环节，都需要实现数据化管理。数据化管理有五个方面，产品数据化、营销数据化、门店数据化、客户数据化、供应链数据化，用数据说话、用数据分析，科学决策，让效率更高。

三、农业新零售知名品牌建立

中国农业正步入农业电商品牌形成阶段，在10万亿以上的超级市场容量里，传统农业企业一旦转型成电商，必将诞生数百个伊利、娃哈哈级别的农业新零售电商知名品牌。

（一）农业电商产品的切入领域分析

中国农业电商开发领域包括大众农业、小众农业和精品农业，其中在精品农业领域更容易做出全国性品牌。褚橙、潘苹果、柳桃等农业电商品牌，均在此领域深耕，满足客户对“更好、更健康、更安全”的优质农产品的需求，逐步得到市场的认可，并快速形成规模效应。

（二）农业电商品牌形成的三个特质

农产品能否形成品牌，取决于其生产稳定性、流通便利性，以及需求端的升级。

第一是农产品的生产稳定性。譬如，要打造一个全国的水果知名品牌，品质稳定、规模化生产是必须具备的前提条件。

新西兰水果巨头佳沛公司年产优质猕猴桃30多亿颗，销售业务覆盖全球53个国家，2015年该公司销售额就已超过100亿元，在全球猕猴桃市场占比高达33%。名副其实地成为“全球猕猴桃领导品牌”，代表着健康和营养。我们来分析一下它是如何成功的。20世纪60—80年代，新西兰虽然也种植猕猴桃，但品质不稳定，品牌零散，影响力有限，1988年，新西兰最大的海外市场——美国实行反倾销政策，让企业雪上加霜。新西兰政府决定进行组织变革，新西兰奇异果营销局由此诞生，这一由众多果农联合发起成立的销售部门，成功的核心之处，是从果农手中统一收购优质猕猴桃，并向终端渠道统一销售。1997年营销局推出“佳沛”，作为新西兰猕猴桃的唯一品牌，并从两个维度进行组织变革，确保产品供应链的品质稳定。一是生产流程统一标准化。在上游环节统一育种研发、统一标准种植、统一用肥用药，最大限度减少不可控因素。在下游环节实施拣选、仓储、物流标准化，完全掌控销售渠道。比如拣选由机器来完成，根据产品品质拣选至不同的仓库。在仓储环节采用恒温仓储库存储，保证猕猴桃8个月内不会变质。在运输环节，采用冷链物流运输，让损耗率降至5%，远低于中国市场上10%～15%的运输损耗率；在销售方面，经销商需要交纳高额保证金才能获得佳沛的优质货源。对整体品牌实施严格的管控措施，让生产和销售环节不再“肆意”。

具体而言，佳沛采取以下三种方式。

一是建立良性农户管理体制。可溯源机制、地理密集型监管、按标准定价采购、监控农户生产安全环节，使供应链智能、可控。一方面，佳沛采用生产追溯信息卡统一管理果农，并把80%的猕猴桃集中在新西兰丰盛湾产区生产，采摘果实之前的三个月内，禁止使用任何化学药品，并委托第三方机构采样检测，只有优质的果实才被允许贴上“佳沛”的标签。另一方面，佳沛采用三种农户激励机制，果品供应链是预付30%的保证金，保底收购、品牌建设，带来更高溢价能力；控制单户果农规模。佳沛委托果农种植时，便向果农预付30%的保证金，还会采取保底收购、股权分红等保障措施让果农放心，并通过加强佳沛品牌的建设，实现产品价格的逐步提升，通过管控单户果农的生产规模，让果实得到更好的照料。不断的技术升级和组织变革，新西兰佳沛公司在农业领域建立起一条高品质、高产量的猕猴桃供应链，成为其品牌价值的护城河，形成佳沛猕猴桃就是"全球最优质猕猴桃"的强大背书，产品热销世界各地。

二是农产品的流通便利性。农产品的流通便利性，与存放时间、运输半径、耐放性及运输过程中的损耗，都有密切的关联。农产品含水量越低，供应链管理成熟度就越高，含水量较低的产品品类，出现全国性品牌的时间也较早。当含水量在15%以下时，水分活度低于0.6，细菌就无法繁殖。原本生产稳定、流通方便的农产品品类，更容易出现知名品牌，如好想你红枣、正林瓜子等；原本生产不稳定，但流通相对方便的品类，经由稳定生产，也可形成知名品牌，如佳沛猕猴桃、褚橙等；原本生产相对稳定，但流通不变的品类，经由提升流通的便利性，即可形成知名品牌，如伊利牛奶。

成熟的供应链，生产稳定，流通方便，这是农产品品类出现品牌的必要条件，供应链越成熟，该农产品品类出现品牌的难度越低，品牌出现时间越早。

三是农产品需求端升级。农产品形成品牌的难易程度，一般取决于两个关键点：一是产品升级空间。产品升级成功的关键是形成客户的认知差异度，包括产品本身可差异化的程度，以及客户认知和体验方面可差异化的程度。二是渠道升级空间。20世纪90年代，各类蔬菜、水果大王的崛起，均源于批发市场的兴起，渠道的发展，促生了各行业的龙头企业。

2000年前后崛起的生鲜供应商巨头，则与沃尔玛等商超渠道的出现密切相关。以上三个条件，在当前中国农业产业领域日益成熟，一个个农业知名品牌必将呼之欲出，客户期待的农产品品牌消费时代即将来临。

四、农业新零售供应链发展战略

为有效促进农产品供应链在新零售背景下的发展，应从市场出发，根据需求导向进行个性化的生产，即在农村地区加大对相关技术的推广及普及力度，优化对供应链的管理，并在原有供应链的基础上进一步建立起完整的新零售供应链体系，从而促进供应链整体的转变与优化，促进传统农业进一步发展。

（一）市场先行，促进产品和市场的对接

新零售不仅是贸易和物流的简单融合，当前的新零售更加强调以人为本的理念，同时融入云计算、大数据等创新技术，它包括全渠道又超越全渠道，打破过去所有的边界，以一种全新的面貌与消费者接触，在生产信息化等因素的影响下，商品供求、价格、消费者、竞争者等市场信息迅速发生更新。创新技术的发展为农产品的市场开拓提供有利条件，产品供应链首先要以市场为先导，组建反应灵敏、运营高效的营销团队，采取基于消费者需求的农产品供应链协同整合模式，以适合整体市场的运作。要探索构建农产品生产者、销售商、消费者、政府管理机构共享的农产品供应链信息平台。建立农产品供需数据系统，提高农产品种植安排的预判、地区市场销售量的预警和销售价格的监测，扩大农产品的精准投放。

（二）做好源头，提升农产品的质量安全

了解并研究与农产品相适应的地形气候、种植培育技术，进一步加大对农业技术的推广及普及力度，使农户及时掌握新技术新趋势，积极组织相关的信息与网络技术培训，并鼓励农户参加，必要时可以有相应的奖励机制，有效发挥规模企业的带头与示范作用，加大农产品科技人才的引进和培养，扩大农业科技普及的支持力度，为当地农产品供应链发展提供动力与技术支持，实现农业在当代社会的高效、可持续发展。积极编制农产品地方标准，对符合条件的农产品申请地理标志登记，组织优秀企业开展农产品国际认可认证，提升农产品质量。

（三）优化管理，促进产业链的高效运转

加大对供应链中间商的管理与优化力度，减少农产品在运输过程中产生的损耗，有效降低中间环节成本。精简、规范和优化中间综合农业企业与物流企业，积极构建包括新改建及优化后投入使用的大型农业批发市场、代表性综合企业以及集农产品原料收购、农产品加工、仓储、销售和配送于一体的综合型、核心型物流体系。积极重视相关农业信息平台的有效构建，从而为市场、企业及农户及时提供最新的供给、需求、采购、运输与销售信息，促使处于供应链不同环节的各方及时对生产及市场各要素的变化做出反应，尽可能减少中间环节造成的成本，从而在控制农产品整体市场价格的同时，有效保证农户的利益，促进农产品供应链的健康发展。推动电商平台与电商协会、政府招商部门、邮政等伙伴建立合作，通过更年轻的商业组织，带动更多产地建立标准、品牌。

新零售的提出，为农产品流通现代化升级指明了方向，尽管相关理论体系尚处于研究初期阶段，但是随着互联网技术的不断进步和营销理念的不断更新，农产品流通现代化升级转型将是必然选择，农产品流通现代化的升级需要依托大数据平台，引入互联网相关技术人才，提升农户使用互联网的积极性，培养现代农业生产者，转变农产品营销观念，建立完善的产、储、运、销体系，利用线上平台，将农产品生产加工信息及时更新，确保线上发布的信息真实准确，为农产品流通效率的提升和线下销售业绩的提高奠定基础。

第八节　旅游新零售供应链

一、旅游新零售供应链概述

2016 年，马云首次提出“新零售”概念，2017 年，马云再次提出，只有线上、线下、物流、数据结合起来，才能打造新型的零售体系。对于旅游“新零售”则是“旅游 +”的延伸和具象。旅游经历了三个阶段：在单纯的旅游阶段，早期的旅行社就是典型的代表。“旅游 +”阶段，代表着跨界和无限可能，是“新旅游”的生发期；文化旅游融合阶段，是文化和旅游融合的时代，新业态开始出现，对于这些新业态、新模式而言，企业应该做好差异化定位，并竭力构建自己的核心竞争力。旅游新零售是顺应全域旅游和文化旅游融合时代的创新型旅游，践行 O to O 理念，不是简单地将线上线下结合，而是线上线下一体化发展，这是新旅游核心零售发展的基本思路。旅游新零售模式的创新，包括产品创新、技术创新、服务创新、资本创新和跨界创新。在旅游的智能服务方面，旅游要为旅行者提供增值，最终实现让旅行者为服务付费。这除了依托线上线下联合，还需要融入大数据和 AI 技术。大数据和 AI 技术的应用，让旅行者在出行感受上有“科技改变旅行”的畅快，在旅游新零售时代，企业面对的是更加多元、零散、个性化的受众市场，依托大数据和 AI 技术的支持，为旅行者提供匹配度最高的旅行选择。企业可以通过项目制和区域合伙人模式，将国内各地龙头旅游企业集结在一起，资源共享，优势互补，互惠互利，真正实现共建共享的事业新格局，必将给中国文旅产业带来更多的活力和创新思维。

二、旅游新零售供应链创新战略

关于消费升级、新零售的创新，可以从以下几个方面理解：一是产品与服务的创新，产品创新主要是除了常规的跟团游外，出现很多小众产品和垂直细分市场，增速非常快。二是服务创新，更多的是把线上延伸到线下，通过旅游顾问提供专业化解决方案，完成旅游体验的升级。三是技术创新，用户消费行为的变化，通过大数据及前端技术的开发来完成体系化、系统化信息通道，实现高科技的便利性体验。

消费升级下的新零售是“线上服务 + 线下体验 + 现代化物流”，是以客户为导向，线上线下相结合，有效的依靠大数据和云服务进行定制，去中间库存和缩短供应链，降低成本，从而高效地供给客户。

从投资的角度来讲，旅游是新零售业态的、线下服务的，互联网把信息化普及程度变得越来越透明、越来越便利，使用户决策时间大幅缩短。因此，互联网带来了第一波投资机会，是关于效率和体验的提升。2014 年以后，不少在线旅游企业开始下沉，以前是做好信息化、资讯优化就可以完成整个消费环节，但现在是能够完成消费的所有过程都重新回归线下。转投线下门店，更多的是一种场景，一种跟客人交互与服务的方式，门店可能不是核心，而旅游顾问才是现下真正的核心；在线上红利遇冷的情况下，试图通过这样的延展，巩固自己的定位。目前来看，线上企业转向线下多数是像 BAT、途牛、同城等大体量大资本的企业在做。而对本土化的中小企业来说，面对这样的对手，应该抓住“内容升级、服务升级”的指标进行差异化竞争。“内容升级”是战略和产品层面，在产品定位、市场区位等方面避免直接形成价格战；“服务升级”是用户体验的层面，在性价比、企业文化、定制化服务方面下功夫。

文旅产业的消费升级在形态上有三个变化：最早的跟团游是1.0时代，其次是自由行2.0时代，现在是进入碎片化的3.0新零售时代。进入3.0时代，旅游产品变得更加碎片化，用户可以自行完成所有的预订行为（机票、酒店、民宿、交通、门票等）。异地生活方式的碎片化，同时展现出更多产业间的跨界融合，带动了消费升级，走出旅游本身，从而诞生了一些新业态，并逐渐成为一个个单独的产品品种，形成新的产品售卖。消费升级的背后，也反映出更多消费市场的个性化需求，文旅产业应更加注重用户的服务体验。

第八章 产业基地建设

第一节 产业基地发展概述

一、产业基地综述

（一）产业基地的概念

（1）国际产业基地

由于世界各国的产业基地在发展背景、开发目的等方面存在差异，因而对产业基地的定义也有所不同。其中，国际上广义范围内对产业基地做出如下定义：所谓产业基地，就是由工业性企业构成的地域社会，是根据综合性规划进行区划、开发的区域。在其规划中，应细致地准备道路、运输机构、公共设施以及住宅的整备，并且在向入驻者销售或租赁之前，应先行准备工厂建设。1966 年，联合国“产业基地——政策、规划以及发展”报告中，产业基地被定义为一种统称性概念，基地有计划地将企业聚集起来，提供开垦的土地，通过预先建设的工厂和附带设施，向利用者提供财产和服务。欧洲自由贸易联盟（European Free Trade Association）在 1970 年对产业基地做出如下定义：产业基地就是指以负责提供工业性设施建设的许可或实施，另或提供产业发展所必需的、有用的、服务的开发团体选定、规划，并管理的土地区划。

日本的产业基地称为工业团地。日本的原通商产业省为工业团地做出如下定义：工业团地是为促进工厂的用地，通过购买、租赁等方式有计划地取得用地，进行基地的建设与整备等，从而集中销售的工业用地以及与工业用地一起取得、建造、整备的道路、绿地、住宅等公共设施。

概括来说，产业基地是指一个国家或者一个地区的政府根据经济发展的内在要求，通过行政或市场化等多种手段，集聚各种生产要素，适应市场竞争和产业升级的新形势，满足城市化进程合理集聚的趋势，在一定的空间范围内进行科学整合，使之成为结构层次合理、产业特色鲜明、集群竞争优势显著、功能布局优化的现代产业分工协作生产区，是连接工业化和城市化的纽带。

（2）国内产业基地

我国产业基地是由政府或者民间组织、机构自发或者规划筹办的富于规划的且具有产业集群效应的经济体。产业基地因产业属性而异，规模不一，并表现出多元化特征。产业基地是区域经济发展、产业调整和升级的重要空间聚集形式，担负聚集创新资源、培育新兴产业、推动城市化建设等一系列的重要使命。

（二）产业基地的分类

（1）国际分类

①一般加工型产业基地。这一类基地以制造加工业为主，有综合加工型的，也有专门从事某一类产品生产的特色基地，如意大利南部的服装基地、纺织专业基地。

②高科技产业基地。这类基地以高科技产品的研发为主，基地内科研机构和企业相对集中，具有知识密集性和人才密集性特征。美国的硅谷、英国的剑桥科学园、法国巴黎高技术区、日本筑波科学城、印度班加罗尔软件园都是典型的高科技产业基地。

③生态工业基地。生态工业基地是根据循环经济理论和工业生态原理建立的一种与生态环境和谐共存的新型工业基地。截至2003年年底，美国各州开展的生态工业基地建设项目已超过60个；在亚洲，日本的生态工业基地建设项目已超过30个。生态工业基地已经成为各国在产业领域实现资源循环和高效利用的重要方式之一。

（2）国内分类

①资源驱动型产业基地。资源驱动型产业基地是指主要依托本地自然资源、独特的产业专业化条件、工商业传统以及教育科研资源，依靠民间微观经济主体的自发创新和资源开发，并在内生性资本积累的推动下和获得相对全国其他地区体制优势的情况下，借助市场力量逐渐生成的产业基地。这类基地主要包括三种：一是社会资源驱动型。其所凭借的是当地的

工商业传统、文化等社会资源，主要分布在东南沿海地区。二是自然资源驱动型。其所凭借的是当地的矿产、农副产品等自然资源，主要分布在中西部地区。三是科技资源衍生型。其主要依靠丰富的教育和科研资源形成，如中关村产业基地，它是我国教育和科研资源最为密集的区域，依托丰富的教育和科研资源形成以信息产业为龙头，多个高新技术产业蓬勃发展的局面。

②贸易驱动型产业基地。贸易驱动型产业基地又称龙头企业带动型产业基地，是指以本土企业为主的国内贸易和出口贸易带动的产业基地。这类基地往往是当地一些企业家在国内外市场中看到商机，开始进行单个家庭式或小规模企业的创业，成功后迅速带动其他企业跟随，进而形成的产业基地。这类基地一般由中小企业组成，企业家或带头“能人”和行业协会在其中发挥重要作用。

③外商直接投资型产业基地。外商直接投资型产业基地是指我国对外开放中，一些地区凭借优越地理位置、优惠投资政策、丰富土地资源和充足廉价劳动力，在地方政府市场培育、企业创造性模仿和企业家精神等共同作用下形成的以外商直接投资为主的产业基地。外商直接投资型产业基地可分为两种类型：一是围绕个别外商投资的龙头企业形成众多企业配套的产业基地；二是全球行业内大企业和产业链上下游企业集聚的产业基地。

④大企业种子型产业基地。大企业种子型产业基地是基于大型企业配套需求而形成的产业基地。随着企业间竞争的加剧和专业化分工的严谨，众多大企业往往专注于某一环节得到核心能力建设，而将其他业务外包出去，吸引众多的中小企业依附在周边，为大企业提供配套服务，从而形成全产业链的产业基地。大型“种子”企业是基地产生的基础，随着“种子”企业的发展，企业会产生部分外溢的知识、技术、人才流动，这些部分外溢知识、技术的习得者和流动的人员又以各自的优势创立自己的企业并聚集在“种子”企业周边，最终形成产业基地。这类基地主要集中在汽车、家电、通信设备制造等具有较高技术含量且全产业链较长的行业中。

⑤大企业裂变型产业基地。大企业裂变型产业基地是在体制和机制改革的基础上产生的，国有大中型企业将原有的内部交易转化为外部的市场

交易，从而形成很多独立的中小企业，这些企业再通过不断的繁衍和聚集形成产业基地。由于分裂或繁衍出的企业都处在相同产业链的不同位置，而地理位置又相互临近，因此通过彼此的分工和合作又很容易产生集聚效应，从而形成产业基地。

⑥产业转移型产业基地。产业转移型产业基地也被称为“嵌入式”产业基地，是指随着经济的发展，形成全产业转移，出现了发达国家和发达地区将部分产业或产业链中的低附加值部分环节向发展中国家和不发达地区转移的趋势，并逐渐在一些较为临近或条件较好的地区聚集形成的产业基地。在我国，这种产业转移主要分为两种：一是改革开放后欧美国家，以及我国港台地区等产业转移形成的产业基地；二是近年形成的国内产业转移，即沿海地区产业向中西部地区转移，东部沿海产业容量逐渐缩小，产业北移和西进的态势十分明显，中西部地区在承接东部沿海地区的产业转移过程中逐步形成的产业基地。

⑦规划引导型产业基地。规划引导型产业基地也被称为园区型产业基地，这类基地的产生和发展主要是国家和当地政府根据该地区的战略定位和区域发展条件，有针对性地进行规划。通过投资建设特色小镇、工业园区或经济开发区进行招商引资，进而逐步发展形成的产业基地。这类基地往往是当地政府根据本地区的未来发展定位而实施的具有一定战略前瞻性的产业布局，主要分布在沿海东部地区。

二、理论基础

（一）产业基地的理论发展

（1）马歇尔理论

马歇尔于1890年在其经典著作《经济学原理》中提出了规模经济这一重要概念，他认为规模经济分为外部规模经济和内部规模经济。外部规模经济是指在特定区域内，由于某种产业的集聚发展所引起的生产企业成本的整体下降。通过对英国一些传统工业企业集群的研究，马歇尔发现外部规模经济与企业集群之间存在着密切的联系。他认为外部规模经济往往是因为许多性质相似的小型企业集中在特定的工业地区而获得的。马歇尔把专业化产业集聚的特定地区称为“产业区”。企业聚集在“产业区”内，可以降低劳动力的搜寻成本和中间产品的成本，信息的溢出可以使企业的生产效率高于单个的分散企业，特别是通过人与人之间的关系促进了知识在该地区的溢出。

（2）韦伯理论

德国经济学家韦伯于1909年发表了其著作《工业区位论》。他主要从成本最小化的角度讨论产业基地的成因。韦伯认为企业对于区位的合理选择和聚集，能够带来成本的节约。若干企业聚集在同一地点能够为这些企业带来更多的收益或节省成本，这是企业聚集带来的好处，也是其形成的原因。技术设备发展的专业化、搜寻劳动力的相关成本降低，反向促进了企业聚集。同时，企业的聚集还有利于道路、煤气、自来水等基础设施的建设和共享，从而减少了经常性开支成本，进而促进了企业聚集。

（3）增长极理论

增长极理论是由法国经济学家佩鲁在20世纪50年代提出的。在对空间范围内经济的非均衡增长问题进行分析时，佩鲁引入了“增长极”和“推动性单位”概念。“推动性单位”是一种起支配性作用的经济单位，它的增长能够诱导其他经济单位的增长。推动性单位具有三个特点：一是新兴的、水平较高的、有发展新前景的产业；二是具有广泛市场需求直至国际市场需求的产业；三是对其他产业有较强带动作用的产业。而“增长极”正是集中推动性单位的特定区域。佩鲁认为，增长极同时具有“极化效应”和“扩散效应”。

（4）“钻石模式”理论

哈佛大学教授迈克尔·波特率先提出全球经济下的产业基地理论，从竞争力角度对产业基地现象做了分析，提出了著名的“钻石模式”理论。波特对产业基地现象进行分析和研究，进而得出结论：产业基地不仅能够降低交易成本、提高效率，还能改进激励方式，创造专业化制度、带来名誉等集体性财富，更重要的是，产业基地能够改善创新条件，有助于生产率的提高；基地内部的企业虽然由于激烈的竞争暂时减少了利润，但相对于其他地区的企业来讲，却建立起了竞争优势。

（二）产业基地的应用理论——外部性理论

外部性是指一种经济力量对另一种经济力量的“非市场性”附带影

响，这种影响使价格机制不能有效地配置资源，影响经济力量的利益平衡。关于外部性的定义是只要一个人或一家企业实施某种直接影响他人的行为，而且对此既不用赔偿，也得不到赔偿的时候，就出现了外部性。萨缪尔森、诺德豪斯（1937）认为，外部性是一个经济主体的行为对另一经济主体的福利所产生的效果，而这种效果并未在货币上或市场交易中反映出来。

外部性具有两大特征：第一，外部性独立于市场机制之外，它的作用不是通过市场经济发挥作用，不属于买者和卖者的关系范畴，市场机制无力对产生外部性的厂商给予处罚或补贴；第二，外部性产生于决策范围之外，具有某种强制性，这种强制性不能由市场机制解决且不可能完全消除。

外部经济是产业基地实现经济效应的重要源泉。企业在发展过程中相互联系、相互作用、相互影响，导致资源利用率提高、成本节约、收入或效用增加，从而不可避免地带来外部经济。主要体现在以下五个方面。

（1）公共产品的效益性

一般而言，公共产品的社会供给具有在空间上集中的特点，而企业所需要的社会生产条件（包括公路、桥梁、码头、机场、车站和供电、供水、通信等系统）都是具有这种特征的公共产品。聚集不仅可以使基地内企业共享这些社会生产条件，节约建设基础设施的费用，而且可以减少对基础设施要求的复杂性，提高基础设施的使用效率。

（2）专业化投入和服务的指向性

从企业的价值链来看，专业化的投入和服务属于包括上游供应商和下游营销渠道及客户的价值体系，这套体系的有效运转依赖于各个链接点的协调。单个企业不可能提供足够大的市场需求来维持众多供应商，而聚集带来的规模需求使得专业化供应商得以生存，形成专业化供应商网络。网络越密集，竞争越激烈，一些关键的最新的设备和服务越容易获得，而且越容易享受到合理的价格和更高的服务效率。

（3）知识的溢出性

知识最好的传播方式是面对面的交流和连续性、重复性接触与联系。基地内企业的集群，使许多具有相同专业素质的企业和人才聚集在一起，通过他们之间正式或非正式交流，使技术知识、供需信息、管理经验和创新构想等知识的交流成为可能。知识溢出的空间局限性正是各地建立经济基地的最好理论解释。

（4）市场的聚集与辐射性

在原材料的供应上，良好的产业基地可以提供一个纵深的专业化供应基地，使原材料供应更加集中。原材料的集中供应不仅带来了一体化的优势，减少企业的搜寻成本，使存货需求达到最小，而且供应商之间的相互竞争使原材料市场成为一个完全竞争的市场，提高服务效率。在产品销售上，由于基地内企业本身的关联性，各企业产品也有其内在的生态链，并形成一个良性循环。同时，这种配套产品的生成会成为一种规模经营，很容易吸引外来商家的注意。

（5）劳动力市场的共享

企业聚集有利于营造良好的创业、生活氛围，吸引劳动力聚集，形成专业化的劳动力市场。劳动力市场的形成使企业更容易找到所需劳动力，劳动力也容易找到适合自己的企业，从而降低企业与劳动力之间相对搜寻成本与交易成本。不仅企业能从劳动共享中获益，相应地，基地内劳动力失业风险也会因企业的集中而降低。这样既保证了低失业率，又避免了劳动力短缺，实现了产业对劳动力的“柔性需求”。

三、中国产业基地的发展

（一）中国产业基地的发展阶段

经过30多年的发展，我国的产业基地经历了从无到有，从分散到集中的发展过程，基地内的产业类型也从单一的出口加工型产业，向现代化、专业化的高新技术产业转变。

总的来说，我国产业基地的发展历程主要分为以下三个阶段。

（1）第一阶段：产业基地的创建与探索时期（1984—1991年）

1984年，我国正式启动了国家经济技术开发区的发展工作。在此阶段，产业基地的发展基础十分薄弱，在传统理论观念的束缚下，基地的选址大多远离母城，不仅缺乏最基本的生产条件，也无法借力母城已有的产业基础。同时，在缺乏国内建设资金支持的条件下，基地的引资工作也刚刚处于起步阶段，资金缺口很大。

但是，这一阶段是我国产业基地发展一个十分重要的时期。一方面，基地利用国家的优惠政策，积累了发展所必需的物质基础；另一方面，通过开发和管理等方面的实践，也摸索出了基地建设的基本模式，并获得与外商合作的基本经验。更重要的是，产业基地之间经过相互借鉴，逐步统一认识，确立了我国产业基地发展的“三为主”方针，即“以发展工业为主、以利用外资为主、以出口创汇为主”的发展方针。

（2）第二阶段：产业基地的高速推进期（1992—1996 年）

1992 年，邓小平同志的南方谈话为产业基地的发展带来了新的机遇。我国沿海地区又掀起了新一轮对外开放和引进外资的高潮，产业基地的发展也实现质的飞跃。一方面，许多国际知名企业、跨国公司纷纷进入国家级经济技术开发区，并带来了投资额上亿美元的大项目；另一方面，引进项目的技术含量和技术水平明显上升，在填补了我国同行业技术空白的同时，直接推动了我国工业现代化的进程。

经过这五年的发展，我国的产业基地尤其是国家级经济技术开发区，逐渐成了所在城市或地区的重要经济增长极。产业基地发展所取得的成功，在国内形成了显著的示范作用，同时也成为外商投资的热点，经济效益显著。

（3）第三阶段：产业基地的新发展时期（1997 年至今）

在这个时期，我国产业基地生存和发展的总体环境发生了重大变化，来自国际、国内社会的机遇与挑战，以及产业基地发展过程中遇到的种种问题，将我国产业基地的发展带入了一个新阶段。

在政策环境方面，首批的 14 家国家级经济技术开发区的财政优惠政策已经到期，并于 1999 年起与国家实行完全的分税制。同时，我国出口退税和利用外资政策的调整，使大批沿海地区的产业基地发展模式遇到了新的挑战。

在体制环境方面，产业基地表现出了较强的辐射与带动作用。在基地不断扩张的过程中，部分国家级经济技术开发区已经成为核心城市的一个行政分区，并恢复到传统的管理体制当中。如何创建适用于基地发展的体制环境，成为当前亟待解决的问题。

在产业环境方面，产业基地作为国家产业发展的试验田，为了符合国家所提出的发展高新技术产业的新要求，不断提高基地内产业的关联度，以加快实现产业集群和聚集经济。面对国际、国内各方面竞争压力，产业基地在改善投资环境等方面也做出了巨大努力。

在经济环境方面，经历了 1997 年的亚洲金融危机后，我国又于 2001 年加入世贸组织，进一步增强了我国产业基地与世界经济的联系，也增加了我国外向型产业受国际市场变化的影响。因此，这一阶段我国产业园区的经济增长率有所放缓，进入一个稳定发展时期。

（二）中国产业基地的表现形式

基地的具体形式多种多样，主要包括高新区、开发区、科技园、工业区、产业园区、特色产业园等以及近年来各地陆续提出的产业新城、科技新城等。产业基地集聚的载体，其主要构成是：有相关文化创意设计方面的企业，有提供高科技技术支持（如数字网络技术）的企业，有国际化的策划推广和信息咨询等中介机构；还有从事文化创意产品生产的企业和在文化经营方面富有经验的经纪公司等。这种相互接驳的企业集群，构成立体的多重交织的产业链环，对提高创新能力和经济效益都具有实际意义。而目前以行政区域划分或行业分割方式构建的创意产业园区，毕竟会受到传统利益格局和资源配置的影响，难以达到理想的要素组合和产业的深化。

改革开放以来，我国通过政府推进的方式陆续设立了多种类型的产业基地，从技术开发区、出口加工区，到高新技术开发区、科技工业园、大学科技园等，均属于产业基地的板块形式。除国家级产业基地以外，地方也发展了大量的产业基地，如江浙一带的特色产业基地，珠江三角洲的专业镇等。

（三）电商直播产业基地

伴随中国经济进入高速增长阶段，由于消费者行为习惯的变革以及市场发展需要，中国产业基地又加入“电商直播产业基地”这个新成员，从 2014 年至今，直播基地如雨后春笋般在全国各地衍生，其“真实面貌”也逐渐显露。电商直播产业基地目前存在的形式包括“某某直播基地”“某某直播产业基地”“某某产业带直播基地”“某某供应链直播基地”等，究其根本可分为“前端产业直播基地”和“后端供应链基地”。

（1）前端产业直播基地——关键词：政策、流量、人员、选品

①政策：政策指导与资源支持是基地生存发展的基石。积极响应政府号召，获取政府相应资源支持，做好了和政府也是互惠互利的关系。不过，要考虑政策对应怎样的成绩，承接简单，但要防范过度宣传和捧杀，如果做不到要承担相应责任。

②流量：流量是基地生存发展的必要条件。流量主要来源于以下四个方面。

第一，平台合作，满足平台要求，获取平台扶持流量，因为权益和利益都很清晰，做起来会相对顺利些。

第二，内容获取，不断创作出平台想要的好内容，获得各种推荐、推送，获取流量。

第三，固定直播，直播必有流量，只是流量大小不同；通过固定直播获得流量，不断优化深耕，也是流量获取的一种有效方式。

第四，花钱采购流量，可以说，这是所有平台都喜欢，也是较为稳定的一种精准流量获取方式。在主播转化率浮动小，稳定率比较高的情况下，精准流量采购的预算可以占到基地总预算的50%，甚至更多，但是不要担心，在专业的人员操作下，这类的投产比是较为安全可控的。

③人员：主播人员素质与能力是决定基地存活周期的关键因素。基地承载的重要功能就是培养电商直播创新型人才，一方面，通过专业系统化的培训，帮助全社会树立正确价值观，将“主播”作为健康、绿色、可持续发展的职业岗位；另一方面，“主播”不仅指产品展示与销售者，还包括主播背后的支撑团队，通过培育主播，可以为当地提高就业率，聚集更多科技创新人才。

④选品：产品供应链是基地生存发展的根本保障。很多中小企业其实产品都不错，甚至有的相当棒，但是因为不懂短视频和直播带货等，尤其是依然按照线下传统的销售模式去套用，结果很多商家面临生存难、发展难的诸多问题。基地的重要工作之一就是要帮助和协助，做好货品的选品、推荐工作，直接帮助中小企业促进销售业绩。

（2）后端供应链基地——关键词：物流、仓储、现金流

①物流：物流是供应链直播基地生存发展的前提条件。物流合作包含四通一达、京东、顺丰等。比如：某供应链直播基地，自有冷库，生鲜冷链运输，顺丰全国通发，3 公斤（6 斤）装，常规市场价 18 ~ 26 元，根据平均日发单量签署年框合作，发单价是 4.8 元。物流快递省下来的都是纯利润，物流快递的价格优势也会直接成为产品销售端巨大的竞争优势。这是目前绝大多数企业都无法做到的。

②仓储：仓储是供应链直播基地生存发展的保障机制。优秀的供应链基地一般都会有一个产品库存安全管控机制，确保货品不会因为被大主播卖爆导致爆仓，解决物流发货滞后等问题。相对在解决了物流和仓储之后，再去与各大机构或主播谈货品供给就会顺利得多。

③现金流：现金流是供应链直播基地的生命源泉。2020 年，因为特殊原因，世界经济经受严峻考验，作为生产消费大国，中国更是首当其冲。大量产品生产工厂，资金周转不畅，需要一定的备料资金和生产资金。供应链直播基地掌握一定的销售渠道，管控自有店铺销售资金、库存和物流，尤其在对产品预售结果和销售资金的安全管控下，与各种资方合作，优化资金配置，一定比例地先行垫付产品的备料资金、生产资金和物流快递资金，解决生产方燃眉之急，达成一个良性的发展循环。

（四）我国产业基地发展趋势

新时期，我国产业基地的开发政策和目标也发生了新的变化。以国家级经济开发区为例，为了创新发展模式，推动我国的工业化进程与产业基地的发展，政府将通过管理体制的改革、法律法规的制定、不同区域差别化的政策等多种措施，把国家级经济开发区建设成为“产业突出、技术先进、功能完备、管理高效、服务优质、资源节约、环境友好、社会和谐”的新型产业基地，实现又快又好的发展。产业基地是推动新型工业化，提高群体竞争力的重要载体。在区域竞争由个体竞争走向群体竞争的新阶段，产业基地建设必须采取新的战略，探索新的发展模式。当前，我国产业基地发展趋势主要表现在以下四个方面。

（1）产业基地发展进程加快

目前，政府纷纷鼓励当地企业“进区入园”，以促进产业基地的发展。

这使产业基地在经济发展中的重要载体作用得到加强，也使产业基地在出口和利用外资方面的聚集效应日益显著。据统计，目前我国大部分的工业都集中在各类产业基地或园区中，其中国家级经济开发区和高新区就实现了国内约 20% 的工业产出。

（2）产业基地向高新化发展

我国产业基地经过 30 多年的蓬勃发展，随着国际、国内环境和政策的变化，产业基地内部也开始疏理产业结构的调整和升级。新时期，国家为了引导产业基地的科学发展，又提出了“三为主、二致力、一促进”的发展方针，即以提高吸收外资质量为主，以发展现代制造业为主，以优化出口结构为主，致力于发展高新技术产业，致力于发展高附加值服务业，促进经济技术开发区向多功能综合性产业基地发展。在这一背景下，近年来各产业基地出现了高新化的趋势，基地内纷纷大力发展高新技术产业。

（3）产业聚集化趋势明显

产业聚集是产业基地发展的高级阶段，我国大多数产业基地目前还处于初级阶段，即产业和要素在地理空间上的聚集，基地内的企业之间缺乏有机的联系。然而近几年，国内一些产业基地已经开始出现产业集群化的发展趋势。

（4）生态产业基地发展迅速

目前，节能减排、科学发展的观念在产业基地的建设中已经得到充分重视，我国许多地区都提出建设生态型产业基地的计划与构想。2005 年，我国批准建设了 13 家国家循环经济试点产业基地，在科学发展观的指导下，开发建设生态环保、资源节约型基地，将成为我国产业基地的重要发展趋势。

第二节　产业基地的意义

一、价值意义

（一）城市资源总体呈现

城市资源包括人力资源、自然资源、人文资源和无形资源，具有实体特征和价值特征。城市政策运作与城市资产经营是城市资源开发运营的基本方式和主要路径，产业基地又是城市政策运作与城市资产经营的集中呈现。

（1）呈现城市资源运营视野

产业基地作为重大战略性社会经济资源，具有巨大的存量现值、开发潜值和市场竞争力，这种有城市发展、产业发展长期积聚、吸纳、辐射、包容和影响的资源规模及其经济能量，使所在城市跃升为推动社会经济发展的主要力量。因此，21 世纪是人类从农业文明到工业文明再全面步入城市化文明的时代，产业基地经过更新迭代，已经成为撬动城市为主导的新世纪经济发展杠杆，是全球展开激烈争夺的城市化资源市场化运营的导火索，同时也呈现城市管理者对于城市资源运营视野的高度与广度。

①公益最大化。通过产业基地的开发运营，使城市资源的市民共享性、发展性、绩效公益最大化和外向性、社会性能力贡献最大化，既改造营商投资环境，又为广大市民提供更多更好的物质精神享受，还为社会创造更多更好的物质精神财富。

②资源长效化。在产业基地的开发运营中，城市政府不能仅仅只追求一时的最大化绩效功利，还要谋求如何通过产业基地帮助城市资源世世代代的最大化绩效永续共享。其重点是充分利用有限的资本、资源要素投入，科学创意，高远规划，全面减少和降低城市发展的战略性资源消耗，优品质、高品位、多品类的开发运营产业基地及联动产业，精细化、法规化、持续化定控管理，使后代能长期充分续享城市历史人文资源积淀的存量资源。

③生态环境健康化。城市生态环境的优劣是当代城市人生活质量、幸福指数和社会文明程度高低的重要标准。通过建设、发展产业基地，可以达到增加城市税收的目的。政府经过宏观调控，将税收用于城市化文明发展建设，努力谋求和实现公益最大化与资源长效化的最终结果，综合体现于城市生态环境的健康化发展，包括城市生态环境、文化氛围和现代人性关爱的服务享受等一系列重要考量参数，也是彰显城市魅力和标示城市竞争力水平的终极目标。

（2）呈现城市要素投资市场

产业基地的开发运营，也能起到培育和拓展城市要素投资市场的作用。即随着产业基地的不断发展，带动城市空间张力、经济影响力和人口集聚力的不断增强，产业基地开发运营速率和绩效也应不断提升，进而带动产业基地及关联产业，乃至城建投资的资产市场、资本市场、证券市场、人力资源市场、人文资源市场等，更应作为城市资产的支撑载体而多层面扩展。其作用在全面降低城市整体性营商成本，有效避免在其强势影响力空间内的资源吸聚配置过程，被其他城市将自有的优势资源边缘化。只有营造出城市区际的核心引力和竞争高地，才能充分发挥优势，充分释放潜能，充分整合资源，加速城市发展。在发展过程中，必须坚持以下三个方面。

①整体打造城市品牌形象。主要是通过产业基地整合多层面资源，高品位包装城市形象，全方位推荐城市品牌，大力度营销城市魅力，不仅要扩大城市知名度，更要提高城市美誉度，将重要而独特的城市无形资产显性化、明朗化，逐步走向国际化，进而实现市场化和资源集聚磁性化。

②不断创设城市发展商机。市场经济是普遍滋育并连续繁衍的竞争性经济，驱导着人才与资本的追求，尤其是当代资本，既追求增值性，更兼有极大的流动性与灵敏的投机性。因此，城市政府需通过产业基地，抓住目前已现实化的发展商机，更要善于策划、创造和巧设未来发展商机，其中创设独具城市个性特色的产业基地或国际性品牌活动传播是出奇制胜的方式和策略，扩展城市影响力的市场空间，聚集人流、引融物流，日益壮大规模性商流增量，从而聚集社会财富和创造新的发展潜能。

③因势利导城市新锐文化。借助基地发展，推动构建稳固的城市安全保障体系和法制化的工作机制，为城市居住者强力营造宽松、自由、便捷和充满当代人性关爱与合法性商业投资引力的前卫性或先锋性城市文化，全力激活城市的沉淀资源与发展潜能，并将特有的城市个性魅力发挥到极致。政府可将本土个性资源用于产业基地，利用产业基地衍生的全社会资源发展迭代，出台多元化、多形式、多类项的城市要素市场、功能市场等开发政策，鼓励合法性商业投资的文明竞争行为。如实行政府引导、专家策划、媒体支持、市场竞争、多元主办、社会参与的方式，进行常年性、国际性的特色文化，特别是源发性、本源性城市文化的传播与营销，或对有突出贡献的外来人才给予适当的物质（如住房优惠政策）、荣誉（如城

市代言人或委托经营权）等奖励，利用城市闪光点和社会关注点，激活城市兴奋点和社会热点，促发城市增长点和社会活跃点，使城市充满商机和独特魅力，成为引领和开创时代的先锋。

（3）呈现城市资产增值能效

产业基地激活城市资源，吸引外来人才，稳定税收保障，发挥城市潜能，唤醒沉睡中的无形资源，使其潜值有形化、显性化、资本化与市场化，更好地辅助城市资产运营，引带物态资产或实体文化扩张增值。主要表现在以下三个方面。

①转换物态资源。通过产业基地的发展，将物态资源资本化、股权化、证券化、艺术化、流体化，使之外向化、流动化，从本土化走向国际化。充分发挥资本的增值性、流动性和“趋热功能”，促进城市物态资源重组整合、统筹储备、品位提升等转换流动，既使物态资源的经济能量得到充分释放，又创造引入新的增量，变远资源为近资源、变潜资源为显资源、变冷资产为热资产、变弱资产为强资产，实现城建投入的良性循环。

②激活潜隐资源。在潜隐资源运营中，作为规划的愿景资产或理念资产是创意、策划并领控城市未来的唯一战略性发展资源，城市资源配置的预期潜值主要有规划、衍生和体现。对尚处于扩容提质旺盛期和建设高峰期的内陆型城市，规划更是第一位的城市战略发展性资源，其资产质量和经营绩效将决定城市发展的整体水平与个性魅力，必须充分发挥其先导、监控等强制性法规作用，切实提升愿景资产的个案质量和品位。通过基地发展，应利用城市的预期前景优势和资源配置取向，超前性、高品位进行城市发展的理念性管控，策划和创新城市未来的标志性、主体性和时代性，使规划的理念性潜值预期转化为产业基地或社会投资者的功利性预期收益，不断从战略上提升城市的整体价值。而一个城市产业基地的拥有量、缔约量，以及基地内企业的进驻量、缔约量的多少，将标示着一个城市主导力、影响力的大小和开放水平、竞争水平的高低，这是极具市场开发潜能和竞争优势的重大战略性无形资源，是通过无形权利与产业基地大规模吸纳和配置全球资源的当代城市发展新途径。

③引聚人力资源。城市的发展本质上是城市人口的增长和人力资本的增长，是城市生存空间的扩展、城市生活需求的增长、城市生产能力的增

强和城市生活环境质量提升。通过产业基地发展，可吸引大量外来创新技术人才，产生的迭代效应不仅会引来资源、资本、技术、信息、消费和市场，还能扩大城市影响力，提高城市核心竞争力。除应大力加速现代教育的发展、创建学习型城市和积极培养本土适用型杰出人才外，还必须通过产业基地吸聚外域人才，通过兴办基地内企业招聚精英人才，通过发展旅游引聚流动人才，通过政策引导，充分发挥社会群组机构网聚专业型、创新型人才，夯实城市资本增长与智能支撑基础。

（二）吸引综合性人才

城市人才发展战略是一个复杂的系统，在一个动态发展的社会中，尤其是在当前人才流动壁垒日益消减的情况下，人才总在城市之间不断的流动。同时由于知识经济的到来，知识的老化加速，人才的知识储量、技能经验、综合素质等方面，只有不断地提高，才能跟得上社会的发展。所以，城市人才发展应以能力建设为核心，以智力引进为导向，以能力和绩效为依据，以规模和效率并重为原则同步发展。而城市产业基地的建设，可以更好地推动城市人才战略落实与执行。在产业基地发展过程中，针对如何辅助城市人才战略，需要充分考虑以下四个因素。

①全局性。城市人才发展战略研究的是指导人才发展全局性规划，制定的是关系人才发展全局的决策。一个城市的人才发展战略必定要为社会、经济和文化发展总战略服务，并为城市发展的全局提供全方位的人才支持，这是由人才的特性决定的。人才是具有较高创造和贡献力的人力资源，是城市社会、经济和文化发展的基本要素，对其他自然资源和社会资源起重要的主导性作用，根据人才发展的规律，将人才发展战略放在社会、经济和文化发展的框架内组织，紧扣社会发展目标展开，并贯穿于实现目标的全过程。

②长期性。城市人才发展战略是基于未来的预测和期望所制定的长远谋划。其着眼点应该是人才在未来相当长时期内的发展问题，而不是短期或随机发展的问题。所以，通过产业基地吸引、培养人才过程中，不能仅仅着眼于目前城市人才需求，还要合理布局，根据城市人才发展战略基本纲领，着眼于未来城市人才发展的核心需求。

③发展性。发展性是城市人才战略的本质属性，产业基地的落成，为吸引与培育人才，推动建立可持续发展的人才管理机制添砖加瓦。一个城

市的人才资源必须在数量上不断增加、在素质上不断进步、在能力上不断提高、在贡献上不断加大，这样才能体现人才发展战略的功用，也能满足经济社会不断发展的需求，从而促进城市的可持续发展。

④相对稳定与适应性。城市人才发展战略需要具有相对稳定与适应性，产业基地为其提供坚实的保障基础。只有相对稳定，才能有目的、有计划、有步骤地贯彻执行，但也要综合考虑国内外形势的瞬息万变，城市人才发展的外部和内部条件随时都可能发生变化，所以还应该具有一定的适应性。对外部而言，要适应外部环境的重大变化；对内部而言，要与人才再生产的全过程、人才资源的效能相适应。

（三）带动地区经济增长

产业基地特有的竞争优势，比如资源获取优势、外部经济效应、交易成本的节约及创新优势、地区品牌效应等，促进地区经济发展。所以，依托产业基地发展地区经济是一种新型地区经济发展战略。而产业集群给地区经济带来的地区品牌效应，又能吸引周边地区产业向产业集群聚集，并能够不断促进地区内产业的技术进步和创新，保持产业基地地区的可持续发展，最终形成地区内产业和产品在市场竞争中的明显优势，从而带动地区经济持续增长。其发展主要分为两个阶段。

①由特色资源、技术工艺形成的初级区域品牌。有些区域品牌的形成在于其独特的地理、气候优势所赋予的资源，或是因为历史悠久的特色技术工艺。在特定地区内，基于当地独特的自然条件和悠久的人文环境或特色工艺，围绕某一主导产品或产业建设的产业基地，经过发展逐步树立起能代表本地区特色的品牌，并且使外界了解其核心特长及其所要发展的产业重点，便于生产者和消费者识别并做出反应，一方面会使投资者了解该区域的重点发展产业，使他们做出选择，能更好地吸引地区内外资本；另一方面可以使消费者了解该区域产品，从众多生产厂家中做出选择，获取最满意的服务和产品。地理气候、地貌条件、文化特质、传统工艺是很难移植和模仿的，地区品牌自身的一些特征，如区位特征、资源共享特征使地区内企业获得市场优势、创新优势，形成特色竞争优势，这种具有特色竞争优势的企业空间聚集形成的本地化产业氛围和产业综合竞争优势，这些具有特色的产业对地区经济的贡献往往具有几何效应，它们是地区经济

持续强劲增长的源泉。

②由产业集群形成的成熟区域品牌。区域品牌的形成一般都有一个主导核心企业，通过主导核心企业的衍生、裂变、创新与被模仿而逐步形成产业集群，一个地区内一旦有某个领域内的产业或企业出现，随即与之相互关联、相互弥补、相互竞争的原材料、零部件供应者，配套产品生产者、销售者，最终用户等，以及上、中、下游产业及其外围支持的产业体系，就会在空间分布上不断地集中，从而形成产业集群，而产业基地正是将一个个产业集群空间聚集化的一种表现形式。正是产业基地形成的区域品牌所发挥出的规模经济、范围经济和强大的溢出效应，推动所在地区的经济快速发展。

另外，由产业基地孵化出的区域品牌，在某种程度上有效遏制市场的恶性竞争。因为区域品牌作为一种无形资产，它的价值能为每一个企业所分享，这样就能提高地区内同类或相关企业的期望利润，而期望利润的提高就能有效地减少企业的机会主义行为。机会主义行为的减少意味着企业更愿意参与协作和分工，从而更好地获取规模经济效应与范围经济效应。

（四）提高就业率

产业基地的发展对一个地区就业空间的拓展、就业层次的提升、就业结构的改善产生积极的效应。据意大利银行研究，即使在经济衰退期，意大利产业基地所创造的工作机会、实际工资水平和投资回报都比其他地方要高，我国近些年采取各种公共政策促进产业基地的建设或提升产业基地的效率，从而实现我国地区经济多元化发展。产业基地的就业创造效应主要体现在以下四个方面。

①拓展就业空间效应。同一产业的企业在地理上的集聚，可以及时得到企业、产品或服务竞争信息，促进产业在区域内的有效分工，使厂商能够高效率地获取专业性雇员或专门化的供应商服务，并以较低的价格从政府以及其他公共机构获得公共物品或服务。所有这些都不仅使产业内的企业降低交易费用，提升了产品或服务的价格竞争力，而且延长或拓展了产业链，增加了就业门类，扩大了就业容量。此外，产业地理上的集中有利于新企业的形成，新企业的不断创办就会形成对劳动力的动态需求。

②动态平衡劳动者供求效应。在现代经济中，无论是传统产业基地还

是高科技产业基地，在基地内的企业之间的互动行为会增加企业效能，充分发挥互补效应、协同效应、扩散效应、制衡效应等的作用。以文旅产业集群为例，旅游者的感受不仅取决于景点的吸引力，而且还取决于互补性企业，如广告、酒店、饭店、购物中心、交通工具等的质量和服务的效率匹配状况，而这些行业的地理集中，就可以增加产业的有效供给能力，引导或创造需求，延长产业生命周期，在一定程度上稳定或平衡了产业结构关系。

③拉长就业链效应。产业基地的形成还具有推动城市快速增长，加快城市化进程的作用，这一点在我国现阶段更具有现实意义。在我国，城市化总规模明显偏低，使人口按着“配第—克拉克定律”向第三产业的转移受阻，因此我国通过大力发展产业基地，驱动城市化进程，从而促进第三产业的发展，使之对劳动力的巨大吸纳能力成为现实，形成产业基地→城镇化→第三产业增长→广开就业门路→改善就业结构的良性循环态势。

④提升劳动力素质效应。这一点源于产业基地内企业的创新效应与员工的学习效应。以德国印刷机产业基地为例，印刷机产业是一个复杂的产业，它的产品开发、生产和服务，均需要高度的技术能力和团队合作精神。德国印刷机厂商为了能够在产品与制造技术上保持领先地位，专门为工人设立完善的培训制度，以及针对工程师而设的训练课程。在德国印刷机产业基地已形成企业间彼此竞争，不仅直接刺激产品创新，而且连带提高了产业基地内生产要素素质，尤其是劳动力素质与关联产业的竞争优势，形成企业间相互强化、共同成长的良好态势。

（五）增加地方税收

产业基地是地区税收增长的一个新基础。中国的产业基地大多数是以非国有经济为核心构成的，而这些外商投资企业和民营企业通过产业基地的模式取得迅猛发展，极大地推动了地区经济改革进程，一方面增强了地区自我发展的潜力，另一方面带动了其他地区发展非国有经济，并且提高了地区人均生产总值，有效地增加了地方税收。

（六）优化产业结构

①实现三产协调发展。产业基地在保持第一产业稳定增长和比重持续下降的基础上，控制工业总量的过度扩张，适度降低第二产业比重，并且

相应地加快第三产业的发展，较大幅度地促进第三产业比重的增长，建立一定规模的现代化信息、咨询、科技和服务产业。

②加强基础产业，突出主导产业发展。首先，加强地区基础产业，对能源、交通、原材料等基础产业加大推动力度，提高基础产业对主导产业和新产业的支持能力；其次，正确选择了主导产业，培训收入弹性高、技术进步快、生产率上升快的企业，带动整体产业、整体技术水平的提高；最后，大力发展高新技术产业，把外资的资金和技术引导到地区亟须发展的高新技术产业中，加快产业升级步伐。

二、落实效能

（一）科技聚集

企业的创新技术、知识和思想迅速扩散，更多依赖于企业之间的交流与合作。产业基地为地区内企业知识积累和传播提供了一个平台，不但有效降低了学习的社会成本，同时加速难以复制的隐含经验类知识的扩散和转移。此外，产业基地的形成也有助于实现内部的多样化，并通过协作分工、分包或转包等形式，使知识、信息、技术、服务、价值等由一个产业或企业向另一个产业或企业转移和扩散，及时适应瞬息万变的技术和市场环境。

（二）人才聚集

产业基地对专业人才而言，意味着更多的就业机会和较低的流动风险，由此带来人才的聚集。经过产业基地对人才的吸引性流动，在产业基地内形成专业化的人才库。一般来说，基地内由于空间接近性和共同产业文化背景，人才在同一基地内的企业之间可以更容易、更有效地自由流动，因此，人才配置受到产业基地外磁场和企业内磁场的共同作用，表现出有规律的群体现象。

（三）产业聚集

产业聚集使企业相对比较集中，实现资源集约利用，提高整体效益的区域。它可以使相互关联的产业或企业根据自身发展要求，结合区位选择聚集在城市空间特定区位的产业组织实体。产业聚集是以若干特色主导产业为支撑，产业聚集特征明显，产业和城市融合发展，产业结构合理，吸纳就业充分，以经济功能为主。产业集聚区的基本内涵主要是“四集一转”，即企业（项目）集中布局、产业聚集发展、资源集约利用、功能集合构建、促进农村人口向城镇转移。

（四）资源聚集

产业基地的发展，首先帮助整合地区人力资源，汇聚各类高端人才，充分体现地区最优异、最强大、最具竞争力的主导性、创造性资源；其次帮助地区展示区域内的土地、山水、植被、矿藏、物产、可再生能源等自然形成的物象性、原真性本地资源；最后帮助地区向全国传递城市发展中的无形资源，主要包括地区理念资产、愿景资产、数字资产、知本资产、名誉资产以及本土传播的智慧成果等创造性社会势能。

（五）政策聚集

通过产业基地，各地区政府充分利用“政策叠加、择优选用、先行先试”的体制机制优势，将产业基地作为改革试点的重点，根据基地特点，立足企业用地急需解决的问题，探索、出台一系列实施办法和细则。如基地实施用地先租后让、租让结合，全面加快企业注册登记，促进了企业开工建设，节省企业进驻前期时间，提高了招引符合产业发展目录、对地区综合贡献大的优质项目的概率。同时，土地弹性年期出让政策可增加土地流转效率，盘活土地价值，为基地企业筹融资、后续发展提供保障。

第三节　产业基地的类型和模式

一、产业基地的类型

（一）商贸物流型产业基地

建设以商贸流通与物流业互动发展为核心的产业基地，主导区域贸易流通业、物流业的全面升级，核心要素是流通产业链的全面整合。此类基地适用于商贸流通业与物流业都处于发展阶段的经济地区，协同集群发展可最大化实现产业链的整体发展，互为促进与带动，同时也最大化降低项目投资、建设与运营风险。

（二）科技创新人才型产业基地

建设以科技研发、聚集创新类人才为核心的产业基地，即在一定区域内按照一定的内在联系吸引、培养高科技人才，助力企业发展推动地区供给侧改革。在和谐的内外部环境作用下，发挥高科技人才独立作用的群效应。随着知识创造和科技创新的步伐加快，区域经济增长的潜力就越大。

（三）行业集聚型产业基地

建设以整合某个特定产业相互关联、在地理位置上相对集中的若干机构和企业为核心的产业基地，不仅能使企业获得规模经济和外部经济的双重效应，还能使企业在集群内的竞争中构成持续的创新动力，促进产业升级的加快。

二、产业基地的模式

（一）开发管理模式

①政府型模式。政府型模式是指产业基地和政府行政区的职能统一，即产业基地的内部结构与行政管理结构保持相同的编制和职能。这种模式适用于产业基地作为原有城区的一部分，或将行政区域作为产业基地来开发建设。在这种模式下，产业基地的行政单位——基地管委会将获得与同一级政府相同的权力。通过产业基地与行政区的有效结合，管委会具有更大的权威性和执行力，可以实现基地事务的统一、集中管理。

②政企合一型模式。政企合一型模式是指产业基地同时设立基地管委会与基地开发建设公司，一般由管委会领导兼任开发公司的总经理。在这种模式下，基地管委会作为政府的派出机构，主要负责产业基地的规划和管理，拥有一定的行政审批权。同时，管委会又与开发公司共同负责资金筹措、建设开发、企业经营等各项具体事务。因此，在机构和人员配置方面比传统的行政模式更为精简。政企合一型模式的突出特点就是管理权高度集中、办事效率高，在产业基地建设的初期，开发与管理的主体具有较大的能动作用。

③政企分离型模式。政企分离型模式是指产业基地内部作为政府派出

机构的基地管委会和作为独立法人的基地开发公司分别履行自己的职责，实现政企分离的开发管理模式。具体来说，基地管委会作为当地政府的派出机构，对园区行使行政管理职权，并负责制定产业基地的基本规划和政策。主要包括产业基地内的经济、社会、科学技术、教育、卫生等各个领域的综合规划、监督和协调工作。而基地开发公司则具体负责承担基地内基础设施的开发和管理工作，实行企业内部自我管理，发挥专业集中的优势。政企分离模式的优势在于作为地方政府代表的基地管委会和企业的有机结合，使得产业基地在发展过程中，不仅可以发挥管委会的综合协调能力，还能够利用企业雄厚的资金实力和现代化的专业管理。

④公司型模式。公司型模式是指产业基地通过设立公司，对园区内的规划、开发建设等事务进行统一的经营管理。公司不仅从事基地内的经济活动，还要承担部分政府职能，对产业基地运营过程中出现的问题进行协调解决。而产业基地所在的城市或地区政府，只负责园区各类社会性行政事务。公司型模式中，公司的运作是完全的企业行为，产业基地在现代企业制度的框架下进行运作，可以提高基地的运作效率，使开发与管理工作变得更加专业集中。同时，公司型模式在产业基地的运营过程中，开发管理主体明确，更容易与国际标准接轨，有利于我国产业基地适应在全球化背景下激烈的国际竞争。

（二）融资模式

在我国产业基地的开发建设过程中，已经逐渐形成多元化的投资主体和多渠道的资金来源等新特征。由于产业基地所处区域不同、运营模式存在差异，基地在融资的选择上也各有侧重。但从整体趋势看，随着产业基地开发管理模式的不断创新，基地的融资模式也更加贴近市场。目前，我国产业基地发展过程中常见的融资模式主要包括以下四类。

①政府财政投资。我国的产业基地在发展初期大多采用政府型模式进行开发建设。因此，基地的建设资金主要来源于中央政府或地方政府的财政投资。对于国家经济技术开发区等规模较大的产业基地，中央政府每年都会通过直接拨款的方式，将资金拨给产业基地的管委会或基地所在地区的地方政府，用于基地从土地开发建设到基础设施建设等各阶段的支出。中国人民银行每年也会制订信贷计划，通过施行差别利率的开发贷款，为产业基地

在土地征用、通水、通电、通气以及排污等方面的建设提供支持。

②金融机构贷款。通过商业银行贷款是我国产业基地发展过程中的主要融资模式之一。产业基地内部通过设立开发公司实现融资功能，为基地的发展提供必要的资金。我国产业基地发展初期，中国建设银行和中国工商银行是国内专门从事固定资产投资贷款业务的银行。随着国内金融体制改革的不断推进，目前我国除了工商银行、农业银行、交通银行等大型国有股份制商业银行以外，还存在着如信托投资公司等多种形式的金融机构，为产业基地的开发建设提供贷款。

③证券融资。证券融资已被广泛应用于各个领域，是一种有效的融资手段。通过证券融资，产业基地可以迅速获得大量资金。目前，全国许多建设或发展中的产业基地，都在尝试或已经使用这种融资方式。我国产业基地的证券融资方式主要包括股票融资和债券融资两种。相对于股票融资而言，债券融资条件更高、审批程序更加严格，因此股票融资模式是目前我国产业基地进行证券融资的主要选择。证券融资对产业基地的要求较高，在审批手续上也需要政府部门的支持，但由于融资成本方面相对于贷款要低，成为国内许多产业基地融资时的选择。

④项目融资。项目融资的应用在国际上已拥有数十年历史，是基础设施建设的主要融资模式之一，可以有效应对我国产业基地基础设施开发建设过程中项目规模大、投资风险较高、项目资金不足等问题。首先，项目融资具有较强的融资能力，能够解决大型项目的巨额资金需求。其次，项目融资包括多种多样的融资模式，如 BOT 模式、ABS 模式、直接融资模式、租赁融资模式等，可以有效减轻政府在基地基础设施建设方面的资金负担。同时，在应对风险方面，项目融资包括有追索权和无追索权等两种融资模式，可以做到有效的隔离风险。

第四节　产业基地 0—1 方法论

一、原则标准

（一）经济性原则

产业基地作为产业聚集发展的平台载体，其盈利模式实质是开发建设该平台载体的开发主体的盈利模式，一方面要考虑地区政府的税收收益、国有企业收益；另一方面还要考虑开发企业的土地经营收入、综合服务收入、金融投资收入等。

（二）竞争性原则

随着现代经济体系的逐步完善，产业基地与智能经济、平台经济、共享经济等新技术、新模式在快速融合，新基建、互联网、生物医药、新能源等经济形态正依托园区蓬勃发展，产业基地需坚持与时俱进，快速推动产业升级，吸引创新科技人才，帮助地区优化改造特色企业与代表产品。

（三）数字化标准

数字化营销是在新经济发展中孕育的硕果，因为新经济是一种以信息技术为基础，由知识要素驱动，以网络经济为核心内容的经济。产业基地在生存发展中，要充分融合知识信息的生产、存储、交换，基地内企业也必须采取与之相适应的营销模式，才能获得发展和壮大。

（四）精细化标准

产业基地与基地内企业要保持在市场经济下长久的持续竞争优势，就要做到精细化管理标准，即管理精细化、执行精细化、衔接精细化、流程精细化、标准精细化、协同精细化、责任精细化等，竞争优势归根结底就是管理的优势，而管理的优势是通过点点滴滴汇聚而成，所以精细化管理标准是基地及企业良好发展的重要保障。

（五）可视化标准

产业基地的可视化是基于大数据而产生的，现代经济体系中，大数据已经成为企业发展不可缺少的一环。产业基地在建立数据管理系统时，应充分考虑系统的交互性、多维性以及分析性等，一方面便于管理基地各项服务、人员以及资产，另一方面帮助企业建立可视化数据，帮助企业健康快速发展。

二、0—1 方法论

（一）基地选址与区域规划

（1）基地选址原则

产业基地选址需要进行全方位考虑，不仅涉及对开发商的经济实力、技术、资金的要求，更要涉及人力资源、环境、当地文化、社会环境、自然条件等众多领域。结合多个基地的实操经验，基地选址有以下七条原则。

①战略性原则。基地选址应着眼于长远发展，坚持前瞻性原则，预估该区域的未来发展，做出适合未来发展的超前判断。与此同时，在基地选址时要考虑周全，留有发展余地，为远期基地的发展创造有利条件。

②规划导向原则。基地开发与建设是城镇化推进的重要组成部分，基地选址要以国家与城市规划为导向，符合所在区域的总体规划和土地利用规划，坚持合理布局，有序发展，与城市形成有机的整体。

③土地节约原则。在基地的选址上要注意合理利用土地，尽量降低开发费用，提高节约用地意识，减少搬迁居民带来的建设成本与开发阻力，达到节约成本的要求。

④交通便利原则。基地想要获得长远的发展，必须具备便利的交通条件，最好靠近交通枢纽选址，便于发挥区位优势。此外，还要充分考虑各基地类型发展定位，例如，物流商贸型基地适合邻近港口、铁路或机场等。

⑤依托现有基础设施原则。基地建设需要投入大量的人力、物力和财力，需要具备通信、供电水、燃气等，同时还需要污水、废物处理的能力，尽量选择现有上述基础设施的土地，能有效降低后期开发成本。

⑥绿色生态原则。良好的工作环境能提高工作效率，将产业基地发展与生态环境相结合，将产业结构调整与经济质量提高相结合，不仅有利于基地品质的提升，也有利于区域经济长远发展。

⑦人才聚集原则。产业基地的发展需要大量的资源支撑。选择高校与研究机构聚集地，或该产业领头企业与众多中小型企业聚集地，能有效形成基地与城市、企业之间的互动，也为后续吸引人才打下基础。

（2）基地区域规划

根据产业基地的面积，可将产业基地分为共享直播区、住宿区、展厅区、办公区与商住配套区五个部分。

①共享直播区。主要包括公共场景与主题场景两部分功能。公共场景即统一装修风格的房间，为主播提供美妆、服装选择、设备支持、技术保

障、环境清洁等相应服务。场景直播区即根据不同主题装饰直播间场景，主播可定期根据主题策划内容进行直播。

②住宿区。为主播提供住宿空间，配备相应的保安、保洁等配套服务，为主播提供完善的生活保障。

③展厅区。主要包括品牌产品展示与仓储两部分功能。品牌产品展示即主播可根据产品类型，结合展厅环境区向粉丝展示产品、讲述产品效用与功能，也可以带到直播间介绍产品。仓储功能即如需要特定储存条件的产品可寄放此处，主播也可从此处提取消耗型展示产品。

④办公区。主要包括基地办公区，培训区、会议室等区域，主要为基地运营人员提供办公空间，以及合作洽谈室，业务培训教室，多功能媒体会议室等。

⑤商住配套区。为基地工作人员与主播提供美容美发、健身瑜伽、生活超市、餐饮娱乐等配套生活服务。

（二）基地选品征集

以地理标志产品、地方特产、非物质文化遗产、中华老字号、绿色有机无公害农产品及扶贫类产品为核心，主要针对大健康、大消费行业进行甄选。具体选品范围及供应商入驻条件见下表。

1	产品入驻重点范围	三品一标特产	有机、绿色、无公害、地理标志产品、非物质文化遗产、老字号
		药食同源	在国家相关部门公布的药食同源名录中的食品部分
		营养食品	无添加食品、营养代餐系列、滋补养生、药食同源产品、特医食品等
		保健食品	具有保健品批号的功能性补品（知名品牌、无不良历史记录）
		健康用品	二类以下医疗器械、保健用品、家用电器、洗护日化、美妆个护、母婴系列等
		节日礼品	大健康礼品为主，包含礼品卡册等
		健康服务类产品	健康服务类说明，捆绑医疗器械的体验说明
		基础设施	平台定制的门店专用商品货架、促销物料道具等
		跨境进口品	营养膳食补充剂、食品、保健品、洗护日化、美妆母婴等

续表

2	供应商入驻条件	生产企业/经销代理商/产品运营商	生产企业或拥有企业经销代理授权证明；企业有电商经验，具备一件代发能力；企业无不良历史记录；产品保质保真、包装及宣传素材合法合规（符合新广告法）；同等条件下企业的产品供货价与对其他三方（含经销代理商）供货价格保持统一或具有优势，如有对其他渠道报价低于此价格，终止合作并退还差价
3	供应商资质及宣传素材	营业执照	注册资本不低于50万元
		生产许可证	如品牌商需提供生产方的生产许可证
		商品条码证	有效期内
		食品经营许可证/食品流通许可证	有效期内
		商标证	做好商标的确权与保护
		商品包装及标签符合相关法律法规	预防职业打假人碰瓷
		质检报告	每款产品对应相应的有效期内质检报告
		有机证书	如产品是有机商品务必对应该商品批次的有机证书
		绿色/无公害	对应该商品的相关资质证明
		保健品批号	如产品为保健品对应该商品的合法保健品批号
		图片素材	产品主图（800×800） 产品详情图（宽度750，高度不限，建议不超过10000） 图片清晰，符合广告法规定
		其他宣传素材	公司及产品的相关宣传视频、培训资料等
		其他证明资质/材料	相对应的证明证书/材料

（三）基地运营团队基本配置

①管理部门。包括总经理1位、总经理助理1位、办事处主任1位。

②内容部门。包括运营主管、新媒体、社群运营、文案、设计、摄像、技术、编导岗位，每个岗位人数需求根据基地规模大小变化。

③商务部门。包括经纪、商务选品岗位，每个岗位人数需求根据基地

规模大小变化。

④电商部门。包括电商运营、库管岗位，每个岗位人数需求根据基地规模大小变化。

⑤后勤部门。包括人事、行政、财务、会计岗位，每个岗位人数需求根据基地规模大小变化。

（四）基地财务规划

包括拆解基地建设成本、运营成本，推导基地季度、半年度、年度营业额及毛利。

（五）地方培训计划

以月度、季度、半年度、年度为时间单位，包括制定运营人员的业务培训、企业端新视频生态下的互联网产品爆品打造培训、主播培训、合作机构培训，以及配套设施服务商培训等。

（六）基地运营

①主播带货服务。提供完整的方法论，协助基地运营方招聘大学应届毕业生，并提供“直播平台规则、开通直播平台、培养基础素质、规划直播内容、运营流量吸粉、熟悉直播间运营技巧”等课件内容，培养优秀直播导师，帮助学生成长为带货主播，向全国消费者更好地推荐地方特色产品，解决产品“走出去”的困难。

②MCN 机构产品供给链服务。对接强大的供应链体系，通过基地与地方 MCN 机构合作，为其源源不断地输送物美价廉、品质优异的中国好产品，真正搭建降渠道成本、降物流成本、降资金成本、去中间化、补诚信体系建设短板的产品供应链渠道。

③主播人才培养及输送服务。面对目前主播行业市场现状，基地应秉承“培养正确价值观”的工作方针，要将“主播”引导成为长期稳定、可持续发展的工作岗位。经基地培训的主播，均具备正确的价值观、优秀的业务能力以及长远的职业规划，帮助 MCN 机构减少运营成本和降低居高不下的人才流失率。

④选品入驻服务。基地更好地了解特色产品的亮点之处，将各地区推荐的好产品进行缜密分析，组织专家学者实地考察，从生产环境、生产工

艺、设施设备、专利技术、管理机制、产品质量、产量和产值等多个方面严格考核，通过考核的产品将入选基地供应链平台，结合平台资源体系，代表中国品牌走向世界。

⑤配套设施服务。基地需要明确配套设施合作伙伴的选择标准、合作方案与管理手册，并努力寻找服务良好、诚信优质的配套设施服务商家资源，从而为基地各岗位人员及企业从业者提供良好的生活保障。

⑥品牌顾问服务。好产品不仅需要好渠道，更需要好卖点。尤其在新经济环境下，如何打造互联网爆品、如何建立企业新视频生态成为迫切需要解决的问题。基地不仅是为企业解决销售难的问题，更要帮助企业挖掘、提炼、优化产品卖点，分析产品优势，根据不同消费群体、不同渠道、不同区域有针对性地进行市场营销，继而形成渠道矩阵提升全国市场销售份额。

第五节　产业基地未来发展之路

一、新视频生态与传统营销的结合

（一）一个产业基地带动N个城市展厅

随着产业基地的发展与扩张，容易造成自身展厅区无法承载基地功能的可能性。此时，就需要以产业基地为中心，向周边地区或城市发展城市展厅，即以产业基地为一个中心，将各个城市展厅作为卫星点的方式联动，为更多地区及企业提供相应服务。

（二）新零售模式走进地方

尽管电商的发展已经进入新零售时代，但在全国大部分区县企业中尚处于相对原始的阶段，产业基地的建设将新零售模式在一二线城市积累下来的经验进行复制，再将优势力量集中供应到基地当中去，能够真正实现区县电商的快速落地，利用新零售模式帮助区县级企业提升产品销量。

（三）私域流量与社群经济的相互结合

私域流量有别于公域流量，是指不需要向第三方购买，一次获客后下次不再需要额外为流量付费的模式，这种可以把控的流量为私域流量。微信好友、公众号用户、小程序内的用户沉淀等都属于私域流量。企业通过基地搭建的电商社交平台，可以整合私域流量进行产品宣贯，再将私域流量群体转换成社群交流用户，最终实现在社群中预订产品，在电商平台上完成交易的过程，节省实体店运营成本。

二、全国布局成就自主品牌

（一）物联网奠定发展基础

物联网技术是信息时代的宠儿，是互联网技术发展的重要分支，物联网技术的逐步成熟应用将会极大地提高农业生产效率。近年来，我国越来越重视物联网技术在农业方面的应用，先后在设施农业、大田种植、畜产品及水产品养殖等方面建立了一套比较完善的技术体系，为将来农业科技兴国的伟大战略部署奠定了坚实的基础。

（二）融媒体助力农村电商发展

产业基地将与地区融媒体开展合作，充分发挥地区融媒体移动传播优势，拓展地区融媒体的服务能力和服务半径，开展特色农产品线上展示、电商企业宣传、县域电商创业指导培训工作。产业基地与地区融媒体还将合力打造地区电商品牌，构建地区原产地特色标识产品体系，共同开发地区名优农产品，共同培养扶持电商扶贫能手、打造线上商城，开展电商精准扶贫，实现乡村振兴。

（三）扶贫助农推动乡村振兴

“直播带货”作为一种新型线上消费方式，将线下营销手段搬到线上，打破了地域性限制，消费群体更加广泛，一定程度上弥补了线下消费的不足，为农村经济发展增添了活力。而产业基地与地区政府的直播合作，对解决现实中农产品渠道销售中的中后段问题，保障区域范围内资源和渠道畅通都有显著作用，同时也为农业供给侧结构性改革提供新方向，为“互联网+农业”产业化发展提供了新理念，为农产品的品牌化发展提供了新思路，为打赢脱贫攻坚战和实现乡村振兴注入新动力。

（四）地方品牌铸就城市辉煌

产业基地通过一系列举措，帮助地区打造城市品牌，对于集聚和发挥城市自身优势，凸显城市特色，提高城市的知名度和开放度，优化城市功能、环境，增强城市核心竞争力和推动城市发展有着不可低估的作用。

第九章　直播与视频技术

直播内容的设计决定直播场景的选择，根据直播场景的不同，所选用的设备就会有所差别。

第一节　直播的形式

一、单一手机直播

手机端直播属于较为单一的直播方法，不需要太多的直播设备，在没有过多设备的同时就不需要过多的人员配置，其优势在于操作简单，设备采购需求少成本低，主播只需要一部手机、一个手机支架和较为通畅的网络即可完成直播。

①小直播间直播。单一手机直播的视频采集是通过手机自带摄像头完成视频采集，在确定直播场景为单一不切换场景的情况下，支架的选择以稳定方便调节为基本要求。这种单一手机直播适用于单人或双人小场景的直播，直播间背景为单一固定背景，主播在直播过程中坐在或站在手机前，由于手机自带摄像头广角范围有限，所以限制了主持人的活动范围。现有直播平台 App 基本都会带有美颜功能，如果是带货直播的话美颜功能尽量不用开得太高，因为美颜功能在色彩方面会对产品的展示有一些影响。

②户外、工厂、农产品原产地直播。单一手机直播不仅可以完成小型直播间的直播，也可以进行户外、工厂、原产地的直播，这时候就需要在原有的手机支架的基础上配备手机稳定器，最好是能够有专业的摄像人员手持稳定器进行跟拍直播，这种直播以运动镜头为主，不仅可以丰富画面，让直播变得有意思，也可以让粉丝和观众更了解产品，更能方便主播

对产品的介绍，提高所售卖产品的真实可信度。手持稳定器的选择并不是最贵的就是最好的，还是需要根据摄像的个人习惯来选择。在有计划到户外、工厂、农产品原产地直播的想法后，一定要提前进行彩排测试，第一是要测试现场的网络状况能不能保证直播的正常进行和画面输出的质量。还要确认现场的环境声音是否会影响直播的声音采集，只有经过彩排测试才能最大限度地保证直播的安全可实施性。

单一手机直播对直播声音的采集可以通过手机端自带的麦克风，也可以通过手机耳麦采集。如果是双人直播需要清晰的声音采集，可使用外置声卡，外置声卡不仅可以打破手机声音采集的范围，也可实现添加音效，通过手机声卡 App 与外置声卡的结合可提供效果音，如掌声、笑声、惊讶声等，还可以对主播声音进行简单的处理，如声音降噪、音色调节、声音美化、直播间的背景音乐等。

二、网络推流直播

由于单一手机直播的画面仅限手机摄像头可以采集到的画面，如果在直播中需要展示一些图片、证书、视频类的辅助销售的素材，手机直播就很难实现，或者是展现的效果并不是很好，可能产生的问题包括清晰度不够，展示画面不全面，这时候就需要做网络推流直播。相对单一手机直播，网络推流直播则需要更多的设备与更专业的人员进行操作。

首先是输入端口，视频输入端口可采用手机摄像头进行视频采集，很多手机设备与计算机设备的兼容匹配性不是很高，这时候就需要一些软件设备辅助硬件设备采集，这类采集软件一般都需要手机端下载 App，计算机也下载相应的软件，通过 USB 接口的链接视频输入。手机端下载 App 后要在手机设置中打开 App 的采集与输出权限，以保证电脑端能够正常的同步画面，采用这类 App 采集视频的优势在于可以保证推流直播时采集的画面具有美颜效果。如果是对网络推流直播没有美颜效果的要求，也可以采购视频摄像头，通过 USB 的链接输出到电脑端口。

画面采集的同时还要保障声音的采集，保障声画同步，网络直播的声音采集可采用的方式较为丰富，非专业直播人员大多采用电容麦克风搭配外置声卡，现有外置声卡功能性也较为丰富，除了简单的声音处理之外还可以提供一些简单的特效声音，但市面现有的外置声卡输入接口较少，适合单人直播或两人搭配直播，若对声音的采集有更高的要求可选用一些较为专业的调音台，专业调音台也可实现多人直播的声音采集，一般采用6路或者8路调音台较多，专业调音台可实现的功能较为丰富，高音、低音的调节，声音的增益，背景音乐的可控性也较高。专业调音台属于多路输入，但可对每路输入的声音进行单独调节和控制。选用专业调音台后所匹配的音频输入设备也会有很多的选择性，如电容麦、无线麦克风（俗称小蜜蜂）等。

常见的音频设备连接头也有很多的选择，音频信号根据阻抗的不同大致可分为平衡信号和非平衡信号（音源设备如DVD播放机/卡座/CD播放机的输出多为非平衡信号）。因此，连接插头也有平衡和非平衡之分，平衡插头为三芯结构，非平衡插头为二芯结构。音频插头中还有一种功放与音箱连接用的专用插头，这种插头常见的为四芯结构（也有二芯、八芯），又因为是瑞士纽垂克（NEUTRIK）公司发明，因此又称“纽垂克（NEUTRIK）插头”。

常用的平衡信号插头有卡侬插头，卡侬头分为卡侬公头（XLR Male）和卡侬母头（XLR Female）。卡侬公头、母头的辨别很简单，带“针”的为“公头”，带“孔”的为“母头”。很多音响设备的输入、输出端口为卡侬接口，同样带“针”的接口为“公座”，带“孔”的接口为“母座”。还有很多音频接头包括大三芯插头、大二芯插头、莲花插头、小三芯插头或3.5mm三芯插头。小三芯插头外观与大三芯插头类似，只是体积要比大三芯插头小。小三芯插头为三芯，前面说过三芯为平衡信号插头，但在通常的音响工程中小三芯插头多用于电脑及便携式音源（便携CD/MP3等）的音频信号输出用，因此将小三芯插头归入非平衡信号插头之列。这些都是调音台输入输出音频常用接头与插口，直播过程中出现没有声音的问题第一要检查的就是调音台与麦克风的供电是否正常，第二要检查的就是音频线接口处是否结实。

OBS推流软件。OBS作为现在较为主流的直播推流软件具有丰富的直播功能，现在针对OBS的应用包括添加图片，丰富直播内容，通过直播中插入关于产品的讲解图或视频助力销售。当主播的话术较为苍白，对产品的描述不足以更好地展示产品的时候就可以通过 OBS 的场景切换或信息源的展示来丰富直播间画面。但是不要忘记该软件的主要功能就是推流。

该软件的获取较为简单，官网支持免费下载。以下对 OBS 做简单的、基础的介绍。

打开软件后首先要认识主界面，主界面上方为标题菜单栏。左下角为场景列表区域，场景列表区域可添加多个场景，多个场景的添加一定要根据直播脚本的设计设定好场景的名称，以免在直播的过程中出现切换错误的场景。场景的添加要根据整场直播的环境做分别的设计与备注。

设置完场景内容的下一步是针对场景添加来源列表中的内容，来源列表可涉及的内容较为丰富，包括图像、幻灯片、文本、显示器捕获、浏览器、窗口捕获、游戏捕获、色源、视频捕获设备、音频捕获设备等。下面将对几个直播间较为常用的选项做一些应用和操作上的讲解。

较为常用的来源选项是视频捕获，视频捕获的内容可以用手机通过 USB 数据线传输的视频画面，也可以用 HDMI 传输到 PC 端的视频信号，或通过外部采集卡采集信号输入 PC 端。不论是哪种方式的视频采集，只要是通过 OBS 的视频捕获就要保证输入端口的视频格式、分辨率，不要与输出的不匹配，在视频采集的时候就要确定推流输出的画面分辨率是多少，对于通过手机采集视频信号输入 PC 端口的链接方法在采集开始时就要确定是横屏直播还是竖屏直播，还有画面的构图设计，如果是横屏采集要竖屏输出可在画面上添加图片或视频，以保证输出画面的完整性。

来源列表中添加图片的选项对直播画面构图和直播售卖的辅助销售有不可小视的作用。在这个功能直播过程中我们就可以给直播间添加 LoGo、人名条等基本信息，也可在直播开始时先放置一张主视觉的背景图作为直播间背景图。添加图片不仅可以丰富直播的构图，也可以通过画面展示直播间无法展示的画面，如产品的大特写、检测报告、评级证书、所获奖项等辅助直播销售的产品相关图片资料。直播图片的添加即可搭配主持人话术丰富直播间画面，也可将产品更详细的资料信息在第一时间让观众了解到。根据直播的需要对不同图片格式及分辨率会有不同的要求，如果需要放置半透明的 LoGo 需要的图片应为 PNG 格式，其余图片为 JPG 格式即可，分辨率最低不能低于视频播放输出的分辨率。

来源列表中的媒体源选项可添加直播中所需的视频资料，也可制作开场前视频与结束视频放在直播开始前与结束后，以达到丰富整场直播的效果，媒体源添加视频后可对视频框的大小进行调节，可做全屏播放，也可做分屏播放以辅助主播直播，所添加的视频也需要根据直播脚本的整体做选择，一般常用的开场前视频内容大多是活动内容介绍或主播个人简介，也可让主播提前录制活动介绍内容作为暖场视频。媒体源所添加的视频可在添加后选择是否需要循环播放，由于媒体源播放视频不显示时间码，可在每个视频结束的后几秒加入统一固定时间的收尾画面，以保证每次能够了解视频播放进度，避免视频播放结束但主播并不知道是否画面已切换到直播的尴尬。

来源列表中的捕获选项有三个，分别是显示器捕获、窗口捕获、游戏捕获。顾名思义，显示器捕获就是 OBS 捕获 PC 显示器所显示的全部内容，这种操作多以软件教学类直播应用居多，窗口捕获的应用也是较为广泛，直播教学、直播场外连线、赛事直播讲解等。游戏捕获就比较容易理解了，大多数游戏主播均采用这种直播方式。

来源列表中的其他选项的应用针对网络直播的应用较少，其中一项文本的应用优势在于可以进行实时更改内容，但一般的人名条等信息大多会设计比较美的图片展示给观众与粉丝。文本信息的展示可满足直播间管理员发通知等需要。

来源列表区右侧为混音器，混音器可将 PC 端口的每一路声音仅限进行单独调节，不仅可以调节声音的大小，还可以选择设置这路声音是监听声音还是传输声音，也可以在声音输出的同时进行监听。其中可操作的声音包括 PC 端的台式音响、麦克风的声音和所添加的每个视频的声音。

混响器右侧为功能按钮区，点开按钮区的设置选项、设置选项中的流选项、点击输入直播间网址（FMS、URL），直播间网址下方为流密钥（川流码、流密钥）。设置中还可调节其他内容，包括通用设置、输出设置、音频设置、视频设置、热键设置等。设置中的输出选项还有视频设置较为常用，主要设置视频的输出格式和比特率。

码率（bitrate），码率即比特率，数据传输时单位时间内产生的数据位，单位 bps（bit per second），1Mbps = 1024kbps = 1048576bps。一般的情

况在分辨率一定的基础上，码率越高，视频质量越好（注意 bps 与 B/s 的区别，1B/s = 8bps）。通常，720P 的码流码率在 2 ~ 4Mbps，1080P 的码流码率在 4 ~ 8Mbps，对于观看用户来说则有宽带要求，当前国内的网络环境下，上下行速率不对等，对于主播来说如果要使用高清视频，还得确保主播上行带宽足够。根据设置的码率在直播之前一定要进行网速的测试。

分辨率（resolution）又称解析度、解像度，分辨率是屏幕图像的精密度，指的是显示屏所显示的像素有多少，因为屏幕上的点都是由像素组成，点组成线，线组成面，像素越高所显示的就越为清晰。所有在推流的过程中一定要考虑所采集视频信号的分辨率，不是在摄像头端头采集什么清晰度的视频直播，就可以推出什么清晰度的视频。

视频清晰度的决定因素很多，当然首先是采集端的要求，但是采集了高清或者 4K 的视频，电脑配置过于老旧，或者网络上传速度不够，都会直接地影响网络直播，此类情况大多会造成视频卡顿，或者是声画不同步。严重的会直接断开链接。所以在直播之前一定要先对当地网络进行测试，网络测试也有一些较为方便的网站，如果是长期固定地点进行网络直播，建议联系当地网络供应商安装网络专线，保证直播顺利进行。

随着 5G 时代的到来，推动了网络直播技术的发展，也衍生出了一些新的网络推流设备。这些网络推流设备大多数是保证推流拥有顺畅的网络。一般均配有不同供应商的 5G 卡，可做到随时切换更好的网络信号。经过长期的测试发现，除特殊高原地区或是信号盲区外，只有地下室的无线网络信号难以保障，其余一般地区的网络推流还是可以实现无线传输的。

第二节　直播组织架构

一、专人专岗

一般网络直播都是根据直播活动的整体策划要求决定人员设备配置，以大型网络直播活动为案例，直播过程中所涉及的各个岗位：首先是导演组，导演组包括总导演负责把控全场，总导演熟知整场直播活动的各个环节，并对直播效果做整体把控。现场导演把控现场，从直播的策划、彩排到直播的结束，一直配合总导演协调现场所有工作人员。导演组一般还会配有导演助理，主要是协助导演把控节目各个环节，一般一个导演助理会负责几个环节的嘉宾对接与引导，有时也会根据直播脚本的策划需要不同职责的导演，所以导演要做到熟悉直播整个环节设定，以及熟悉直播过程中的各个工种。

二、组织架构简介

直播中技术工种包括导摄像组、音频组、灯光舞美组。顾名思义音频负责的是直播过程中的声音采集输出，以及直播现场的扩音、垫乐、配乐等工作。灯光舞美是两个工种，灯光负责现场所有灯光的设计以及搭建，舞美负责现场舞台的设计及搭建，包括背景板、LED 大屏幕等。所有工作的努力都是为了直播的时候把最好的一面展现给观众与粉丝，直播中输出的一个重要团队就是导摄团队，导摄团队包括导播和摄像。导播的思维和构思必须在摄制集成输出到监视器前就已经形成。不仅要有自己对艺术的表达与审美，还要熟知直播政策规定、了解直播各个环节，并且要对直播过程中发生的各种意外做冷静及时的处理。

第三节　直播视频制作基础知识

一、光线的特性

（一）光的三个特性

①强度：直观的感觉就是光的明暗程度。

②方向：就是光源的方向。

③色温：主要表现在光源的颜色上。

（二）光线的方向

光源方向可以分为四种：

①顺光——光源在被摄体正面。

正面直射的光会消除面部的影子，使面部趋于平面化，也叫平光。

②侧光——光源一般在被摄体正面45°的位置。

侧光能够让人物的面部呈现立体效果。

③90°侧光——光源一般在被摄体90°的位置。

90°侧光是用来强调明暗对比的特殊光线，被摄体一面处于强光中，另一面处于阴影中，最适合用来表现被摄体表面的质感。

④逆光——光源在被摄体背面。

使用逆光拍摄的时候，往往会有雾蒙蒙的感觉，并形成暖色调。这也是摄影师喜欢进行创作的光。

（三）色温

定义：指的是光色的尺度，单位是K。

暖色系包括红紫，红，红橙，橙，黄橙；

冷色系包括黄绿，绿，蓝绿，蓝，蓝紫。

冷色，色温高；暖色，色温低。

常用的色温：家用白炽灯大约2800K；
烛光大约1900K；
日光大约5500K；
闪光灯大约6000K；
荧光灯大约7000K。

（四）白平衡

定义：在不同色温中的白色物体都还原成真的白色。

二、光的分类

光按照类型主要分为自然光，人造光，场景光。

（一）自然光

自然光源包括太阳光和月光，夕阳的光线色温约为4500K，正午时的日光约为5600K，阴天的色温约为7000K，记住这些数值以后，可以很好地帮助我们在拍摄的时候调节好摄影机的白平衡，日光在清晨和夕阳的时候色温较低，光线比较柔和，这时也是拍摄的黄金时段，而正午的时候太阳高度角比较大，光线硬，照射出来的影子比较难看，不适合进行拍摄。

（二）人造光

定义：摄影师为了达到创作意图而设置的人造光源。

光质就是光的性质，通常分为硬光和软光。

硬光：简单来说，硬光就是指光线直接照射在被摄物体上，在其表面产生棱角分明的阴影，但这并不意味着硬光就比软光更明亮，它只是更集中。硬光照射下的被摄物体的受光面、背光面和投影都非常鲜明，明暗反差比较大，对比效果明显，这样有助于表现受光面的细节和质感。

软光：软光也叫柔光。它没有明确的方向性，可以更均匀地照亮被摄物体，而不是生硬的从一个方向照射，软光产生的阴影比较柔，边缘也相对模糊。

我们可以通过柔光布、柔光纸、反光板等措施将硬光转化为柔光，但是没有办法将柔光转化为硬光。

光形就是光的形状，通常有聚光和散光，当然我们还可以用黑旗等一些其他的工具将光进行遮挡来改变光的形状，让它变成我们想要的各种效果。

聚光的发光角比较小，光线照射范围有限，在光斑内的亮度很高，在光斑外的亮度比较低。通常我们用聚光灯来打量局部或者小范围空间，散光的发光角比较大，因此它的光照范围比较大，发出的光线比较均匀。我们常用它来照亮大范围的场景。

（三）场景光

定义：室内遇到的光线基本上就是场景光，包括从窗口照进来的阳光，室内的灯光等。

尽量利用光线明确主题、突出画面，以及简化画面。

三、布光法中的灯位

①正面光：光比较硬，人物面部曝光均匀，但是平面化，没有立体感。

②顶光：光线从上方打下来，使人物变得突出。

③鬼光：从人物下方射过来的光线使人物看起来有个性。

④45°侧光：从45°侧面布光，人物面部呈现立体的表现，但是阴影过于浓重。

⑤90°侧光：90°侧光产生一半明亮一半阴影的效果，一般有艺术处理的时候会用到。

⑥背景光：提亮背景。

四、伦勃朗布光法和蝶形布光法

（一）伦勃朗布光法

①3/4 面部对着相机。让人物面向相机，缓慢变换角度，直到看不到一侧的耳朵为止。

②架设主灯，强度要能使人面部正确曝光，方向为与人物面部方向同一侧 45°左右。注意，要在人物面部形成三角形光区（以鼻子阴影、面颊阴影、下眼线为边长，围成的三角形亮区）。

③架设辅灯（相机旁边）。将面部阴影处柔化，并表现出细节。一般会使用 4∶1 或者 3∶1 的光比。

④架设背景灯，打亮背景。如果有可能，从人物斜后方放置一束比较集中的光，打在人物轮廓上，形成轮廓光。

作用：主要表现坚毅和深邃，适用于男士，尤其是成功男士。

（二）蝶形布光法

①使用蝶形布光法的时候，主灯放置在人物正前方，但是处于比较高的位置。这与顶光不同。蝶形布光法的主灯是从上斜射下来的。这样在人物的鼻子下方就会形成一个阴影。随着主阴影会在鼻子下面形成一个蝴蝶的形状。这时主灯的位置就可以确定了。

②人物两侧架设两个 90°灯光，将人物的轮廓和背景打亮，使人物的背景分离开。

作用：这种布光可以使女性的脸型看起来更俊俏。

五、景别

景别就是指被摄物体在画面中呈现出来的大小和范围。

①远景。远景一般是用来表现环境全貌，展示人物及其周边广阔的空间环境、自然景色和群众活动的大场面，镜头通常用于介绍环境、抒发感情。

②全景。全景画面比远景更能够全面地阐释人物与环境之间的密切关系，可以通过特定的环境来表现特定的人物，在叙事、抒情和阐述人物与环境关系的功能上起到独特的作用。

③中景。中景还有一个洋气的名字叫 Cowboy Shot。之所以叫这个名字，是因为当年美国西部片拍摄牛仔拔枪时经常使用这个景别。需要注意的是主体头部仍然留有空间，这是叙事功能最强的一种景别，在包含对话动作和情绪交流的场景中，利用中景，景别可以最有利表现人物之间的关系、人物与周围环境之间的关系。中景的特点决定了它可以更好地表现人物的身份、动作以及动作的目的。

④中近景。中近景有时被称为两颗纽扣镜头，因为取景时正好卡到人物的胸部，如果人物穿着衬衫的话，则正好到上面第 2 颗纽扣的位置，而且一定在肘关节之上，在这一景别中观察画面中演员的面部表情，所以人物的肢体动作和周围环境的物体就会变得很重要。

⑤近景。在这个景别中，人物头顶上方仍然需要留出一点点空间，可以充分调动演员使用面部表情进行有效的信息传递。近景可以让观众近距离观察人物，所以近景能够清楚地看清人物的细节动作，也是人物之间进行情感交流的景别，同时还能进行少量的动作表演。不过这时画面的中心会落在演员的脸上，特别是眼神上。

⑥特写。特写画面上方通常顶到演员的头顶底部，刚好卡到演员的肩膀，往下露出袖子，特写镜头用来表达演员的内心世界，能细微地表现人物的面部表情，以及刻画人物。

六、构图

构图主要有五个基本方法：居中法、三分法、引导线法、重复法、三角构图法。

①一个大主体或者对称结构的主体可以用居中法构图。因为主体很大，所以放在中间最明显

②三分法是摄影中最常见的构图法。将主要线条放在三分线上，主体放在四个交会点上更有助于突出主体。如果主体有方向，一定要让主体朝向的那个面多留一些空间，不然画面会很堵。

③如果取景中有明显的汇聚线条，那么将主体放在汇聚线的交点处，或者靠近交点处，都很容易让人看到主体，因为人的目光会随着引导线走。

④如果你有一群一样的主体，可以使用重复法，让相同的主体不断在画面中重复，同样可以起到让人印象深刻的效果。

⑤如果你有三个以上不同的主体，尽量不让这些主体在一条线上，而是让他们在画面中成三角形排列，这样不会呆板。

七、音乐剪辑

（一）音乐中不同配器对情绪带来的变化

①钢琴：叙述，唯美，浪漫。

②民谣吉他：轻松，闲适，细腻。

③电吉他：富有激情。

④小提琴：感人，浪漫。

⑤大提琴：感人，浪漫。

⑥鼓：仪式感，振奋人心。

⑦交响乐：高端大气。

⑧合唱：激情澎湃，振奋人心。

（二）音乐的节奏

①每一首音乐都有自己的节奏，一首音乐只有一种节奏。音乐的节奏就是切点，是一切剪辑的基础。

②找一首音乐的节奏，先要从开头找，如果开头找困难，就要从音乐的其他部分来找。

③音乐打点：第一个旋律出来的那一下，旋律切换的就是一个切点，即每一首音乐的节奏，然后根据切点切画面。

④一首音乐组成：主歌 A—副歌 A—间奏—主歌 B—副歌 B—结尾。

一首音乐与画面相辅相成，如果画面切到音乐 3 ~ 4 个点，已经很好了。

（三）分辨音乐的段落

①通常音乐都是有层次的，在情绪上是递进的关系，每一段都比上一

段情绪丰富。

②剪辑也要符合音乐在情感上的规律，无论是每一个剪辑事件的逻辑顺序还是情感顺序，都要循序渐进，层层递进。

③找到音乐的结构，对视频的结构有直接影响。

④听旋律和唱词是可以分辨音乐段落的。

（四）分辨音乐段落的作用

①找出音乐的段落，是剪辑音乐确定视频结构的基础。

②找出音乐的段落，才能知道这首音乐哪一个段落是剪辑需要用到的，这样才能和你的素材气质相符。

③找出音乐节奏，是剪辑的开始。

④找到音乐段落后，结合素材，安排每一段放什么内容，比如轻缓的前奏适合放一些静物，或者很安静的画面、运动感不强的画面；高潮适合放一些运动感强的画面。

（五）音乐剪辑的步骤

剪辑的时候，音乐并不是不能修改的，必要的时候会对音乐进行二次剪切拼接，从而达到想要的效果。

①找到音乐的节奏。

②找到音乐的段落以及相同的唱词。

③将唱词相同、旋律相近的段落拼接在一起。

④在剪辑软件时，通过看音乐的波形，不断调整试听。

⑤轻缓音乐的衔接，尽量选择干净的背景音乐作为切点。

⑥尽量选择每一段旋律的尾音剪辑。

⑦用后面的重音，掩盖前面柔和的旋律，从而打造新的编排。

八、素材

①先理解什么叫镜头语言，镜头语言就是用镜头像语言一样表达我们的意愿。我们通常通过摄影机拍出的画面，看出拍摄者的意图。镜头语言虽然和平常说话内容的表达方式不同，但是目的是一样的。所以镜头语言没有规律可言，只要用镜头表达你的意愿，不管何种方式都可成为镜头语言。

镜头语言 = 景别 + 拍摄角度 + 摄影机内部运动 + 摄影机外部运动。

②挑选素材，从声音、事件、氛围、动作、角度、情绪、细节、表现力、亮点等方向去挑选素材（并不是每一段素材都具备以上所有的特点，具体还要看剪辑需求，比如剪辑的是时尚感类型的视频，就可能从氛围、表现力、亮点出发去挑选素材）。

③挑选素材标准：人物的动作（摄影机内部运动），摄影机外部动作（推拉摇移），挑选素材要有视觉动机，一个镜头要有 1 ~ 2 个信息量（有可能是摄影机外部发出的，也有可能是摄影机内部发出的）。

九、音效

①为什么要增加音效。增加场面的真实感，使画面立体；强化人物的情绪；增加特殊效果，形式具象化。

②怎样获得好的音效。除了网站，还要多看优质的短片、预告片，锻炼对画面信息量的想象力和把控能力，看到相应的画面，第一时间就能反应出它的声音。

第十章　直播表现技巧
——素人主播 0—1 的直播全攻略

想做主播，要清楚做哪种主播。目前，主播大概分为三种：①电竞类主播，是以游戏电竞直播为主；②内容或者综艺主播，是以秀场打赏直播为主；③以卖货为主的主播，叫作电商主播。接下来探讨的主播直播全攻略主要是基于第三种主播，也就是电商主播 0—1 的直播全攻略。

第一节　为何要做电商主播

在分享如何做电商主播之前，要先搞清楚，为何要做电商主播。

人们有时候之所以会后悔、之所以对一件事情无法坚持下来，是否是因为之前没有想清楚为什么，也就是说没有想清楚为什么要去做这件事。如果一开始就非常清楚要做这件事的原因，那么在做的过程中所遇到的问题可能也就不是问题了。

因为直播电商非常火，很多人都通过直播买货，然后看到主播通过直播得到了费用，所以有人就想做主播。或许想尝试一下，通过直播来带货；或许因为有自己的商品，希望通过直播进行分享，进而达成销售；或许是需要通过电商直播业务模式来解决目前的问题；或许也有一种可能，就是你想做电商主播。

首先来看一下，你适合做电商主播吗？要成为一个合格的电商主播都有哪些门槛呢？

做电商主播需要具备哪些素质？排在前面的无外乎是勤奋、坚持、对行业有一定的悟性，然后具有某一类节目的专业知识……但是如果非要排一个先后顺序的话，哪一个才是最重要的呢？稻盛和夫的一句话，真正道出了做电商主播的真谛。

日本传奇的经营大师稻盛和夫，一辈子创办了许多家企业，其中有三家企业，名列世界500强；更在自己78岁的时候临危受命，拯救了日航公司，只通过短短一年的时间，就把一个亏损的企业，做到1800亿日元的盈利。稻盛和夫曾经说，“心不唤物，物不至”。只有内心强烈渴望地去做一件事情，才有可能取得成功，达到“心唤物至”，这是驱动这个世界的绝对法则。

直播是工具，是为内容服务的，内容的核心是产品，通过在平台上获取流量，将流量变现才是直播的最终目的。而直播作为工具，其主体是主播。所以如果你希望成为一个电商主播，应该具备强烈地渴望去卖货的动力与冲动，这也是成为主播最重要的首要条件。

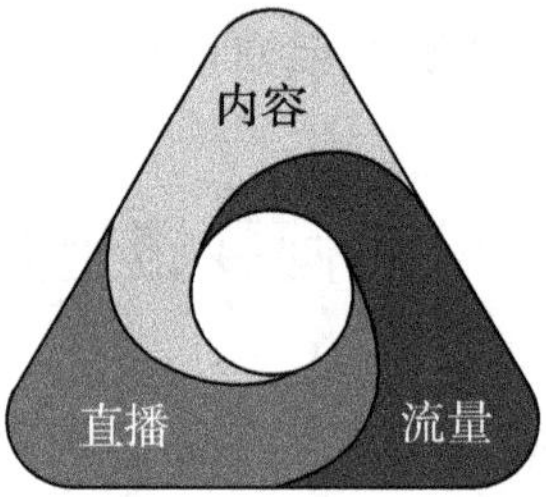

如果希望成为一个电商主播，但并不渴望去卖货或者去销售商品，那你可能并不适合做一个电商主播。因为做一个合格的电商主播需要持续投入一个人的全部精力和时间，在这过程中还会遇到各种问题，如果一开始就没有一个强烈渴望的愿望和方向，是无法坚持太久的，也一定是没有结果的。

当明确了做电商主播的方向是强烈地渴望销售产品，接下来又应该选择什么样的平台去销售商品？选择哪个直播平台去做主播呢？

第二节　直播平台的特点、变现方式

如果你有很多产品，但是又没做过直播。虽然千头万绪，但你还是信心满满地希望快速投入直播中，却发现产品卖得并不好，看的人也不是很多，坚持了一段时间。于是你得出结论，觉得做主播根本卖不出去货品，久而久之，也就没有信心了，最后也就放弃了做主播。

究竟是什么原因导致这样的结果呢？是我们不了解用户需要？是我们的产品不够好？还是我们的准备不足？或是我们的努力用错了地方……

从小我们就被告诫：

笨鸟要先飞，只要努力就会有回报！一分耕耘一分收获！

天降大任于斯人也，必先苦其心志，劳其筋骨，饿其体肤，空乏其身，行拂乱其所为，所以动心忍性，曾益其所不能……

但事实是：努力的方向，其实要比努力本身更重要！所以老问题又回来了，究竟应该选择怎样的努力方向？有一句话说得好，“鞋子舒服不舒服，只有脚知道”。同理，选择什么样的平台开直播，关键并不是平台有多少流量或产品，而是哪个平台的生态更适合你快速地成长？你自身的特点与优势与哪个平台更加匹配？这才是选择的唯一标准。

目前电商直播平台大致可以分为以下三类。

（一）人与商品发生关联的平台（公域流量平台）

①平台举例：淘宝天猫、京东、苏宁易购、唯品会等。

②平台特点：人与商品发生关联的平台，适合有一定规模和需要持续打造产品和品牌力的商家，所以也是成熟商家的必争之地。商家选择这样的平台以产品及品牌的营销为主，我们常见的互联网打造爆款的方式、品牌的旗舰店铺、官方的价格管控、品牌的视觉形象多在这样的平台上出现。因为这样的平台大家选择它就只为了一个目的——购买商品，也就是为什么你在这样的直播平台上讲创意、品牌理念、品牌故事得不到粉丝的共鸣，因为更多人选择这样的平台，是以选购商品为主的，更关心有什么好的产品，有哪些优惠可以获取。

③选择优势：成熟电商平台，有较好的公域流量，规则详细且成熟，对商家和主播都有成熟的管理模式，用户已经养成了观看直播购物的习惯，不需要培养和再引导。商品较为丰富，用户可选择的品类和余地比较宽泛，进入较早的商户和主播已经有了较为固定的核心粉丝团体。

④选择劣势：主播进入有一定门槛，需要零基础粉丝冷启动的积累，更需要有折扣力度大的可持续的好产品来养粉丝，并且需要持续一段时间，才能收到效果。因为平台较大，如果没有一定的前期投入，进而增加在平台上的展现量，是很难被看到的。较成熟的直播平台竞争比较激烈，

例如，淘宝这样的平台已经出现天花板式的顶流主播，各个类目的头部主播已经形成并能争取到商家更大的货品折扣资源，久而久之更多商家在提供货品折扣的同时，也希望平台及主播对销量有所承诺。而这些对一个素人主播来讲，是很难完成的任务，但成熟的大机构会对有潜质的素人给予货品和前期展现位置的投入。

⑤主播形式：达人主播（个人）、机构主播（入驻机构）、店铺主播。

⑥变现方式：第一，专场直播/混场直播：直播坑位费（有粉丝量的中腰部以上主播才涉及）+CPS 销售分佣；一般机构会收取部分坑位费+CPS。根据不同类目，CPS 所占的百分比也各不相同。第二，定期店铺直播。

（二）人与内容发生关联的平台（短视频平台）

①平台举例：抖音、快手、西瓜等。

②平台特点：人与内容发生关联的平台，适合新晋商品需要建立知名度、不断拉新和引流的商家，因其平台形式多样、内容丰富，所以也是目前流量的高地。商家选择这样的平台，以内容带动产品及品牌的宣传和销售，是营销的放大器，我们常见的××同款或网红爆款多在这样的平台上出现。因为这样的平台大家选择它，首先是对其上面丰富的内容感兴趣，其次才是间接产生购物的冲动，因此账号能否持续产出优质的内容就变成一个先决条件。而直播也需要在通过内容积累了一定粉丝量后再开播，因为在这样的平台大家感兴趣的首先是内容，对账号的 IP 或人设的信任和认可度建立了，才会对它推荐的商品感兴趣。因此平台上的账号也是以账号的内容属性进行分类和搜索的。在短视频平台上进行直播的预热方式与其他平台不同，主要以短视频预热为主，可以在直播开始前多次预热，引起粉丝的关注；也可在直播后通过短视频内容进行销售的持续引流。

③选择优势：平台电商形式多样，有短视频广告、短视频带货、直播带货、打赏等形式，目前是流量的汇集地。平台对短视频拍摄、剪辑、持续产出优质的内容有一定的要求和门槛。该平台的用户不是因为要买某种商品而上这个平台，而是因为对某些内容感兴趣聚集在这个平台上，所以建立和用户的信任也是通过内容实现的。该类平台对商家商品管控非常严格，且审核周期长，确保了产品的品质保障，并通过关键字、敏感词的检索与 AI 人脸的识别技术，对产出的内容进行机器与人工的双筛，把内容控

制在宣传敏感范围之内，避免出现偏差。

④选择劣势：主播进入有一定门槛，要求达人要有优质内容的持续生产能力。直播的冷启动和第一种人与商品关联的平台方式一样，需要前期的投入与持续的运营。平台对商品的授权管控极其严格，部分商品如无法获取电商授权，在平台上将无法上架销售。平台上聚集了大量的品牌方、明星与机构，要想脱颖而出，需要有生产爆款内容的能力。平台规则变化频繁，需要持续关注平台变化与规则。该类平台对违反规则的账号或达人处罚，主要以减少或关闭流量的方式进行处理。

⑤主播形式：达人主播（个人）、机构达人主播（入驻机构）、蓝V官方账号主播。

⑥变现方式：

第一，短视频商品广告的植入，收取广告费用。而对于明星来说，该部分短视频的拍摄费用将另行收费。

第二，短视频加购物链接，收取 CPS 销售分佣。

第三，专场直播/混场直播：直播坑位费（有粉丝量的中腰部以上主播才涉及）+CPS 销售分佣+打赏/礼物；一般机构会收取部分坑位费+CPS+打赏。根据不同类目，CPS 所占的百分比也各不相同。各个平台打赏和人民币直接兑换比值不同，一般达人、机构、平台各占不同的百分比。

第四，直播中以连麦、砍价等方式增加流量促进销售的转化，增加流量变现与主播收入。

第五，短视频以 Vlog 的方式进行传播，则以前期招商的方式呈现。

（三）人与人发生关联的平台（私域流量平台）

①平台举例：有赞爱逛直播、腾讯微店看点直播、商家的微信小程序等，还有即将全开发的视频号有可能也是其中之一。

②平台特点：人与人发生关联的平台，适合拥有自己固定粉丝群和拥有一定数量老顾客的商家，该平台是以人与人的情感和信任为纽带的，适合做用户的深度运营，也是电商的运营之本。因为人与人的平台是基于自身的粉丝预热和运营的，通过成熟的持续运营再吸引更多的用户成为自身的粉丝过程；而粉丝是有归属性的，也就是粉丝的私有化，因此该类平台被称为私域流量平台。商家选择这样的平台多是以实体线下商家或者有一

定品牌号召力的Shopping Mall，与本身拥有一定数量的老用户和纯粹电商基因的公司相比，优势不在于电商化上，更在于老客户的价值上，因此很多实体线下商家的电商化转型多选择该类平台；另外，区域化实体经济电商转型，也多选择此类平台。因为部分商品的电商化不足，前期的孵化更适合在一定范围内规划进行，所以也多选择此类平台。人与人关联的平台，重点是基于与用户的情感沟通和交流，基础是信任；在取得信任的基础上逐步产生销售和用户价值的深度挖掘。

③选择优势：平台基本上都是基于微信的生态，实现在微信的系统下识别二维码一站跳转直播间，避免了用户的流失。该平台因为适合做用户的深度运营与深度挖掘，因此需要拓展用户的更多需求，需要从不同层面上满足用户的需求，帮助用户解决问题，才能最终体现服务的价值。因为是基于微信老用户的运营，因此天然的信任感压缩了0—1冷启动时间，更关注后续的持续拉新与用户裂变，这才是运营的重点。

④选择劣势：主播在该平台成长，不仅需要有一定直播技巧和素养，还需要自身具备一定微信社群的基础运营能力。如果再辅助公众号、社群运营的团队配合，可以使整体业务模式与直播效果进一步扩大，起到事半功倍的效果。需要有一定数量的老用户积累，如果之前用户数量比较少，就需要借助其他流量平台，进行用户的拉新和引流。

⑤主播形式：达人主播（个人）、机构达人主播（入驻机构）、店铺主播。

⑥变现方式：

第一，专场直播/混场直播：直播坑位费（有粉丝量的中腰部以上主播才涉及）+CPS销售分佣；一般机构会收取部分坑位费+CPS。根据不同类目，CPS所占的百分比也各不相同。

第二，直播中以连麦、砍价等方式增加流量、促进销售的转化，增加流量变现与主播收入。

第三，分销模式，产品分享后产生购买，获取收益。

选择任何直播平台，并不是因为该平台的流量。在你没有准备好的时候，就算有再多的流量，你也是接不住的。因此需要从用户累积做起，先把已经信任你的粉丝经营好，再去吸引更多的粉丝持续做好粉丝的经营。

所以在任何平台做主播，是通过销售产品、通过产出的内容，找到那些喜欢你的人，而不是让所有人都喜欢你。

做直播没有什么捷径，更没有什么黑科技，引用阿里直播高管的原话，“流量暴涨，必然会有流量暴跌”。所谓的捷径，就是了解平台、熟悉平台的规则和平台的特点，建议大家多看看平台的白皮书，留意捕捉平台最新的动态；因为平台的规则也会随市场的变化而进行不断地更新与迭代。

电商直播平台有没有一般性的规律？当然还是有的。除了每个直播平台个性化的特点与平台制定的规则以外，一般电商平台都遵循如下原则。

第一，平台直播有禁忌与红线，需要仔细研究和了解。直播过程中不能出现引导未成年人不良行为的演示，如在镜头前饮酒、抽烟等；主播的服装不能过于暴露；现场直播不能有让人视觉不适的画面，如鲜活生物宰杀、医疗和美容手术的画面等；不能在直播过程中故意暴露他人隐私，如手机号码等；禁止对效果或功能性的夸大或不实的直播；避免对同行竞争对手等的相关提及或踩低；等等。

第二，主播直播前需要在平台上根据平台规范把直播的产品上架，设置合理的直播优惠，并通过平台的审核后再进行直播。

第三，直播前预告的发布与传播预热是必不可少的工作。

第四，直播平台上有很多营销工具，方便主播在直播过程中增加与用户的互动性与促销活动，因此主播需要对平台进行充分的实践与了解。直播的最终目的是让更多的用户留在直播间，这样才有可能产生直播的销售与购买。

当你了解了平台的不同规则和原则之后，首先面临的问题是选什么产品直播，选择的依据和标准又是什么？其实主播选择货品的依据就是主播个人的IP定位，或者叫作主播人设。只有确定了主播的IP定位特点与主要的类别，就能做到相对的聚焦，并可以帮助主播建立核心的粉丝群。

第三节　建立电商主播的IP定位

所谓人设和IP是指一个人或账号与他人进行区分的，让人产生记忆点的、具有特色的标签，也是个人独特天赋的集中体现。所不同的是，人设之前是从编剧那来的，所以多少有一点设定和人为规划的意味，有虚构的成分，因此我们偶尔会听到×××人设崩塌的报道。而IP是指将某些真实的部分或天赋的部分进行放大，所以其自身有真实存在的特性，并不是虚构出来的。就如同人设是你希望在别人眼中的自己，而IP是你在别人眼中真实的自己。所以挖掘自身特点的定位及天赋就是个人独特的标签和IP所在。

优势心理学之父——唐纳德·克里夫顿博士，曾经带领团队进行了一项长达50年、基于200万人的研究。研究表明，虽然成功的道路有千万条，但成功人士基本上都遵循了一个原则，就是将自身天赋发挥到极致。而这里所说的天赋就是个人的隐藏能力，天赋并不等同于能力，而是在事情之初加速反应的催化剂；在同样的起点下，让你异于他人快速成长的催化剂。天赋是一种隐性的、隐藏的能力，是需要通过刻苦的后天训练才能显现出来的部分。如何挖掘个人隐藏的天赋呢？可以通过以下的三个模型和一种方法找到答案。

（一）SIGN 模型

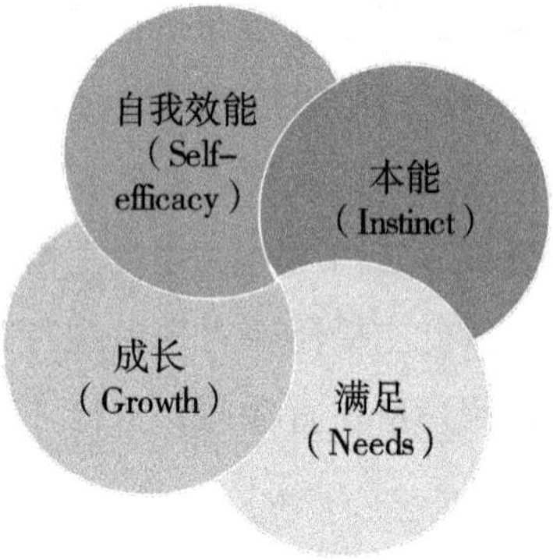

（1）表现一：自我效能（Self - efficacy）

字母S对应的表现是Self - efficacy，自我效能。它的意思是对某些任务，你的信心很强，觉得自己肯定能做好。比如，每当面对细节琐碎的事情时，还没开始，就觉得自己做不好，但每当要去解决一个发布会执行的难题时，就会充满信心。所以，当你对某类事非常有信心，觉得自己可以做成功，这就是天赋的一个表现。

（2）表现二：本能（Instinct）

字母I对应的表现是Instinct，本能。意思是当你还没有开始做这件事的时候，你就迫不及待地想要尝试了。比如，当决定要装修直播间，想着让环境焕然一新的时候，会感到异常兴奋，会寻找很多种搭配，会想这样营造的场景更适合哪类的主播来直播。所以，那些让你迫不及待、跃跃欲试的事情，可能意味着你的天赋所在。

（3）表现三：成长（Growth）

字母 G 对应的表现是 Growth，成长。就是你发现自己在某些方面与别人相比，相同的起点，自己学得很快；相同的时间投入，会给自己带来更多的成长。比如，当为了搞清楚某个商业模式，去阅读大量相关资料的时候，一上午对你来说，就跟 20 分钟一样。如果在某个领域，你一接触就明显比别人进步得要快一些，这也是天赋给你的一个信号。

（4）表现四：满足（Needs）

字母 N 对应的是 Needs，满足。做完这件事之后，就算感到疲劳和困倦，你依然会有满足感。比如，在上直播课的时候，每次在直播课程之前都要准备很多资料并做各种演示，直播课程结束之后都累到不想再继续上课了，然而当整个课程结束之后，又觉得充满了成就感。杨丽萍说“跳舞就是跳舞最好的回报”，描述的就是这种感受。

以上就是天赋的四种表现，了解到天赋的表现之后，你就可以有意识地去挖掘了。当然，你总结出这些经验之后，还需要再次提炼共性，成为自己的核心竞争力与个人 IP 的体现。为了避免自我主观判断有可能存在偏差，可以通过问自己和问别人的方法来相互验证，找到自己真正的特色标签和 IP 所在。

（二）挖掘个人 IP 的方法

（1）问自己

①第一类问题：与自我效能 S 相关。

- 你认为，自己能够教别人什么？或者，别人常常向你请教什么？
- 你跟他人聊天的时候，倾向聊什么？以及聊什么话题你会更有自信？
- 你在做什么事的时候，不会感到焦虑和担心？

②第二类问题：与本能 I 相关。

- 你做事的时候，很少拖延？
- 长时间休假后，你最想念工作的哪个方面、哪个内容？

·你宁愿放弃休息时间也要做的事，是什么？

③第三类问题：与成长/专注G相关。

·有什么事，能让你沉浸其中，忘记吃饭/睡觉？

·你做什么事的时候，会暂时忘记刷社交网络？

·你做什么事的时候，不容易感到疲倦和厌烦？

④第四类问题：与满足N相关。

·在过去的工作和生活中，有什么人和事，让你获得巨大的成就感和满足感？

（2）问别人

·你觉得，我身上有什么不同于别人的特质？

·你最欣赏或者佩服我的方面是什么？

·在你来看，我做什么事的时候，看起来最兴奋？

·你曾经看到我做过哪件事，让你印象深刻？

·在以下这些方面，你觉得我哪些更加擅长？对他人的说服能力、审美判断、创意演示，等等。

（三）认知自我分析模型

将上文问自己和问别人的结果，通过认知自我分析模型归纳梳理，并得出答案。而一个人的认知不是一成不变的，随着个人的不断成长和对自我的理解，以及环境的变化，个人认知也在不断提升和迭代。

个体	变化	现阶段不变
长板		在这里!!!
中板		
短板		
认知自我	找关键词	明确定位
·分析自己的优点和缺点 ·找到自己最独特的不可取代性	·与自我高度相关 ·特别鲜明 ·总结自我的不可取代性	·主要垂直类1个，标签1个 ·容易坚持 ·擅长、喜爱

掌握一定数量的思维模型，能解决这世界上90%的问题。

——查理·芒格（《穷查理宝典》）

通过以上两个模型得到和明确了电商主播个人的IP定位以后，应该如何训练才能将这种隐性的隐藏能力变为显性的能力呢？应该将精力花在什么地方呢？可以通过冰山模型来做出判断。

（四）冰山模型[1]

冰山模型由美国著名心理学家麦克·利兰提出，它全面地描述了一个人的个体素质特征；你跟一个具体位置、类目匹配程度如何、市场价值多少，都是这个模型可以解释的。

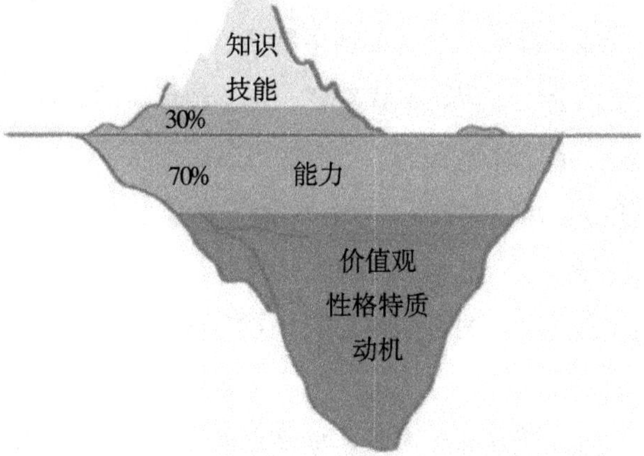

（1）第一部分，知识和技能

冰山模型从上到下有很多要素，最上面的要素是知识和技能。

知识，就是大家在学习和实践中获得的认知和经验，比如财务知识、人力资源知识、法律知识，等等。这与你所学的专业、常看的书、从事的工作，甚至业余爱好都有关系。

技能是指你所具备的某项专门技术，比如骑自行车、编程、使用Excel表等。

---

[1] 冰山模型是美国著名心理学家麦克·利兰于1973年提出的一个著名的概念，所谓“冰山模型”，就是将人员个体素质的不同表现形式划分为表面的“冰山以上部分”和深藏的“冰山以下部分”。

一个人的知识和技能是可以后天习得的，也是非常显性，容易看出来的，这可以称为冰山上面的部分。

（2）第二部分，能力

冰山模型中间的要素是能力，或叫通用能力，比如学习和思考能力、人际交往能力等。相对知识和技能来说，能力高低不是一眼就能看出来的。比如，一个人的创新能力到底如何，很难用一个证书、几道题目来考察，而需要看他在处理很多问题时候的行为。能力和知识技能最大的区别在于：知识和技能属于特定领域，而能力则更多是通用领域的。能力的培养周期相对长一些，一般要几个月或者更长时间。

（3）第三部分，价值观、性格、动机

冰山模型最底下包括价值观、性格特质、动机。这些要素在成年之后很难被改变，它们会受基因、家庭教育、童年经历等的影响。

简单介绍一下各个要素：

①价值观是你判断事物的标准，比如，在事业和家庭产生冲突的时候，你怎么处理等。

②性格特质则是个人的行为偏好，比如，你是偏内向还是外向，更关注宏观还是细节等。

③其实动机的分类方法有很多，最常见的是麦克·利兰的理论，分为成就动机、权力动机和亲和动机。成就动机的人，喜欢挑战；权力动机的人，希望影响他人；而亲和动机的人，希望维持更好的团队关系。如果你感觉自己没有动力，做事提不起精神，那很可能就是你从事的事情跟你的动机不匹配。

选择工作跟选择伴侣是一样的，“匹配”比“优秀”更重要，而你跟一份工作的匹配要素，其实就是冰山模型中的要素。而且，在所有匹配要素中，冰山底层的隐性要素起到了更大的作用。就像找伴侣一样，尽管看起来表面条件差不多，但你就是对一个人有感觉而对另一个人没有，这就是冰山底层的隐性要素在发挥作用。所以，通过冰山模型，你就可以分析了：如果你喜欢直播，到底哪个类别更适合你，你自己的优势和特色又在哪里？然后通过上述三个模型的整合，得到最终的答案。

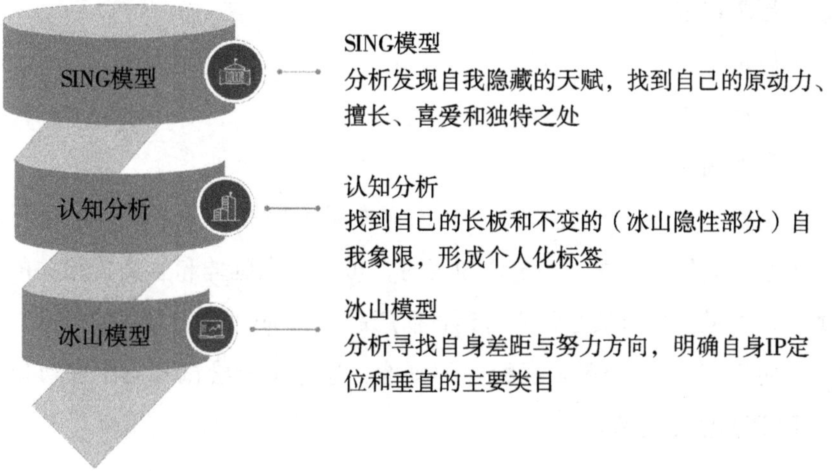

而作为主播的 IP，并不是通过标题式的文字呈现的，而是需要更加外化的体现，主要通过以下方式，真正建立主播的 IP 和形象。

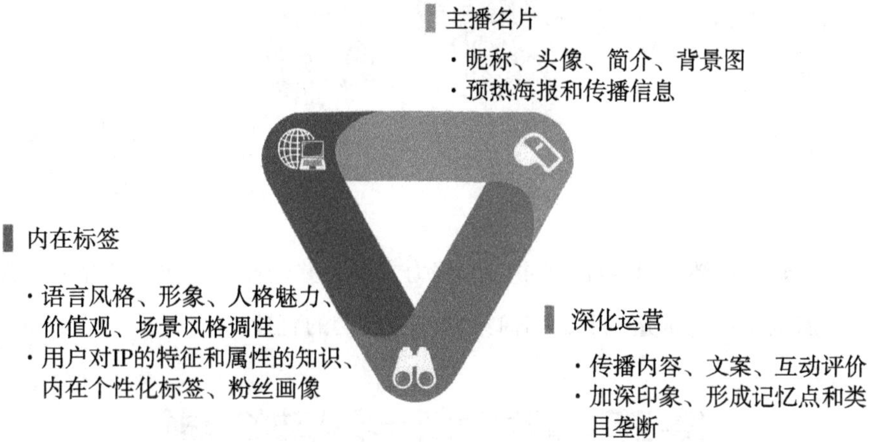

你可以通过下面这个小练习，真正梳理出电商主播的 IP 定位，明确接下来的选品与风格的确认。

主播 IP 定位：

· 昵称

· 简介

· 垂直类目

· 头像等图片风格

· 形象定位
· 风格特点
· 直播场景
· 粉丝画像

在明确了主播的 IP 定位后，我们需要垂直聚焦在一个类目上进行选品，当在该类目上建立了一定认知度时，可以考虑延伸和主类目相关的周边类目，而延伸类目最好不要占到直播产品的 15% 。而主类目的产品选品中（参见下图），主要是依据粉丝的画像，通过不断尝试和总结才可以将主播 IP 逐渐清晰起来。

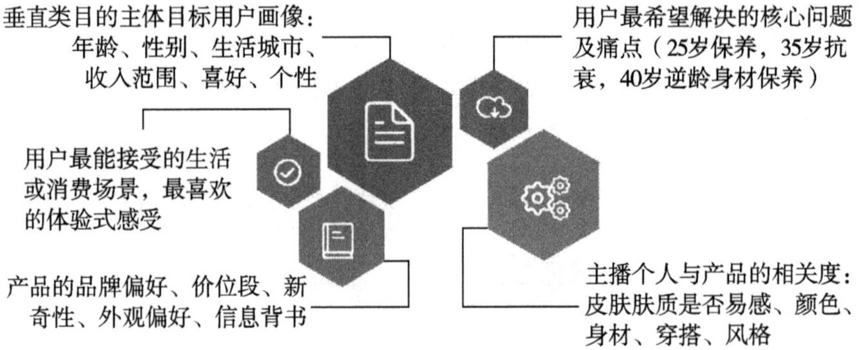

找到了主播的 IP 定位与主播的努力方向，并选择好直播的产品后，接下来团队要一起研究一下，如何策划一场成功的直播。

第四节　如何策划一场成功的直播

策划及执行一场成功的直播，60% 的功夫要下在直播以外。可以说直播是一项系统工程，可以通过以下的细节管控，达到最终的目的。

作为一个初出茅庐的小白，可以先保证直播中最关键的部分不出差错，再不断地提升自己，做到更加专业。

电商主播的主要目的是产品的销售，即流量变现。因此，就有如下图所示的直播流程。

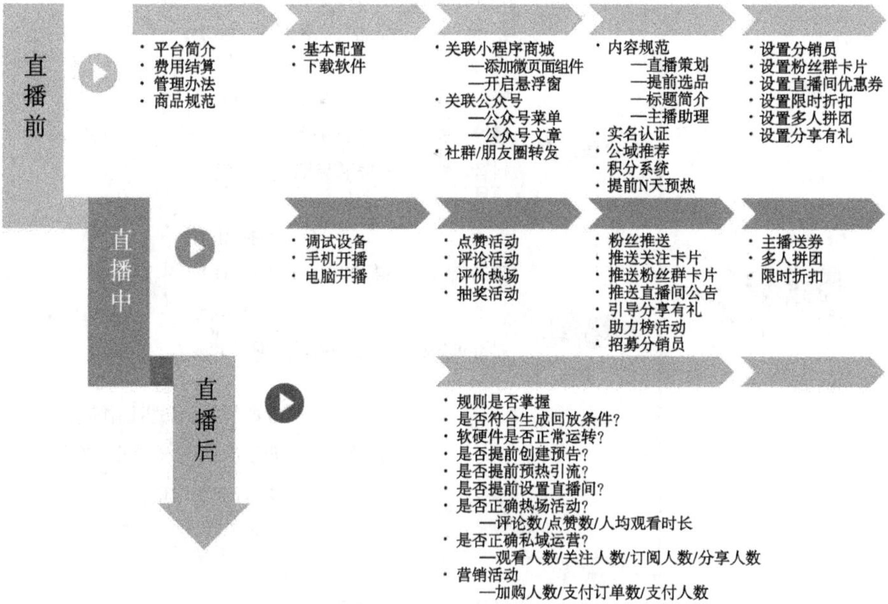

所以要想完成单场的销量，就要先解决流量 UV（独立访客）和转化率的问题。好的那么流量从哪里来呢？又如何获取流量呢？

（一）如何获取流量

（1）流量目标的设定

根据流量变现公式：总销售额 = 流量 UV × 转化率 × 客单价，可以得出另外一个公式：流量 UV = 总销售额 ÷ 客单价 ÷ 转化率。

如果你计划：

单场销售目标 2000 元，

客单价平均 68 元，

转化率做到 10%，

则：

2000 ÷ 68 ÷ 10% = 295 人进入直播间。

有了这个目标后，再考虑这 295 个人可以从哪些渠道找到你？根据下图的渠道和接触方式，我们可以获取预计 600 人进入直播间。但是这 600 人对平台来讲，是如何判断给个人推送的流量呢？

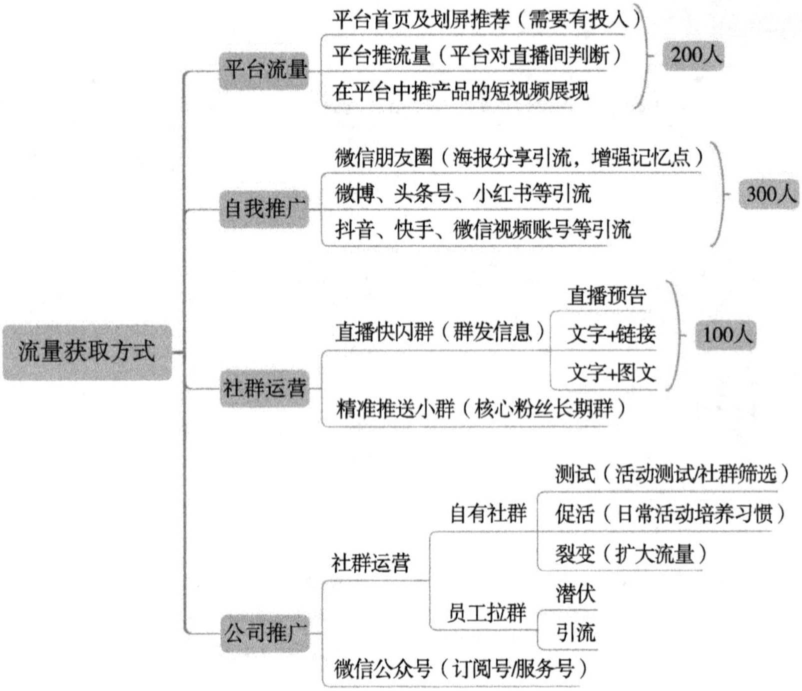

（2）平台推流量的2/10/30原则

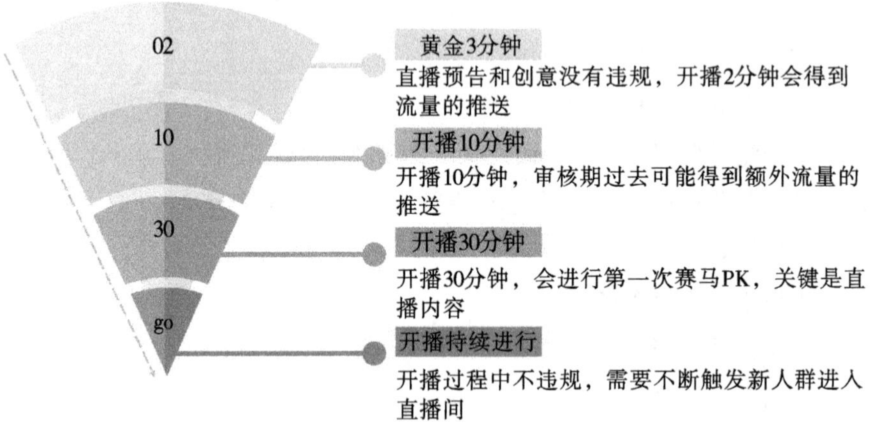

平台在观察一个账号的时候主要通过以下内容判断该账号的活跃度和推送流量：停留观看时长、互动人数、互动量、点赞数、平台排行榜、分享数量，以上各项数据较好的时候，平台会推流量给主播。而我们经常面对的问题是，刚刚开始直播，直播间里没有一两个人，这时候主播如果没有太多的热情，会让直播间的气氛和热度迟迟上不来。

直播过程中，前十分钟非常重要，没有粉丝进入前，主播更要用心直播而且要充满热情，这时才会有用户与你进行互动，直播间逐渐热起来，平台也会推流量给你。直播无法快速求成，关键还是吸引粉丝，如何把粉丝留在直播间，关注你的账号产生购买，才能提高转化率和销售额！

（二）影响直播转化率的关键因素

影响直播转化率的关键因素主要有三个：

①直播的场景和流畅度，主要与直播使用的硬件设备及场景搭建相关。

②直播间的氛围和生动化，主要与直播内容的策划息息相关。

③直播的体验感和技巧性，主要与主播对产品的演示方法与销售技巧相关。

我们可以通过改善以上三个因素，提升直播的转化率。具体有以下三种方法。

（1）提升直播转化率一：硬件及设备准备

当直播中出现卡顿、直播画面不流畅，颜色偏暗或者画面过于亮，影响用户观感的时候，需要必备的设备清单主要考虑以下五个类别：

①直播网络（上行速率确保在10M以上）。

②影像、声音、推流设备（前期可以是一台性能较好的智能手机，就可以解决）。

③拍摄支架和持续供电设备（可以是充电宝，至少支撑2～3小时）。

④互动观看设备（iPad或者手机，站在用户的角度观看弹幕和互动使用）。

⑤灯光（打光对直播感受非常重要，不仅考虑到打光角度，还需要考虑灯光的色温）。

（2）提升直播转化率二：直播内容策划

做好一场直播，内容的策划非常重要。不仅要考虑主播自身的特点与风格，更要考量对产品的利益点挖掘与产品视频化的演示策划等。主要的策划部分可以分为以下五个步骤：

①直播产品的选品及卖点提炼与演示策划。

②直播主题策划。

③直播优惠力度的设计。

④产品的直播顺序与环节策划。

⑤直播互动的设计与道具考量。

通过以上五个步骤，准备好直播的脚本，有助于直播时突出重点，安排有序。

对于刚开始直播的新人，建议直播前一定要准备好一些固定的话术，避免直播时的冷场出现，并把关键的点专门誊写在一页纸上，以免遗忘。在直播间一般话术做到如下内容，就能保证整体 70% 的流程不出问题：

第一，固定话术（结合活动直播间折扣力度信息）。

第二，固话口播（多频次）。

· 开场

· 整场介绍

· 产品介绍

· 催付

· 反复上两个流程

第三，引导下期直播关注，结束。

（3）提升直播转化率三：产品展示及介绍

直播中真正收割粉丝的关键还是主播能否将产品介绍好，通过主播介绍让粉丝快速了解产品的利益点，产生购买的冲动。

产品展示和介绍的关键是站在用户的角度，每一次介绍都如同面对一个毫不了解的陌生人一样，关注用户从收入购物车到下单成交的每一步的引导。主播可以先从最基础的五个方面来介绍：

①先做产品的外包装展示，重量、体积、数量等整体感受。

②产品取出后的展现（展示道具）。

③从用户角度出发，可视产品亮点（效果）。

④产品演示和展示（镜头停留时间，道具）。

⑤促销力度直观展现（买赠量）。

直播过程中很多被叫作套路的东西，其实是各种更加生动的产品销售或推广方式。这里见仁见智，更可以发挥你的聪明和才智，以及敏捷的反应能力，呈现让用户耳目一新的、不一样的直播体验。

我们都知道知识和能力是需要不断地迭代和训练培养的，如何让知识转化为自己的能力是需要持续的训练与不断地总结与调整的。而知识的留存只有通过理论联系实际才能转化成真正属于你的信息内容储备。

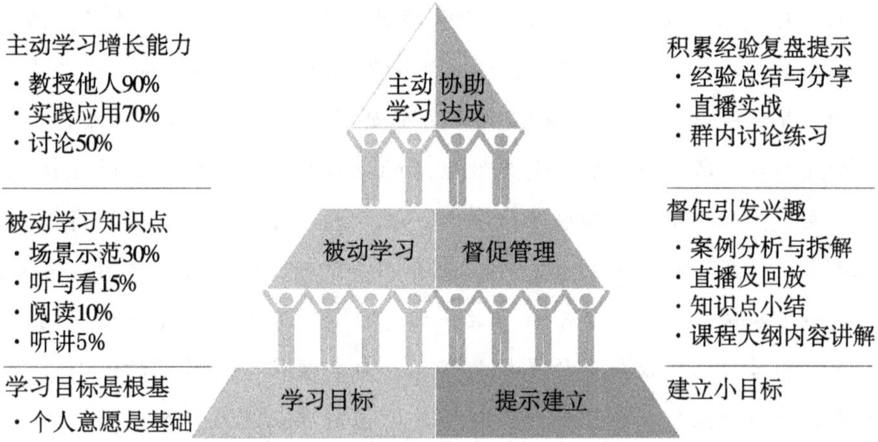

知识的留存离不开个人的实践，需要持续的训练。而流量的裂变则需要掌握更多的技能和手段。做电商主播并不是一蹴而就的事情，也并不容易。而我们人类的惰性往往会先去选择容易的事情，精力和时间都浪费在容易的事情上，而不去选择那些正确的事情。所以我们应该永远把时间用在那些正确的事情上，而不是容易的事情上。

强烈的渴望，不要忘了你出发时的“初心”，坚持是一辈子的事，而放弃只需一句话的事。这世上只有一种成功，就是明知艰辛依然努力，绝不放弃！

第五节　主播访谈录

一、吴老师你好！您是一位优秀的电视台主持人，参与直播，您有什么样的感受

非常有幸参与了今年的“好品中国5·20美丽家乡我爱你”的直播活动，在这个直播活动当中，我担任了四天主会场的主播，因为是第一次来做直播带货，这样的一个直播活动的主播和平时主持节目还是不太一样的，平时我主要是主持电视台的直播节目，是生活服务类的，无论是民生新闻，还是美食和健康，或者是家装类的节目，这些生活服务类的节目其

实都是和生活息息相关的。

二、怎样做好一个直播主持人

要先做生活的主人才能做好生活节目的主持人，其实更多的生活服务类的节目是你生活经验的一种转化和提升，也就是说前提你是有生活经验，然后你有了生活经验之后，你才能把你的情绪带入整个生活服务类节目的主持过程当中，最主要的是给观众传递了一种信息，你是一个值得信任的主持人，所以我常说你要先做生活的主人才能做生活节目的主持人。如果是一个五谷不分、四肢不勤的人，生活的方方面面都完全没有概念，没有自己的想法和提炼的话，那就没有办法做好生活服务类节目。其实，直播带货也是生活服务类节目中的一种，但是，它的对象是完全不同的，比如电视节目的观众更多的是接收信息、自我消化整理信息的一个过程，但是，直播的主持人在给观众传递信息的同时要让观众产生回馈和购买，这需要一个转化的过程。也就是说如果是电视节目主持人，我表达清楚了，提炼的精准了，你接收到了，我就算成功了。但是作为一个直播主持人，你接收到信息了，我要感染到你，要让你有冲动拿起你的手机去点击商品进购物车来购买，你会觉得你需要，其实更主要的是激发观众的一种需要感。

三、请吴老师谈一下参与直播主持的感受

我有很多社会身份，比如说中华美食传播大使、119 的宣传大使、120 的公益大使等，可能我的出现和“好品中国”的这个国家七部委相关机构联合推出的活动是一样的，其实这个活动相对来说是偏官方的，它所面对的对象和我们看到的直播平台，比如快手、抖音直播带货所承载的对象是完全不一样的，为了做好直播，我之前看了差不多有上百位直播的各种类型的直播带货的视频，我把我自己放在消费者位置，我看直播视频，直播说了什么话、什么样的语气、什么样的动作，怎样的一种体验能和我发生碰撞，能让我瞬间理解，决定购买这个商品。无外乎有这样几种类型：第一，我觉得你很辛苦，口若悬河地说，哎呀，真的是太不容易了，反正也不贵，那我就支持你一下吧；第二，属于生活境遇比较不乐观的，比如遇到一些困难，然后靠直播改善境遇，那 OK 不管你卖什么，我可能都愿意去支持一下，即使你不给我发货，我觉得我给你捐点钱也是可以接受的；

第三，主播及平台和直播间的一种温馨感，就是通过主播的言语的表达，主播的生活经验积累和主播把准确性的信息传递给大家，不是说主播跟你讲你必须信任主播，你就会信任主播的，也不是主播要求你信任主播，你就会信任主播的，而是主播在自然的阐述当中，你会觉得主播说的话可信，既然这么可信，这个平台也这么可信，又有这么好的背书，那我应该是今天不买不行啊，会有这样的一种感觉。从电视节目主持人到直播大会主持人的转变，其实是一种对象感的转变，这是最精髓的一种状态。

四、请吴老师谈一下直播中应注意的问题

如果具体说有这么几点：第一是声调，像平时我们在做民生新闻直播的时候，我们的声调相对亲切一些，像邻家的闺女和叔叔阿姨聊天一样，你看前一段时间，电信诈骗又重出江湖了，有一位王大妈曾经遇到了这样的事儿，有一天她接到了一个电话，结果没想到自己竟然上当受骗了，我们是用这样的语气来说的。但如果直播带货，首先我们的语速要提高一个档，这样会让大家觉得有一种热闹感，虽然你一个人在演播室里说或者有另一个嘉宾，是两个人在一起说，但是你会感觉你要营造出来那种气氛，就像我们好多好多人在集市上那种聊天的感觉，所以观众看了之后会有那种身临其境的感觉。第二，语速要比原来要快一些，调门也要比原来高一些。我们做民生新闻的时候，我们力求的是一种平稳亲切的形态，但是在做直播带货的时候，因为一旦你遇到一个好的东西，你去夸赞它，你迫不及待地想去拥有它的时候，你一定会很激动，那这个很激动的形态表现在语速上要快、表现在语调上就会高出一个调，这是语速语调方面的调整。第三，就是节奏方面的调整，我们既要把自己当作一个主播，也要把自己想象成为消费者，我们在卖一个产品的时候，前面可能会介绍很多很多，那介绍这么多的时候，其实大家最关心的是什么呀？最关心的是价格，这个价格和活动要比市场上便宜，要的是实打实的实惠。我们在前边铺垫了很多之后，当时你在想，如果我是观众，我这个时候想的是快说价钱呀，这个时候我似乎读到了他们的潜台词，我在这个时候说出价格，如果这个价格超出了他们预期的实惠，他们会毅然决然地下单，其实就像小米的定价永远都会比你想的还要便宜，是因为小米在之前把它的功能和市场上能够满足你生活所需的这些功能类的产品做过比较，知道你心里会有一个预期，而当小米公布价格时，你发现低于你的预期，你就会觉得自己占了便宜，所以你下单的速度就会比别人快。大到一台电器、一个房子，小到一包粉条。

五、请吴老师介绍一下直播中的“带入感”

消费者都有一种共同的心理，所以什么时候说价格，什么时候讲故事，而且什么时候来说自己自身的体会是很重要的。还有一点就是既要加入权威的测试数据，同时也要加入主播自己的主观感受，因为这个主观感受，就像你在网络平台去售卖的东西，大家是没有办法去感受到它的，那你怎么用你的体会去告诉大家这个东西到底有多好，就像卖西红柿时，大家看到就是红彤彤的西红柿，它好像还挺饱满的、挺圆润的，而且，不是那种歪瓜裂枣，长得挺好看，但是这个西红柿到底好在哪呢？那我就会告诉大家，我第一眼见到这个西红柿的时候我伸出双手捧着它闻了半天，玩了好长时间，是因为这个小时候的西红柿的味道真的是久违了，那大家会觉得你是主持人，又是一个生活服务类节目的主持人，你一定会见多识广，你会看到很多的这样的一些食材，你都爱不释手，都舍不得去咬它，要先闻一闻，享受这个清新的味道给你带来的舒适的时候，其实不用我多说，大家就知道它都能把我迷倒，当然一定能够去征服你的味蕾了。所以这个时候大家会把你的主观感受嫁接。在你获得信任的基础之上，最重要的就是消费者决定下单的一个非常关键的时刻，因为我不是一个专业的电商直播的主持人，但是有十几年的主持人的这种底子，所以，再加上我之前确实是坚持每天看 4 个小时的直播，会看上百位主播的直播，所以做了一些工作，自己从一些成功的案例当中总结出来的一些方式和方法。

六、针对不同的人群，直播主持人应该怎样做

针对不同的人群，我们要用不同的销售的模式，任何的销售策略和模式其实都是通过主持人的状态展现出来的，如果说这个主持人看起来很轻飘，那别人一定觉得我是看热闹啊；如果这个主持人很滑稽，那我会觉得，他说的这个东西还蛮有意思的，支持他一下；也许喜欢凑热闹的消费者，他不是那种真的有品质、有独立思考能力、有抉择力的消费者，而我们“好品中国”是基于官方的平台来做这样一件事，所以我们的官方平台就赋予了我们定位的一个框子，我们的定位是不能出这个框子的，所以为

什么没有用网络主播去做这一次“好品中国”的直播，如果真的是用网络主播去做的话，它真的就变成了一个市集而不是一个会员超市，所以它是完全不同的两种概念，如果这样的一个“高、大、上”的平台，然后用那种纯粹搞怪的、那种特别贫的网络主播的话，大家会觉得很不能接受。

七、恭喜吴老师完成了从电视主持人到直播主持人的跨越

再一次谢谢吴老师！再会。

谢谢！通过这次尝试，我自己也学习和成长了很多，这种尝试让我感觉我的生活更加充盈了，这种提升是非常有好处的，非常感谢“好品中国”，有这样的一个平台，有这样的好品推荐给大家，也特别感谢有这样的一个机会让我有新的尝试，把我自己的一点心得分享给大家，希望能对大家有所帮助。

第十一章　直播基地的电商与信息化系统

直播基地在形式上是承载电商的一个实体，本质上它是电商人才的孵化器。在这里进行信息汇集，产品汇聚，复合型人才培养，整合零散新媒体创业者力量，联合新媒体独立创业机构。聚合人力资源大幅度减少产业链上的时间成本，把上游产品信息（价格、质量、服务等）直接传递给市场终端。通过大量的市场反馈信息，快速倒逼上游产业升级、换代，降低成本。快速复制电商人才是直播基地运营中的核心，复制的前提就是标准化、信息化。

第一节　各主流电商平台的区别

一、公域电商与私域电商划定

首先提出一个流量成本的概念，其次根据大量交易的流量成本进行公域和私域电商的划定，公式如下：

流量成本＝平均每单营销费用/平均每单成交额度

流量成本越接近于零，电商的私域化程度就越高。因为我们获取任何一个顾客都会付出相应的时间成本和隐性的资金成本，所以就不存在绝对的私域流量电商。那些流量边际成本无限接近于零的电商，那些随着订单量整体增加情况下流量成本持续下降的电商，我们称之私域电商。相反，那些流量成本持续不变或者持续增加的电商，我们称之公域电商。还有一种存在叫半私域电商，下文也一并详细说明。

（一）私域电商

私域电商又称为私域流量电商。私域流量在成交时，因为客户已经在私域流量池内，进行商品推广不需要向任何人付广告费。后续每笔订单营销成本近乎为零，流量成本呈现下降趋势且无限接近于零。典型的私域电商就是社群电商，在整个微信生态中微信群的整体运营和订单量可以形成电商模式。个人号、公众号、小程序等微信生态，由于其本身信息传递、打开率、入口难度等原因无法形成一对 N 有效广告投放而只能作为社群私域电商的辅助手段。

综上，现在私域化程度最高的电商就是社群电商。

“得社群者得天下”，这句话已在电商行业的“江湖”流传已久。从流量成本公式不难看出，客户一旦转化到微信生态中，后续的复购基本不会再有太大的广告费用投入。这些广告费用就直接变成私域电商的净利润。“拼多多”“花生日记”“福袋”“饿了么”“抖音”“快手”“京东”“淘宝”等各种平台都在通过微信生态进行社群营销获取客户。很多线下实体商家和微商都在建立自己的微信群，进行新客户发展和老客户运营。

（二）公域电商

公域电商又称为公域流量电商。“淘宝”“京东”等自己有 App 电商平台，电商入驻需要前期的保证金等费用，进行店铺推广和产品销售时，需要向平台付费购买流量。它们更像一个广告平台，每一笔订单都会有相应的营销费用产生。随着入驻商家的增多，平台广告资源日益紧缺，相应的流量成本随之不断地增加。这时，电商考验的是运营能力，通过运营提高成交转化率来降低营销费用在营收中的占比。因为客户流量都属于平台，每次成交后客户都无法在电商店铺进行有效沉淀，所以客户的生命周期基本很短且忠诚度不高。由于平台存在搜索价格比对机制，所以平台内价格竞争日益激烈，电商利润空间长期会持续走低。公域电商相对来说，都是各平台专业电商团队的战场，异常残酷，需要有强大的资金实力和供应链优势才能生存下来。

（三）半私域电商

半私域电商又称为半私域流量电商。以“抖音”“快手”等为代表的新媒体短视频直播平台的出现，让我们看到了新的商机。这些平台不属于完全的电商平台，它们以聚集内容创作者为导向，聚集了人的地方就一定会有商业存在。“网红经济”“粉丝经济”“精准人群”等概念不断地在这些平台被抛出。这些平台以 KOL 和 KOC 意见领袖账号可以不断地低，成本对其粉丝进行发声，形成了低成本甚至无成本传递信息的渠道。客户属于平台，粉丝属于个人，虽然粉丝不是完全的购物人群，但因为流量成本足够低，电商依然可以进行商业变现。

新媒体短视频直播平台聚粉工作是通过对人群兴趣爱好进行大数据计算后推送的，这样就可以通过优质的内容创作和直播进行流量吸引。当然平台也存在付费推送机制，所有流量成本不会像私域电商那样低廉，但已经获取的客户也不需要再付出高额的营销成本。这种可以通过创作和付费推广获取客户并能有效转化到自己在平台账号的私域流量池内的电商模式称为半私域电商。

二、直播基地在各主流平台的电商运营模式

从获客前端模型和客户后续运营模型上又可分出两种电商运营模式：流量电商模式和内容电商模式。用客户生命周期进行划分，周期短的模式为流量电商模式，周期长的模式为内容电商模式。

（一）直播基地流量电商运营模式

公域流量平台一般会用到流量电商运营模式。例如，“淘宝”“京东”“拼多多”。这样的平台获客成本相对较高，而且流量很难进行私域化，所以沿用传统“流量思维”，客户进入店铺和直播间后直接进行销售转换。主要运营方向是产品的价值塑造、价格优势和当下成交点塑造。每次进行商品推广都要直接快速销售，在流量进入你的店铺和直播间后所有的运营都围绕成交展开。所以一般情况下，这些公域流量平台的店铺和直播间里都是产生价值的活动和不断销售产品的场景。

半私域流量平台在起号阶段和大量投入推广费用进行运作时，一般也会用到流量电商模式。例如，“快手挂榜”“抖音短视频带货”“直播间付费推广”。

①“快手挂榜”是一种花钱给大直播、大网红刷礼物，用网红大量粉丝流量进行产品销售变现的模式。

②“抖音短视频带货”是一种利用热门视频挂商品，且不断对该热门视频投入推广费用向更多人曝光带货的模式。

③“直播间付费推广”是一种电商主播直接开直播间推广商品，在平台曝光引入流量带货的模式。

不难看出，这些新媒体平台汇聚了用户，就有了广告价值，这样这些付费引流的成本要远低于公域流量电商平台，同时这些流量有可能会进行私域转化。相对于公域流量电商平台，新媒体做电商的流量成本要低很多。这种模式的运作需要成熟的主播运营团队、成熟的产品供应体系和精打细算的营销人员。

（二）直播基地内容电商运营模式

内容电商运营模式，更多地是通过短视频创作来精准吸引粉丝。前期需要通过自己的产品体系对客户画像进行描述，对自身的创作内容进行定位，通过内容吸引垂直领域的粉丝。这种模式的成本相对来说低很多，但需要时间成本和账号成功转化率。

“抖音”平台现在在这一领域处于领先地位，电商方向的内容创作者和团队通过大量的账号打造，从中挑选出发展成熟的账号进行直播带货和短视频带货。这样就给很多零起步却又缺乏雄厚资金的人以机会。

“社群电商”本质上也是一种内容电商运营模式。组织者通过一个共同的兴趣爱好把大家聚集起来，不断地对社群进行价值内容输出达到高度的社群黏性，最终进行商品销售达成商业变现。

从两种电商运营模式来看，半私域电商涵盖流量电商和内容电商运营模式，在新媒体的平台我们运营的手段相对丰富一些。这样就增加了一些变数，成熟的电商运营将来一定是多平台、多模式的运营。不管用什么模式，最终都会导向私域流量电商才能有效地降低广告投入费用，大幅提高项目利润，从而良性地发展下去。

第二节　从传统电商进阶到新媒体电商

做任何事情都要构建完善的底层逻辑才能走得更远，做新媒体电商也是一样。新媒体的电商流量可以私域化成为运营的流量，所以要更新自己在传统电商的运营逻辑来适应新的电商业态。以下通过两个方面解读新媒体电商的底层运营逻辑。

一、增长思维

由于互联网联通了万物，在互联网做生意的边际被无限地扩展，我们可以在同一时间接触到巨量的客户，数据样本足够大的情况下，我们做某一个环节的一点点优化都会在结果上得到巨大的提升。这里向从事电商运营的朋友们推荐《增长黑客》一书，它会让你更清晰地认识到数据时代运营的核心本质。

对整体运营逻辑来说，首先要提出假说的测试模式，用各种低成本的方式进行测试，通过数据反馈不断地调整你的运营策略。所有的导向都要进行对比并看到数据的增长，从而选择数据增长较快的路径进行电商运营。整个运营的过程就是在各个环节加入这种低成本多路测试的方法，不断优化你的变现路径。作为一个运营人员，只有掌握了这种思维，才真正地掌握了电商运营的核心方法。

二、数据模型构建

建立数据模型就是提出假说的过程，通过对业务进行拆分构建基础模型。

以下是一个电商的通用数据模型：

引流→激活→留存→持续变现→裂变

该模型又叫客户全生命周期模型。引流，研究的是流量怎么来的和成本是多少的问题。激活，研究的是顾客怎么产生第一单消费从而跟商家产生链接变成客户的问题。留存，研究的是怎么锁定客户让其产生复购的问题。持续变现，研究的是老客户喜好，运用用户思维探查其需求，不断植入盈利产品进行变现的问题。裂变，研究的是怎么通过老客户资源进行新客户介绍，进而引流到整个模型的问题。

半私域流量和私域流量因为其可沉淀的特点，就能成为可运营的流量。作为一个高阶的运营人员，要通过不断调整模型各个环节的高效衔接方法和手段，从而达到整体转化率提高的目的，这样就会不断提高 ROI 数据，降低流量成本，增加项目利润。

第三节　直播基地运营的信息化系统

前文介绍直播基地运营的思维和方法，本节重点介绍直播基地运营的信息化系统，也就是通过什么样的架构和工具来落实我们的思维和方法。

一、直播基地运营工具与系统

（一）运营工具

（1）社群管理工具

整体微信生态中的“社群电商”就是狭义的私域电商。由于每个个人社群承载的客户数量最多只有几百人，单个群是远远无法承载我们成熟团队的客户数量的。这就需要建立多个群进行运营。庞大信息量产生了大量的管理工作，完全通过人进行管理成本会大幅增加。所以需要一些相关的软件进行社群管理，如“社群管理”“多群信息转发”“社群商城”“社群营销裂变系统”等。

①社群管理。市面上很多的社群管理软件，它们的主要功能就是防止群内大量的垃圾消息存在和清除恶意散发消息的群成员，还包括自动群欢迎、自动解答客户问题功能。

②多群信息转发。同一时间多群进行信息传递。

③社群商城。一般会用到一些三方开发的小程序和 H5 页面商城系统，自带的会员积分系统也是一个很好的锁客工具。微信官方现在力推“微店”，它在整个微信生态的技术和理念接入方面，是当前做得好的。

④社群营销裂变系统。很多公众号都可以植入一些三方开发的营销插件，如拼团插件、客带客激励插件、群活码插件等。这些营销插件都可以通过原有私域流量进行新流量裂变。

（2）内容创作工具

新媒体平台主要还是通过常规的优质内容创作来吸引流量，一般会用到一些素材网站、违规词查询工具、拍摄剪辑软件等。大部分工具都可以在互联网上找到免费的。但要注意一点，新媒体平台的内容创作更偏向于比较轻的模式，1～3 个人就可以完成拍摄任务，但要与传统的商业拍摄相区分。新媒体平台初衷就是记录个人生活的日常，所以我们要改变传统拍摄的思维，这不是专业的拍摄，而是记录有趣的个人生活。

常用的拍摄剪辑工具有“剪映”“快影”“美图秀秀”等。素材网站有“千图网”“大淘客”等。

（3）数据分析工具

数据分析工具是一个新媒体电商运营日常用到的最多的工具。这里包含了对账号播放量、复播率、完播率、赞粉比、销售数据、客户画像分析、热门度、全网热门作品、全网热销商品等数据分析。这些数据决定下一步怎么调整运营策略。这里首推两个数据分析平台“飞瓜数据”和“抖老板”。这个工具是需要付费的，数据一定是付费的才有用，这里需要有一笔小的投入。所有后续的核心运营都来自数据采样和数据分析。整体来看，新媒体电商在软件投入上是最大的一笔开销。专业版的数据付费每年几千到几万不等，这是根据对数据精准度和维度的需要来决定的。

（二）账号直播运营

对电商来讲，最终能形成资产价值的，一个是账号，另一个是人。社群电商运营的个人微信号和微信群都具备虚拟资产价值，这意味着是可以形成交易的。同样，所有的新媒体平台账号也具备虚拟资产价值，你的粉丝量和你的日常流水都可以作为资产价值评估的依据。现在，以公司形式运作的电商机构都会由公司提供相关的工作微信号和公司所属的新媒体平台账号。运营方向要更侧重于人号分离，这样会大幅降低虚拟资产贬值的风险。可以通过企业微信、各平台商家号去进行账号运营来规避风险。

直播运营相对来说复杂度要高一些，直播间场景的搭建，各种实景道具的铺设，团队整体配合都会影响一场直播的成败。运营人员对各个直播平台直播间内的营销工具、气氛工具和引流功能都要做详细的了解。包括购物车和店铺工具要完全掌握，从而配合整体直播运营，进而达成交易。

二、素材库管理搭建

一定要建立自己的素材库，所有的新媒体平台内容创作只要符合上热门规则即可。一个作品的文案、图片、剧本、音乐、视频（画中画应用）都可以重复使用素材库里的素材。一般需要构建五个素材库：文案库、图片库、剧本库、音乐库、视频库。

①文案库。好的文案是需要通过大量阅读和灵感产生的，一旦我们创作出一些金句，一定要记录下来。这里我们至少要形成自己的“100 金句”文案库。

②图片库。很多厂家现在都提供产品图片包，但也要自己收集一些表情包和热门图片。图片库一般分成两种，商品图片库和内容创作图片库。

③剧本库。一个好的短视频剧本也是很值钱的，包括你的直播营销脚本，可以通过自己不断地学习慢慢进行剧本撰写。如果前期没有剧本撰写能力，可以通过相关交易网站买一些小剧本。

④音乐库。精品曲库，任由选曲，发现属于你的作品的音乐。

⑤视频库。不管是成熟的视频还是你自己的作品，都要存档建库，因为做的就是新媒体短视频，这个库是以上所有四个素材库最终要呈现的东西，日积月累方成大神，愿各位朋友早日视频库破千，成为一个合格的新媒体电商达人。

三、商品运营管理

商品运营是核心中的核心，要通过不同的社群和新媒体平台账号匹配不同的品类。需要不断地进行外部供应链和厂家资源拓展，从而达到人货场匹配的目的。由于私域流量电商具有高度垂直的属性，所有不同私域内一定不是全品类输出，记住每一个私域流量池都仅仅是一个“网店”。由于前期每个“网店”都进行了客户画像设定，给到客户的兴趣点也做了区分，这就要求运营人员要熟悉自己不同私域池里的需求，“对症下药”。

（一）商品库分类

商品库主要分为食品类、化妆品类、日用百货类、服装类四大类。虽然细分了领域，但选品的受众人群要有一定的广度，小众产品在成熟阶段开始就植入。

按照起步难度进行商品库的搭建。首先要进行化妆品类和日用百货类产品库搭建，这两类产品受众人群多且利润较高，可以解决电商起步时低成本问题。其次，进行食品类产品库的搭建，因为其产品整体市场透明度较高且利润较低，但是受众人群最广，可以在起步期过后进行食品类产品库的搭建。服装类由于样品样式众多，sku 体量过于庞大，季节性较强，且售后相对复杂，但其利润偏高，所以这个品类要到最后再进行布局。

最后就是家电、3C、黑科技等其他品类，我们可以通过成熟的电商体系不断地进行单品试卖来逐步地搭建产品库。

前期可以利用表格进行管理，后期产品库庞大的情况下，需要用到相关的供应链管理系统对供应商和库存进行管理。

（二）样品库管理

大部分直播基地采取的都是比较轻的提供订单供货方一件代发形式，产品集采、自己发货相对来说要繁琐。很多基地起步阶段都是从供货方拿样品来运作的，样品的种类就会非常多。这里我们必须考虑这个成本。样品库要分专人管理，运营团队拿样要记入成本，合作团队拿样要进行采购。

四、客服系统

电商的生命线是产品与服务，你的客户能走多久都取决于这两点的交集。

客服系统作为整个客户服务的最后一环极为重要，整体的客户全生命周期模型中，客户的持续变现甚至裂变新客户关键都在于客户服务。

（一）客服团队管理

客户团队要及时响应客户，团队一般整体工作时间是 24 小时轮班制。尤其是瞬间产生大量订单和大量客诉的时候，其工作强度可想而知。

客服管理要从几个方面入手：客户售前及时解答、客户收货及时回访、客诉产生及时解决、私域流量池客户日常维护。

客户售前及时解答，一单一个客户开始进行产品询问，90% 以上的概率是一个可成交的订单，这就需要提供产品信息资料库和 FAQ 库两个工具给客服人员。

客户收货及时回访，我们都知道各个平台商家店铺的评分决定了陌生顾客对你的第一印象，良好的店铺评分可以快速地跟新顾客建立初步信任。单量较少的，客服人员要在客户收到货物后的第一时间进行电话回访，并且通过奖励引入私域流量池。客服人员对店铺评分要负主要责任。

客诉产生及时解决，一个店铺的差评用十个好评都是无法挽回的，所以要及时处理客诉，由于店铺方产品质量的原因要无理由召回，甚至不召回也要及时退款并承担客户一切费用。一个差评的损失要远远高于付出的处理客诉的费用，不要犹豫，一定要以解决实际问题、安抚客户为主，商家要承担自己的责任。

私域流量池的日常维护。客服系统中尤其是管理人员要对原有老客户群体进行日常的维护。例如，日常小福利、日常的小知识，通过这样的方式来提高客户的黏性和信任。占有时间就占有一切。

（二）客服 CRM 系统工具

由于客服日常大量的信息交流工作，所以一定要熟练地运营客户管理 CRM 系统。这样我们才能对客户的所有反馈做出及时的响应，让客服人员得心应手地解决客户问题。不同平台的店铺系统都自带客服系统，日常的客服工具培训要不断地强化。这里要提及一点，微信生态没有自带客服系统，我们需要去寻找一些微信多端聚合信息沟通的软件来减低客服人员软件操作的时间成本，从而大幅度提高工作效率。

整体直播基地的电商与系统化要学会多运用各种软件工具解决人力无法完成的大量重复性工作。能用软件解决的问题就不要停留在人力层面。

参考文献

[1] 罗伯特·法兰克，菲利普·库克．赢家通吃的社会［M］．席玉苹，译．海口：海南出版社，1998.

[2] 李飞．零售革命［M］．北京：经济管理出版社，2003.

[3] 齐永智，张梦霞．SoLoMo 消费驱动下零售企业渠道演化选择：全渠道零售［J］．经济与管理研究，2015（7）.

[4] 李飞．全渠道零售的含义、成因及对策——再论迎接中国多渠道零售革命风暴［J］．北京工商大学学报（社会科学版），2013，28（2）.

[5] 商务部．2012 年度零售业发展报告［R］．2013.

[6] 秦建国．日本物流管理［M］．北京：中国经济出版社，2015.

[7] 国家发展和改革委员会经济运行调节局，南开大学现代物流研究中心．中国现代物流发展报告 2019［M］．北京：中国经济出版社，2019.

[8] 王先庆．新物流：新零售时代的供应链变革与机遇［M］．北京：中国经济出版社，2019.

[9] 柳荣．新物流与供应链运营管理［M］．北京：人民邮电出版社，2020.

[10] 刘啸．中日产业园区发展模式比较［D］．长春：吉林大学，2010.

[11] 石广生．中国对外经济贸易改革和发展史［M］．北京：人民出版社，2013.

[12] 高祖艳．区域科技环境对科技型人才聚集效应的影响研究［D］．青岛：山东科技大学，2009.

[13] 库斯·白金汉，唐纳德·克利夫顿．现在，发现你的优势［M］．方晓光，译．北京：中国青年出版社，2010.

[14] 孙圈圈．请停止无效的努力 如何用正确的方法快速进阶［M］．北京：团结出版社，2017.

［15］彼得·考夫曼．穷查理宝典 查理·芒格的智慧箴言录［M］．李继宏，译．上海：上海人民出版社，2010.

［16］高雄勇．我在小米的爆品［M］．北京：中信出版集团，2020.

［17］高雄勇．互联网鲶鱼法则［M］．北京：中信出版集团，2015.

［18］康凯．职业心理效能学［M］．北京：知识产权出版社，2014.

［19］雪莉．R. 戈登．供应链评估与卓越绩效——构建指标体系 实现成功业绩［M］．北京：中国财富出版社，2014.

后　记

写书就是供奉思考，按说这是发展和巨变来不及思考的时代，越是这样，有价值的思考才更显得弥足珍贵。

“聚合一群善于思考的人，写一点有意义的东西”，是本书写作的初心。以工作名义来思考与创作，对于作者来说是求之不得的幸运。

感谢商业网点建设开发中心主任汤印萍女士的支持，并拨冗为本书作序，感谢本书主编段宏涛先生的主张和运筹。特别要感谢相关领导为本书做顾问指导。

在书稿付梓之际，有必要介绍一下本书的作者，在他们的努力下，本书具有了原创、原发、原本的特质，更具备了市场趋势的导向架构；商业要素的配置架构；直播专业的技术架构。凸显了用品牌推动产业服务，用供应链推动企业服务，用基地推动政府服务，用技术推动直播服务，用爆品推动消费服务的价值。

第一章——新经济趋势与创新由商业网点建设开发中心副主任、中国城市发展联盟主席团联席主席、智慧消费全国联盟联席主席段宏涛先生撰写，“明势，取道，优术”，用全景思维描叙当今新经济的规律与走向，定调了本书的高度和深度。

第二章——公共品牌构成要素及作用由中国城市发展联盟副秘书长、国内供应链创新理论倡导者、效能管理专家康凯先生撰写，品牌独立于产品，服务于消费，变成公共资本，将是前所未有最活跃的市场要素。

第三章——直播经济与企业品牌成长由中商北斗商学院院长、“好品中国”产业发展中心总经理王建敏女士撰写，表达了直播经济中“为了谁，想着谁，依靠谁”的核心问题。须要提出的是建敏院长在撰写本章的同时，发动了许多宝贵智力资源，参与了本书的写作。

第四章——迎接“媒体即门店”的时代由北京物资学院副教授、著名商贸流通研究学者刘玉奇先生撰写，从理论倡导到实践指导，玉奇老师对行业的独到见解为本书广为增色，北京物资学院的张森诚先生为本书提供了许多精典案例分析。

第五章——新一代爆品工程由原小米电视公司副总裁、爆品理论倡导者高雄勇先生撰写，用网红理论讲网红产品的诞生，发人深省，趣味横生。

第六章——5V品牌价值营销理论及应用由品牌规划专家、5V品牌价值理论倡导者刘超先生撰写，5V品牌价值理论使品牌产生更具系统性、创新性，具有品牌实战的指导意义。

第七章——新零售与供应链保障由中商北斗产业发展中心副总经理于飞先生撰写，此章就新零售与供应链配置做了精彩分析，提供了宝贵的实践指导。

第八章——产业基地建设由中商北斗产业发展中心副总经理柯维先生撰写，基地的开发与建设越来越变成新经济的重要载体，也是直播经济的主战场，基地发展理论研究为新经济拓宽发展空间。

第九章——直播与视频技术由资深直播导播李九宽先生撰写，直播技术的表述需要场景化，在此章九宽导演言简意赅，颇现专业功力。

第十章——直播表现技巧——素人主播0—1的直播全攻略由蜂悦科技VP、蜂悦学院院长熊炜女士撰写，对直播中的表现及表达技巧作了精彩分享，也感谢北京电视台主持人“好品中国5·20美丽家乡”主持人吴冰女士接受本章的采访对话。

第十一章——直播基地的电商与信息化系统由中商北斗战略发展中心总经理杨宏超先生和基地运营总监张大勇先生撰写，对平台系统构建提出独到见解。

本书是集体创作，感谢知识产权出版社编审人员付出的智慧劳动和倾力支持，也感谢伊麒添律师的支持。

最后感谢“好品中国”资本与战略中心总经理江静女士客串本书统筹，做了大量的沟通工作。

“产品将被场景取代，行业将被生态覆盖”。让生产者专注产品，让经营者专注服务，让消费者专注体验，需要一个“基地型”供应链，直播式商业模式，具有全方位“嵌套”功能。包括绿色供应链——防伪诚信，科技供应链——数据信息，开放供应链——跨界整合，资本供应链——融资赋能，平台供应链——系统共享。

当然写书的目的最终是服务读者，愿本书中有您想要说的观点，有您想要用的方法，有您想要找的答案。

事无巨细、人无完人，本书也一样，难免出现这样、那样的瑕疵，敬请读者批评指正！

康　凯

2020 年 8 月 29 日